韩喜平 主编

新时代中国精神价值传承

劳模精神

田鹏颖 单旖旎 著

东北大学出版社

图书在版编目（CIP）数据

劳模精神 / 田鹏颖，单旖旎著. — 沈阳：东北大学出版社，2023.5
（新时代中国精神价值传承 / 韩喜平主编）
ISBN 978-7-5517-3255-0

Ⅰ. ①劳… Ⅱ. ①田… ②单… Ⅲ. ①职业道德—中国—青少年读物 Ⅳ. ①D822.9-49

中国国家版本馆CIP数据核字（2023）第087345号

出 版 者：东北大学出版社
地址：沈阳市和平区文化路三号巷11号
邮编：110819
电话：024-83680267（社务室） 83687331（市场部）
传真：024-83680265（办公室） 83680178（出版部）
网址：http：//www.neupress.com
E-mail：neuph@neupress.com
印 刷 者：辽宁一诺广告印务有限公司
发 行 者：东北大学出版社
幅面尺寸：170 mm × 240 mm
印　　张：14
字　　数：236千字
出版时间：2023年5月第1版
印刷时间：2023年5月第1次印刷
责任编辑：张德喜　潘佳宁
责任校对：郎　坤　王　芳
封面设计：潘正一
责任出版：唐敏志

ISBN 978-7-5517-3255-0　　定价：59.00元

总序

INTRODUCTION

人无精神不立，国无精神不强。一个国家要有精神，它是国本；一个民族要有精神，它是脊梁。习近平总书记强调指出："精神是一个民族赖以长久生存的灵魂，唯有精神上达到一定的高度，这个民族才能在历史的洪流中屹立不倒、奋勇向前。"在几千年的历史流变中，中华民族生生不息、绵延发展，饱受挫折又不断浴火重生，其中很重要的一点就是我们的民族积淀了自身最深沉的价值追求和精神烙印。习近平总书记指出，"中华民族在几千年历史中创造和延续的中华优秀传统文化，是中华民族的根和魂"，"中华优秀传统文化是中华民族的精神命脉"。翻开中华民族精神图谱，无数耳熟能详的诗词诠释了中华民族精神脉络的核心内涵，例如："天行健，君子以自强不息"的奋斗精神，"天下兴亡，匹夫有责""先天下之忧而忧，后天下之乐而乐"的爱国情怀，"人生自古谁无死，留取丹心照汗青""为有牺牲多壮志，敢教日月换新天"的牺牲精神，"鞠躬尽瘁，死而后已"的奉献精神，"苔花如米小，也学牡丹开"的自强精神，"革故鼎新""徙木为信"的创新思想，"老吾老以及人之老，幼吾幼以及人之幼""扶危济困"的公德意识，等等。中华民族既坚守本根又不断与时俱进，始终保持着坚定的民族自信和强大的修复能力，培育了共同的情感和价值、共同的理想和精神。这些千百年传承下来的精神理念、精神文化，成为积淀中国精神的价值内核。

中国共产党在领导中国革命、建设和改革的伟大历史进程，之所以创造了惊天地、泣鬼神的辉煌业绩，就在于坚守初心使命、就在于不畏艰难险阻、就在于有一大批革命先驱、有一大批英雄人物，形成了伟大精神激励与指引，这种逐步积累和形成的思想结晶和精神谱系，是中国共产党人精神境界、精神风貌、精神力量的集中写照，是中国共产党百年历史经验的总结。把马克思主义基本原理同中国具体实际、同中华优秀传统文化相结合是必由之路，谱写了马克思主义中国化时代化的最新篇章。中国精神包含的独一无二的理念、智慧、气度和价值，增添了中国人民内心深处的自信和自豪。这种强大的精神支撑，成为中华民族战胜一切艰难困苦的有力武器和实现中华民族伟大复兴的动力之源。

伟大事业需要伟大精神。在我们全面建成小康社会，向着社会主义现代化强国奋进的新征程中，党的二十大报告要求我们弘扬伟大建党精神，自信自强、守正创新，踔厉奋发、勇毅前行。深入研究和广泛宣传中国精神，传承民族精神、弘扬时代正气、培育时代新人，要求理论工作者把中国精神阐释好。《新时代中国精神价值传承》（以下简称《丛书》）正是这样一套回应时代关切、弘扬中国精神的书籍。《丛书》选取中国共产党带领广大人民进行革命、建设、改革的奋斗历程中凝练形成的红船精神、井冈山精神、长征精神、延安精神、东北抗联精神、雷锋精神、铁人精神、“两弹一星”精神、特区精神、女排精神、劳模精神、抗疫精神等为源，由全国高校十余位知名教授、专家集体撰著，以历史的视角，放置于实现中华民族伟大复兴中国梦的大背景下，阐释中国精神的具体样式，立足近代以来中华民族伟大复兴历程，特别是中国共产党带领中国人民从站起来、富起来到强起来所展现出来的民族集聚、动员和感召效应的精神及其气象，从党的领导特点和大党风范入手，追溯和解读中华民族悠久的历史传统和中华儿女可歌可泣的历史经历，研究中国精神形成的历史背景、形成过程，挖掘其科学内涵和新时代的重要价值，展现当代中华民族精神的历史穿透力和生命冲击力。《丛书》包括12分册，分别是：《红船精神》《井冈山精神》《长征精神》《延安精神》《东北抗联精神》《雷锋精神》《铁人精神》《“两弹一星”精神》《特区精神》《女排精神》《劳模精神》《抗疫精神》。这些共同构成了中国精神的重要内容，是社会主义核心价值观的精髓和具体体现，昭示着中国共产党人的初心和使命，镌刻着中华民族砥砺前行的优秀品格，是迄今为止学术界和出版界反映以爱国主义为核心的民族精神和以改革创新为核心的时代精神的大型学术普及类系列著作，是中国文化软实力的重要显示。

伟大精神铸就伟大梦想。今天，我们比历史上任何时期都更接近中华民族伟大复兴的目标，比历史上任何时期都更有信心有能力实现这个目标。实现中华民族伟大复兴不仅需要强大的物质力量，更需要强大的精神力量。要把这种精神力量汇聚成14亿多中华儿女强大的奋进合力，就不能把中国精神存放在“博物馆”内、停留在“象牙塔”中。推出《丛书》，可以推进中国精神时代化、大众化，永续传承，把它变为新时代的实践伟力。站在新时代的历史基点上，立足精神对事件的辐射和普照，阐释一定历史时期的民族精神对重大社会事件、历史发展进程甚至个人事业与生活的重大影响；立足事件对精神的折射和反映，分析历史事件、个人事迹对民族精神的具体呈现，以期在精神与史实的双向关照中，使中国精神触动整个民族情结和个体心理情感，凝聚中华儿女奋斗的精神动力。从普适性来讲，中国精神不仅是中国共产党成就伟大事业的宝贵精神财富，也是全体中华儿女在实践中总结、凝练和形成的价值理想。《丛书》定位于普及性学术著作，力求以通俗易懂、生动鲜活地讲述故事的形式呈现，引领新时代精神风尚，激发中华儿女特别是青年一代干事创业的热情。从价值层面看，《丛书》重点挖掘在中国特色社会主义新时代的价值，这对于汇聚中国力量，弘扬中华优秀传统文化，践行社会主义核心价值观，坚守中国共产党精神谱系，提升中国文化软实力，培养担负民族复兴大任的时代新人具有重大意义。

“求木之长者，必固其根本；欲流之远者，必浚其泉源。”我们坚信，这套极具学术性、知识性、资料性和可读性的《新时代中国精神价值传承》，能够成为筑牢中华民族共同体团结奋斗的精神纽带，为凝聚起中华民族的磅礴力量，建设中华民族现代文明贡献一份力量。

韩喜平

2023年6月

韩喜平，教育部“长江学者”特聘教授，国家“万人计划”哲学社会科学领军人才，中央马克思主义理论与建设工程首席专家。

前言

PREFACE

中华民族是一个古老而伟大的民族，她有着悠久的历史文明、深厚的文化底蕴、壮丽的大好河山、丰富的物产资源，几千年来，虽经历风风雨雨，依然以雄伟的姿态屹立于世界东方。勤劳勇敢的华夏儿女用劳动创造生活、创造幸福、创造一切，崇尚劳动，尊重劳动者，弘扬劳模精神，是打开人类通向幸福之门的锁匙。

习近平总书记指出："引导广大人民群众树立辛勤劳动、诚实劳动、创造性劳动的理念，让劳动光荣、创造伟大成为铿锵的时代强音，让劳动最光荣、劳动最崇高、劳动最伟大、劳动最美丽蔚然成风"①。这震古烁今、气贯长虹的话语，并不是一个简单的事实陈述和价值判断，就其深层本质而言，是对中国特色社会主义道路自信、理论自信、制度自信、文化自信的精神表达。

"劳动模范"，是一个具有中国特色的动人词语，是我国工人阶级和其他劳动群众、成千上万模范人物的先进代表。正由于他们的存在，激励了一代又一代中华儿女前赴后继、无私奉献。在一批又一批劳动模范身上谱写出的"爱岗敬业、争创一流，艰苦奋斗、勇于创新，淡泊名利、甘于奉献"的精神，是社会主义先进文明中绚烂夺目的璀璨明珠，是中华民族宝贵的精神财富，是青少年树立伟大理想和信念的精神滋养。

---

① 习近平：《在庆祝"五一"国际劳动节暨表彰全国劳动模范和先进工作者大会上的讲话》，《人民日报》2015年4月29日。

劳模精神是我国劳动人民千百年来逐渐形成的，折射出一个时代的人文精神、体现出中华民族精神的思想，是时代精神的集中体现。习近平总书记在接见劳动模范与先进工作者代表会上就指出："长期以来，广大劳模以平凡劳动创造了不平凡的业绩，铸就了爱岗敬业、争创一流，艰苦奋斗、勇于创新，淡泊名利、甘于奉献的劳模精神，丰富了民族精神与时代精神的内涵，是我们极为宝贵的精神财富"[①]并发出"必须大力弘扬劳模精神、发挥劳模作用""广泛宣传劳模先进事迹，使劳模精神不断发扬光大"的号召。劳动模范是劳模精神的具体载体，是民族的精英、人民的楷模，是共和国的功臣，在他们身上充分体现着劳模精神、劳动精神、工匠精神。一部劳模史就是一部中华民族崛起的振兴史、发展史，劳模们生动的故事、感人的业绩，持久激发着一代代人秉承虔诚的敬业精神，勤勤恳恳地从事着自己的事业。向劳动模范学习，弘扬劳模精神，充分发挥劳动模范的榜样育人、劳模精神育人教育作用，为开启全面建设社会主义现代化国家的新征程创造新的时代辉煌、铸就新的历史伟业助力。

---

① 《习近平在全国教育大会上强调：坚持中国特色社会主义教育发展道路 培养德智体美劳全面发展的社会主义建设者和接班人》，《人民日报》2018年9月11日。

目录

CONTENTS

第三章　劳模精神，书写“中国高度”

第四章　劳模精神，点亮“中国梦”

第一章 01

打开人类幸福之门的锁匙

“历来为茂繁芜杂的意识形态所掩盖着的一个简单事实：人们首先必须吃喝住穿，然后才能从事政治、科学、艺术、宗教等等；所以，直接的物质的生活资料的生产，因而一个民族或一个时代的一定的经济发展阶段，便构成为基础，人们的国家制度、法的观点、艺术以至宗教观念，就是从这个基础上发展起来的，因而，也必须由这个基础来解释，而不是像过去那样做得相反。”[①]劳动理论是马克思主义理论的重要组成部分，劳动是人类的本质活动，是对人类文明进步规律的重要诠释，劳模即劳动模范是劳动的实施主体，是社会的“先进符号”和“道德标杆”，劳模精神是劳动赋予人的精神特质和文化特征，是以劳动为基础的精神信仰，来源于劳动又高于劳动。劳动、劳模、劳模精神“三位一体”统一于人类历史伟大发展过程中，统一于马克思主义劳动史观与劳动认识论中，统一于新时代社会主义伟大征程中，深化了劳动的时代属性，升华了劳模的时代形象，拓展了劳模精神的时代内涵。

---

① 马克思、恩格斯：《马克思恩格斯全集》第19卷，人民出版社，1963，第374页。

一、劳动

“单是这一件史无前例的伟大事实，就使人们可以展望更加光明的未来。这个事实证明，同那个经济贫困和政治昏聩的旧社会相对立，正在诞生一个新社会，而这个新社会的国际原则将是和平，因为每一个民族都将有同一个‘统治者’——劳动”。[①]

（一）劳动，绽放时代之美

在马克思看来，“整个所谓世界历史不外是人通过人的劳动而诞生的过程”。劳动是人之为人而区别于动物的本质特征，是人类征服自然界的直接的和唯一的手段，是社会发展的根源，也是实现人与自然、社会相融的媒介。莫格索尔曾经说过，“劳动是万物的基础”。马尔库塞指出：“劳动是特殊的人的‘本质肯定’：在劳动中，真正的人的存在得到了现实和‘证实’”。人类只有通过劳动才能改造世界、改造社会环境，促进生产力不断提高。劳动通过在人与自然界之间的活动创造了历史，历史是人通过在现实的物质世界展开的劳动得以发展和进步，“任何一个民族，如果停止劳动，不用说一年，就是几个星期，也要灭亡，这是每一个小孩子都知道的”[②]。劳动创造了物质和精神财富，是人类社会发展进步的不竭源泉与动力。

奋斗，是劳动最好的注脚。吴志晖自1988年从同济大学毕业以来，一直从事机场规划设计与工程建设工作，他是中国民航机场建设的参与者和实践者，更是民航强国的见证者。他带领飞行区工程部历时两年多的时间，克服种种困难，通过多种技术手段提升了施工效率，为机场平稳运营提供了翔实的数据，直接节省成本2500.33万元。坚守，是劳动最好的诠释。在中国铁路哈尔

① 马克思、恩格斯：《马克思恩格斯全集》第17卷，人民出版社，1963，第7–8页。
② 马克思、恩格斯：《马克思恩格斯选集》第4卷，人民出版社，2012，第368页。

滨局集体有限公司齐齐哈尔车辆段有这样一支女子检车班队伍，她们三十年如一日坚守在“一带一路”重要节点、中国最大的陆路口岸满洲里，肩负着国际联运车辆的技术交接工作。面对近零下40℃的严寒，面对一年有半年以上时间的冬季，面对风刮得人都站不稳脚的恶劣天气，她们经常几乎手脚并用地完成检车任务，而且一干就是30年。如果问这些检车班的“金花”，到底是什么支撑着她们坚守在这个艰苦的岗位上，她们的回答惊人地一致：“我们坚守在这里是‘给车辆体检、为祖国把关’。”劳动最光荣，劳动最崇高，劳动最伟大，劳动最美丽！

“我们首先应当确定一切人类生存的第一个前提，也就是一切历史的第一个前提，这个前提是：人们为了能够‘创造历史’，必须能够生活。但是为了生活，首先就需要吃喝住穿以及其他一些东西。因此第一个历史活动就是生产满足这些需要的资料，即生产物质生活本身，而且，这是人们从几千年直到今天单是为了能够生活就必须每日每时从事的历史活动，是一切历史的基本条件，人们，现在和几千年前都是这样。”[①] 劳动价值有大小，劳动分工无贵贱，按照传统的劳动分类理论，劳动可分为脑力劳动和体力劳动两大类，虽然劳动方式、实践对象不同，创造的价值也不尽相同，但是无论任何形式的劳动都是人类社会发展不可缺少的推动力量。“人生在勤，勤则不匮”，幸福不会从天降，美好的生活，美好的未来要靠劳动去创造，“中华民族是勤于劳动、善于创造的民族。正是因为劳动创造，我们拥有了历史的辉煌；也正是因为劳动创造，我们拥有了今天的成就”[②]。习近平总书记立足于新时代发展背景，继承并发展了马克思主义劳动观，突出和深化了劳动的重要作用和地位，旗帜鲜明地提出“劳动最光荣、劳动最崇高、劳动最伟大、劳动最美丽”劳动思想。因此，我们要积极引导广大人民群众树立正确的新时代劳动观，在全社会形成劳动光荣、知识崇高、人才宝贵、创造伟大的时代风尚，让这种劳动精神成为全社会每个人的精神底色。

---

① 马克思、恩格斯：《马克思恩格斯文集》第1卷，人民出版社，2009，第531页。

② 习近平：《在庆祝“五一”国际劳动节暨表彰全国劳动模范和先进工作者大会上的讲话》，《人民日报》2015年4月29日。

（二）王进喜：屹立不倒的“铁人”

无论时代条件如何变化，我们始终都要尊重劳动、尊重劳动者、尊重劳动价值，始终重视发挥工人阶级和广大劳动群众的主力军作用。习近平总书记在同全国模范代表座谈时指出，人世间的美好梦想，只有通过诚实劳动才能实现。不论从事什么职业，也不论在什么岗位上，只要是劳动者，靠诚实劳动创造幸福，注定就会赢得赞美、尊重和致敬。因为这个时代不会淹没劳动，更不会辜负劳动，幸福都是奋斗出来的。

石油工人一声吼，地球也要抖一抖；石油工人干劲大，天大困难也不怕。

——王进喜

王进喜，1923年10月出生于甘肃省玉门县赤金堡村，先后担任了钻井队长、钻井指挥部副指挥等职务，为祖国的石油开发立下了不可磨灭的功劳。曾先后当选为全国劳动模范、第三届全国人大代表、中共中央委员等。2009年，王进喜被评为“100位新中国成立以来感动中国人物”之一。1948年玉门地区解放后，王进喜进入老君庙钻探队，成为了一名光荣的钻井工人。由于在工作中不怕苦不怕累，表现突出，他被推举为1205队队长。他带领队伍参加全国劳动竞赛，在比赛中打破了全国钻井纪录，刷新了钻井历史新高度。他所带领的1205队获得“钢铁钻井队”的光荣称号，王进喜本人也被冠以“钻井闯将”的名号。

图1-1 “铁人”王进喜在泥浆池中搅拌水泥（图片来源：搜狐网）

1960年，王进喜又一次迎来了艰巨任务，临危受命，率领1205队奔赴黑龙江大庆萨尔图开拓新天地，参加轰轰烈烈的东北松辽石油大会战。1960年5月1日，王进喜在指挥施工的时候，一根上百斤的钻杆突然掉了下来，砸伤了王进喜的大腿。当工人们赶过来的时候，王进喜已经陷入了昏迷中。过了很久，王进喜醒了。当他看见工人们为了救他，竟然放下了手头的工作时，不禁怒吼道："我又不是泥捏的！"王进喜继续坚守工地，和大家一起忙活完，才到医院进行简单的包扎。别人都劝他好好休息一段时间养伤，他却拄拐坚持和大家一起在现场工作，一天也没有耽误。一个新的井位正处于高压区，十分危险，一旦发生井喷，地下的原油就会从井管中喷射而出并伴随毒气。王进喜担心的事情最后还是发生了，当钻机打到高压层后，井喷发生了……治理井喷最有效的方法是"压井"，于是一袋袋水泥被倒进泥浆池里。由于没有搅拌机，水泥搅拌不均匀，根本无法发挥作用。在这危急时刻，王进喜撇下拐杖，毅然跃进半人高的泥浆池，力顶双腿展开双臂，不停地在泥浆池中搅拌，俨然"人体水泥搅拌机"。此时的大庆是零下三十几度的极寒温度，泥浆池的温度更如冰窖寒冷刺骨。王进喜的举动感染了在场的所有队员们，大家纷纷跳入泥浆池，与"井喷"展开对战，终于取得了胜利，王进喜也因此被誉为"铁人"。"宁可少活二十年，拼命也要拿下大油田。"荒芜的松辽平原上掀起了"学铁人、做铁人，为会战立功，高速度、高水平拿下大油田"的劳动高潮。王进喜，这位"铁人"带领1205钻井队在大庆这块辽阔的油田上，谱写了辉煌的战歌。

多少年过去了，"铁人"虽已长眠，但是"铁人精神"却如钢铁般屹立不倒。石油工人始终秉承着这种精神，为祖国石油工业作出巨大贡献。

图1-2 劳动之花盛开（图片来源：学习强国）

崇尚劳动，牢固树立劳动最光荣、劳动最崇高、劳动最伟大、劳动最美丽的"四最"价值理念。不论是体力劳动还是脑力劳动，无论是简单劳动还是复杂劳动，一切有益于人民和社会的劳动，都应该得到认可、尊重和推崇，其合理的劳动报酬应得到满足，应得的褒奖也应得到回馈。崇尚劳动，始终坚持人民的主体性地位，充分调动人民的积极性，"只有人民，才是创造世界历史的动力"。崇尚劳动，不仅是意识上的价值观念，更要成为实践上的价值行为。释放创造潜能，通过劳动创造更加美好的生活，在劳动中成就自己的价值，更要托举起中国梦。

尊重劳动创造者，是崇尚劳动的表现之一，就是落实到尊重实施劳动主体即劳动者身上。党的十六大报告指出："必须尊重劳动、尊重知识、尊重人才、尊重创造，这要作为党和国家的一项重大方针在全社会认真贯彻。要尊重和保护一切有益于人民的劳动，不论是体力劳动还是脑力劳动，不论是简单劳动还是复杂劳动，一切为我们社会主义现代化建设作出贡献的劳动，都是光荣的，也是必需的。都应当得到承认和尊重。"劳动的主体是劳动者，知识的载体是劳动者，人才出自于劳动者之中，创造的主体也是广大劳动者：一切幸福生活都是劳动者通过辛勤劳动创造出来的。崇尚劳动、尊重劳动者是社会文明进步的反映，同时也激发出发展的动力和活力。从工厂车间到田间地头，从科研院所到市井之间，广大劳动者在平凡的世界里，用自己的双手创造、改变生活，书写着平凡中的伟大，每一位都值得尊重。让每一位劳动者都有尊严，也是共产党人的初心与使命。顺丰速运北京石头胡同营业点的几位快递小哥，回想起2019年春节前见到习近平总书记的情景时仍难掩激动之情。在这群被总书记亲切地称为"小蜜蜂"的普通劳动者心中，习近平总书记对他们的关心和重视，折射出国家对亿万普通劳动者的尊重。劳动，书写着新时代劳动者新的荣光；劳动，成就了新时代充满活力和魅力的中国；劳动，创造了中国人民的美好生活，创造了中华民族的美好未来。

图1-3　专注（图片来源：学习强国）

二、劳动模范

（一）劳动模范：劳动使命感的"代言人"

劳动模范（简称劳模），广义的理解是指劳动的模范和榜样。一切通过自己的辛勤劳动为人类社会发展进步作出显著贡献的人们，都有资格享有"劳模”的美名。这里所说的劳模具有特定的含义，主要是指在我国的革命、建设和改革开放中，在各行各业表现突出、取得卓著成绩的劳动者，通过相关的民主评选，经过有关部门审核和政府认定后被授予的荣誉称号。劳模分为全国劳动模范与省部委级劳动模范（有些个别市、县和企业，也评选劳动模范，以激励和鼓励广大劳动者）。中共中央、国务院授予的劳动模范，为“全国劳动模范”。与此同级的还有“全国先进生产者”“全国先进工作者”称号，例如：“兵工事业开拓者”吴运铎、“铁人”王进喜、“宁愿一人脏，换来万家洁”的时传祥、“当代雷锋”郭明义等一大批劳动模范和先进工作者。劳动模范制度起源于中国共产党在陕甘宁边区时期的劳动生产运动，自产生之日起便在全国自上而下地开展了不同层次的劳模评选活动，产生了一批又一批活跃在各行各业第一线的劳动模范典型，成为全国劳动人民学习的榜样。劳动模范制度具有鲜明的政治性、时代性和阶级性。广大劳动模范是从工人阶级中产生和走出来的先进代表，在国家发展的各个历史时期起到了中流砥柱和价值引领的作用。劳模制度产生的体制背景是计划经济制度，整个社会的经济活动是由中央和地方统一计划来控制和调整，强调集体主义。在当时的时代背景下，为了调动单位与劳动者完成经济计划的积极性，提高社会生产力和经济效益进而促进国民经济增长与发展，引进了社会主义的劳动竞赛制度，并随着劳动竞赛制度的确立与推广，劳模表彰制度也随之普及和进一步制度化、规范化，并对经济建设与社会发展发挥了积极的作用。同时，当选的劳动模范也成为激励和影响了几代中国人的精神楷模。

劳模如光，点亮自己也温暖他人；劳模如帆，奋力前行也指引他人；劳模如旗，鼓舞自己也激励他人。时代需要劳模，时代呼唤劳模，榜样的力量是无穷的。回首新中国走过的风风雨雨几十年，各行各业涌现出万千劳模，他们身上所展现出来的人文精神，代表着一个时代的价值观、道德观和精神风貌，充分体现了中华民族顽强拼搏、自强不息的崇高品格，展现了我们伟大民族与时俱进、开拓进取、勇于创新的精神气象。时光荏苒，时代变迁，每一个历史时期的劳模都有自己独特的内容和特点。在劳模结构不断变化、队伍不断壮大的背后，折射出的是劳动外延的拓展，是劳动被赋予新的意蕴，是劳动理念的日益革新；但是，无论如何改变，劳模的内核价值（即：爱岗敬业、争创一流，艰苦奋斗、勇于创新，淡泊名利、甘于奉献的精神）未曾改变，对劳动的热爱、对职业的信仰、对社会的道德感、对国家的责任感、对人民的使命感始终如一。

20世纪30年代，在中国共产党建立红色革命政权后，中华苏维埃共和国临时中央政府诞生于江西瑞金；在40年代，中国抗日战争进入了最为困难的时期，陕甘宁边区在国民党顽固派的经济封锁和军事包围下，面临内忧外患的政治、军事压力和巨大财政困难。为了缓解压力渡过难关，在毛泽东同志的指导和带领下，开展了轰轰烈烈的“发展生产，自给自足”大生产运动，掀起了中国共产党历史上第一次大规模的生产运动，涌现出大批劳模典型。1945年1月，毛泽东同志在陕甘宁边区劳动英雄和模范大会上提出了劳模的三种作用——带头作用、骨干作用和桥梁作用。

20世纪50年代至70年代，随着社会主义改造的完成，全面建设社会主义大幕徐徐拉开。在这一时期，资金严重不足、设备落后、物资短缺是需要面对和克服的最大困难；然而，人力资源充足这一独特优势是化解上述困难与危机的“法宝”，劳动者主体的重要性也在这一时期得以凸显。一时间，提高技术水平和苦干实干的劳动先进分子，成为国家大力宣传和报道的劳动模范。1978年10月，邓小平同志在中国工会第九次全国代表大会上充分肯定劳动模范是“我们学习的榜样和团结的核心”，对劳模给予了高度的认可和赞扬。20世纪80年代至21世纪初，改革开放带来了社会巨变，党和国家工作重心转移到现代化建设上来，我国的经济体制改革也经历了计划经济——计划经济为主，市场调节为辅——有计划的商品经济——建立社会主义市场经济的发展过程。随着时代的变迁，劳模开拓创新、巧干实干的形象深入人心，得到广大群众的认同和追随。

2000年4月，江泽民同志在全国劳动模范和先进工作者表彰大会上指出：“全国劳动模范和先进工作者，是亿万劳动群众的杰出代表。”[①]他们在平凡的岗位上创造了伟大的业绩，是建设社会主义物质文明和精神文明的先锋与模范。21世纪初至党的十八大之前，市场经济体制的发展进一步释放了社会发展的生机和活力，科学技术迅猛发展促进了生产力的提高，社会发展日新月

① 江泽民在全国劳动模范和先进工作者表彰大会上的讲话（全文）. 中国政府网，2000-04-29，http://www.gov.cn/govweb/gongbao/content/2000/content_60180.htm。

异，劳动者的主体构成也日益丰富，社会崇尚劳动、尊重劳动、提倡劳动，无论是体力劳动者还是脑力劳动者，只要为社会主义现代化建设作出贡献，都是光荣的。2010年4月，胡锦涛同志在全国劳动模范和先进工作者表彰大会上给予劳模和先进工作者高度评价，称他们是亿万群众的杰出代表，在他们身上体现出中国工人阶级的高贵品格，他们是我们的民族精英、国家脊梁和人民楷模。

党的十八大以来，随着中国特色社会主义进入新时代，我国的改革开放也进入深水区和攻坚期，经济由高速增长转向高质量发展，经济进入新常态化发展期。经济转型对劳动主体也提出了新要求和新挑战，通过“大众创新、万众创业”培育经济发展新动力，能创新、会创造成为新时代劳模的衡量标准。2016年4月，习近平总书记在知识分子、劳动模范、青年代表座谈会上指出：“劳模是当之无愧的时代领跑者，是时代的精神符号和力量化身，既是一面旗帜，也是一面镜子。”[①]高度概括了新时代劳模的时代内涵。

“劳动是财富的源泉，也是幸福的源泉。人世间的美好梦想，只有通过诚实劳动才能实现；发展中的各种难题，只有通过诚实劳动才能破解；生命里的一切辉煌，只有通过诚实劳动才能铸就。”[②]尊重劳动，就是创造一切物质财富

图1-4　工地协奏曲（图片来源：浙江学习平台）

① 习近平在知识分子、劳动模范、青年代表座谈会上的讲话（全文）. 新华网，2016-4-30，http://www.xinhuanet.com/politics/2016-04/30/c_1118776008.htm。

② 《习近平在同全国劳动模范代表座谈时的讲话》，《人民日报》2013年4月29日。

和精神财富的劳动都应该得到尊重和保护。尊重劳动者，劳动者作为劳动的主体、知识的载体和创造的主体，创造劳动价值，实现经济效益，推动社会发展。只有尊重劳动、尊重劳动者，才能进一步焕发劳动热情、释放创造潜能、创造生产奇迹。

（二）尉凤英：用奋斗书写不泯的初心

劳模，不仅是一种荣誉称号，更是中华民族文化与精神的化身，是广大劳动群众的先进分子，是建设祖国的中坚力量，是时代的杰出楷模。他们用自己的勤劳和智慧在中华大地上谱写出一首首动人的乐章，用自己的双手在经济建设、政治建设、文化建设、社会建设和生态文明建设过程中发挥中流砥柱的作用。

> 党和人民培养了我，给了我这么多荣誉。对党和人民的事业，我有多大劲就使多大劲，为了国家富强、更多人过上幸福生活而奋斗不息。
>
> ——尉凤英

1933年6月，尉凤英出生在辽宁抚顺的一户普通家庭。那时候，全家能吃上一顿饱饭成了最奢侈的愿望和期盼。在这样的环境下成长起来的尉凤英暗下决心，“如果有一天人民当家做主人，我一定要好好干活，让大家都过上好日子。”她是这样想的，也是这样做的。1953年，20岁的尉凤英进入沈阳七二四厂，成为一名学徒工。她主动加班加点、早来晚走，工作中肯吃苦爱学习肯动脑，不断革新技术。从1953年到1965年，她共完成技术革新177项，其中重大技术革新56项。在这些技术革新的推动下，工厂的工作效率大幅度提高，仅用434天时间就完成了第一个五年计划的工作量，仅用120天时间又完成了第二个五年计划的工作量。1965年10月22日，《人民日报》发表社论《向毛主席的好工人尉凤英同志学习》。能挑千

图1–5 全国劳动模范尉凤英

（图片来源：新华社）

斤担，不挑九百九。对于工作火一般的热情，让尉凤英收获了幸福。1964年，她作为全国人大代表受到了毛主席的接见；2013年，她作为全国劳动模范代表受到了习近平总书记的接见。而这一光荣时刻也被尉凤英以照片的形式“定格”，挂在了家中最显眼的位置。退休后的尉凤英心系青少年的成长，积极投身于关心下一代的工作中，用自己的行动弘扬着劳模精神。

从土地革命时期到今天，由于革命和建设的任务不同，生产力发展水平不同，社会经济状况和劳动价值导向的政治作用不同，劳动、劳模精神的内涵与形式也在不断发展过程中被赋予了新的理论内容和新的时代价值，使得劳动模范构成、劳动模范和先进工作者评选标准、范围及树立典型的类型有所不同；但是，劳动模范始终是社会上的先进代表，是时代的先锋，他们身上所彰显出来的优秀品质、劳模精神始终发挥着凝聚社会力量和精神引领作用。

三、劳模精神

（一）弘扬劳模精神，争做时代奋斗者

我们经常会看到这样一批人，他们无论是工作性质还是生活背景都各不相同，有与机器打交道的工人，有常年下田地劳作的农民，有手握手术刀的医生，有送卫星上天的科学家，等等。他们当中有的在“台前”赢得掌声无数，有的在“幕后”默默无声；但是，他们拥有一个共同的名字——劳模，他们身上凝聚和体现着共同的精神——劳模精神。劳模的伟大之处在于，他们不仅通过辛勤劳动为国家和社会创造了物质财富，推动社会发展，为人民获得幸福生活作出了不平凡的贡献，而且在他们的劳动行为背后、先进事迹中所体现出来的崇高精神（即劳模精神）是极为宝贵的精神财富。劳模精神是劳模意识的完美呈现，是劳模思想精髓所在，是劳模世界观、人生观、价值观和道德观的集中体现。劳模精神凝聚成力量，化作鼓舞人心的不竭动力，在我国各个历史时期催生出许多劳动模范人物和感人事迹，教育和激励着一代又一代人在社会主义现代化建设中奋斗拼搏，为国家发展、民族复兴和人民幸福作出不可磨灭的贡献。

在四川成都，有这样一群“掌灯人”。他们负责成都市中心城区的11余万盏路灯，共有1100多个配电箱，覆盖面积达630平方千米。他们接到市民打来的维修电话，常常顾不上吃饭就去现场。路灯就是这群“掌灯人”上班的“信号灯”，日落而作、日出而息，周而复始、年复一年。契诃夫曾经说过，信仰是精神的劳动；动物是没有信仰的，野蛮人和原始人有的只是恐怖和疑惑。只有高尚的集体，才能达到信仰。传承劳模精神，就是要学习劳模身上精益求精的工匠精神。近年来，评选出的劳模中高级技工、工程师、科研精兵的比重在增加，技术型、知识型、科技型和创新型劳动者不断涌现。我们知道，0.01毫米相当于一根头发直径的1/6，而0.01毫米也是世界技能大赛汽车喷漆项目对油漆厚度所允许的最大误差。杭州技师学院汽车整形与涂装专业的教师杨金龙，通过无数次实践，凭借高超的技术和精益求精的工匠精神，最终获得了这个难度极高的项目冠军。一个拥有劳模精神、推崇工匠精神的国家和民族，其社会上必然会少一分浮躁、多一些纯粹，人们必然会少一分投机取巧、多一些脚踏实地，用工匠精神书写“中国高度”。

弘扬劳模精神，能够增强民族的凝聚力和核心力，提升综合国力和国际竞争力。习近平总书记指出：“一个民族的复兴需要强大的物质力量，也需要强大的精神力量”[①]。衡量世界大国的标准，不仅有国家的经济“硬实力”，还有文化“软实力”。劳模精神作为中华民族优秀传统文化与社会主义革命、建设和改革历史时期相互交融的结晶，代表了中华民族的民族精神中劳模文化的“软实力”，正是依靠这一汇聚人心的强大精神力量，才让我们国家冲破资本主义国家的束缚，超越资本逻辑的负面效应，走出了中国特色社会主义道路。一个民族，如果没有共同的价值信仰和精神追求，就难以推动民族向前发展；一个国家，如果没有强大的精神动力，就难以促进社会生产力发展。劳模精神是凝聚民族和国家的黏合剂，为民族复兴和国家发展提供正确的方向保证、不竭的精神动力和强大的智力支持。

中国梦的本质是实现国家富强、民族复兴和人民幸福。中国梦是国家的梦，也是中华儿女的梦。而要将梦想变成现实，工人阶级是主力军，实现中国梦必须依靠工人阶级尤其是广大劳模和先进工作者的辛勤劳动。同时，在实现

① 习近平：《在文艺工作座谈会上的讲话》，人民出版社，2015，第5页。

中国梦的道路上不可能一帆风顺，梦想也不可能一夜成真，必将经历一个艰苦卓绝的过程，这就需要所有劳动者具有艰苦奋斗和勤奋敬业精神。从这个意义上讲，劳模精神是实现“中国梦”的助力之一，是我们党坚持以人民为中心发展思想，发挥工人阶级主力军作用，带领全国人民进行伟大斗争、建设伟大工程、推进伟大事业、实现伟大梦想，实现“两个一百年”奋斗目标和中华民族伟大复兴的必然要求。

弘扬劳模精神，推动经济健康有序发展，促进社会精神文明建设。改革开放以来，国家大力发展社会主义市场经济，让市场在资源配置中起决定作用，为社会发展注入了新的活力和动力，推动了经济和科技的发展与进步。加强社会主义精神文明建设，使其与经济建设协调发展是必由之路。劳模精神作为一种文化精神，是社会发展的内生动力。社会主义经济发展中的人与人之间，人与市场之间的自由、平等、公平、公正、和谐、有序的关系是建立在良性的劳动环境中的。党的十八大报告也将“敬业”纳入了社会主义核心价值观，作为全社会倡导和培育的核心价值观之一。这充分说明了在劳模身上所体现出的爱岗敬业等劳模精神具有强大的精神力量和价值引领作用。劳模是一种品牌，是社会中坚、时代精英；劳模精神是一种导向，诠释着劳动光荣、创造伟大的时代精神。劳模是一座丰碑，在群众中有着特殊的影响力、凝聚力和感召力；劳模精神是一面旗帜，引导着全社会各个阶层的劳动者爱岗敬业、创新创造。在经济制度的映照下，劳模精神在社会上转化为精神力、生产力和向心力，映射出时代精神和光芒，激发出强大的经济价值与生产力。

弘扬劳模精神，助推人们对美好生活的实现与自我价值的统一。劳动模范、劳模精神的“灵魂”在于劳动。马克思对“劳动”有过两种不同层面的阐释：一种是哲学层面的，认为劳动是人的本质，是人的自我实现的主要途径；另一种是经济层面的，认为劳动可以创造物质生产资料和生活资料。而劳模正是这样一群劳动者，他们把自由自觉地从事有意识的生命活动（劳动）作为自我认识世界的对象化，并在劳动的过程中不仅生产出物质生活资料获得物质的满足，同时在劳动实践的过程中观照并实现自身生命的价值和意义，通过实践活动呈现人之本性进而获得物质世界的满足和精神世界的愉悦，更将个体放置于社会之中，构建出相互联系的社会网络，在自我和他人良性互动过程中推动社会的发展。所以，从马克思主义劳动观的视角，我们可以把劳模精神理解为劳动者在劳动实践中实现了个体与社会和谐共生的过程与结果。之所以理解为一种过程，是因为劳模精神孕育于劳动中，并且始终贯穿于劳动的全过程；之所以理解为一种结果，是因为劳模精神是劳动者完成自我实现后的精神积淀，是个体精神升华为集体精神的养料，无论是艰苦奋斗，还是爱岗敬业，抑或是甘于奉献，都是劳动模范在各自的劳动过程中外化出的劳模精神的多重维度体现。劳模不仅用实际行动去感动、感化、感染身边人，其自身散发出来的独特魅力即劳模精神，也展现出强大的道德感召力和催人奋进的进取力。人是自我行为的主宰者，劳模精神作为社会主流价值观，在推动自我行为变化过程中起到不可替代的作用。劳模精神正如一种无声的语言、无形的手，指引着个体正确前行，完成人的自我价值的实现。

（二）吴孟超：柳叶刀的传奇

凯洛夫曾经说过，劳动使一个人的道德变为高尚，使他习惯于小心地对待劳动的工具、器械和产品，重视书籍及其他精神文化和物质文化的物品，尊重任何一种职业的劳动者，仇视那些寄生虫和剥削者、“二流子”、怯懦者和懒汉。涵养崇尚劳动、弘扬劳模精神的社会氛围，用伟大梦想召唤全社会以更加拼搏的姿态去劳动、去创造。

> 我看重的不是创造奇迹，而是救治生命。医生要用自己的责任心，帮助一个个病人渡过难关。
>
> ——吴孟超

吴孟超院士，是我国著名肝胆外科专家，中国肝胆外科的开拓者和主要创始人之一。吴院士忠于职业，当医生一做就是75年，创立了肝脏“五叶四段”理论，奠定了我国肝脏外科的解剖和理念基础；创造了间歇性肝门阻断切肝法和无血切肝法，使肝癌手术成功率由16%提高到98%，主刀完成包括我国第一台中肝叶切除术在内的16000多台重大肝脏手术，术后存活率达到世界领先水平。吴老从医75年，经历了中国肝胆外科从无到有、从有到精的历程。他用一把柳叶刀，对待肿瘤快、准、狠的“吴氏刀法”，挑战了一个又一个“医学禁区”，创造了一个又一个医学奇迹，拯救了一个又一个鲜活生命。“背着每一位病人过河”，是吴老对待病人的真实写照。他对待病人体现了“慢”“细”“仁”：冬天为病人做检查之前，总是把手焐热了再去触碰病人腹部；给病人做完检查之后，会帮他们把衣服拉好；看特需门诊时，每次都和病人沟通至少半小时；因为担心病人和家属搞不清楚病情和治疗方案，甚至还会亲自动手画图演示。“有些医生看了病之后，给病人很简单的两句话。这不行！像谈恋爱一样，两个人讲不清楚，怎么办？这恋爱（谈）得下去吗？”这是吴老经常和身边人说的一句话。医乃生死所系，非仁爱之士不可托也。

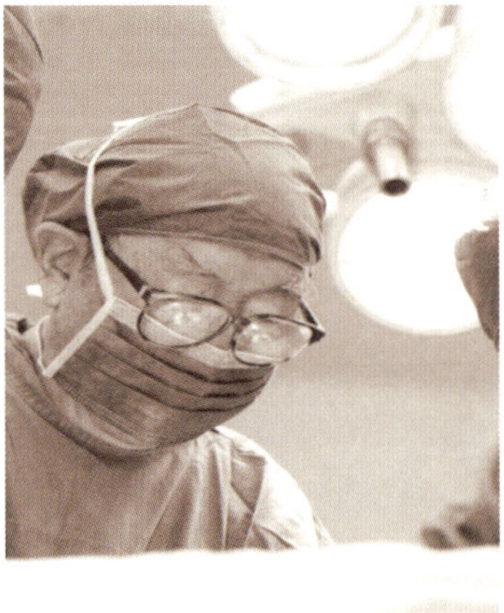

图1-6　吴孟超院士在手术中

（图片来源：搜狐网）

90多岁高龄的吴孟超院士，依然坚持每周至少完成三台手术。常年高强度、高频率的手术，导致吴老食指上关节向外弯曲，像个钩，把食指与中指一并，指尖已经永远并不上了。就是这弯曲的指头，拯救了数万名饱受疾病折磨的患者。一位与吴老合作了30多年的护士长在给《朗读者》节目组的信中这样说：“很多人看到您是个传奇，但只有我看到过手术后躺在椅子上的您，胸前的手术衣都湿透了，两只胳膊支在扶手上，掌心朝上的双手在微微颤抖……叹口气说，力气越来越少了，如果哪一天我真的在手术室里倒下了……你知道我是爱干净的，记住给我擦干净。不要让别人看见我一脸汗的样子。”

“只要能拿得动手术刀，我就会站在手术台边；如果真的有一天倒在手术台上，那也许就是我最大的幸福。”吴孟超院士把自己生命的终点预设在挚爱一生的手术室，披肝沥胆，报国为民铸忠诚。

“爱岗敬业、争创一流，艰苦奋斗、勇于创新，淡泊名利、甘于奉献”的劳模精神，是时代精神的生动体现。劳动创造了人类历史，劳动促进了社会发展，劳动创造了新时代。劳动没有高低贵贱之别，每一份职业都闪耀着光芒。“三百六十行，行行出状元。”无论从事何种劳动和职业，都要“干一行、爱一行、钻一行”。在工厂车间，就要兢兢业业、精益求精，弘扬“工匠精神”，精心打磨、生产出优质产品；在商场店铺，就要真诚待客、童叟无欺，提供贴心优质服务；在田间地头，就要辛勤劳作、精心耕耘，用汗水换来丰收。劳模精神植根于广大劳动群众所普遍具有的优秀品质之中，“千淘万漉虽辛苦，吹尽狂沙始到金”。“雷锋、郭明义、罗阳身上所具有的信念的能量、大爱的胸怀、忘我的精神、进取的锐气，正是我们民族精神的最好写照，他们都是我们的‘民族的脊梁’。”[①]他们身上所传递的劳模精神已经超越了个人意志，超越了行业差异，超越了民族界限，超越了时空限制。

劳模精神，是时代的召唤，是历史的必然。重温劳动模范的故事，思考他们何以将无数个不可能变成千万个可能。今天的我们，饿了会习惯性打开手机点外卖；打扫卫生时发语音指令，机器人便会完成。似乎因为科技的飞速发展，传统意义上挥汗如雨的“劳动”场面已经离我们远去。劳动还有必要吗？当然有必要！虽然当前产业结构发生变化，社会分工更加细化、机械化，但是劳动是创造价值的唯一源泉这一真理性的实践始终没有改变。一代人有一代人的使命，劳动的内涵在改变，但是“爱岗敬业、争创一流，艰苦奋斗、勇于创新，淡泊名利、甘于奉献”的劳模精神始终闪耀着光彩和永恒的魅力。传承劳模精神，就是要学习劳模身上闪耀的职业信仰的光彩。

① 《雷锋》杂志编：《新时代雷锋精神解读》，人民出版社，2018，第3页。

第二章 02

劳模精神，平凡中追问伟大

精神是一个民族赖以长存的灵魂，唯有精神上达到一定的高度，这个民族才能在历史的洪流中屹立不倒，奋勇向前。千千万万为国家作出贡献的人，千千万万在生活中闪耀着真善美的人，他们都是“中国精神”的造就者。

“精神”一词始见于《庄子》：“精神四达并流，无所不极，上际于天，下蟠于地，化育万物，不可为象，其名为同帝。”“精”“神”与“形”相对，指人的情感、意志等。在马克思主义哲学视野里，精神分广义和狭义两种理解：广义的精神是人脑对客观事物的反映；而狭义的精神则是指精神的核心部分，即反映的是事物的本质，体现的是人的观念和意识的本质。中华民族具有重视精神和精神生活的传统，劳模精神作为中国精神的一部分构筑起当代中国精神的框架。

一、劳模精神与中国之治

党的十九届四中全会指出，中国共产党自成立以来，团结带领人民，坚持把马克思主义基本原理同中国具体实际相结合，赢得了中国革命胜利，并深刻总结国内外正反两方面经验，不断探索实践，不断改革创新，建立和完善社会主义制度，形成和发展党的领导和经济、政治、文化、社会、生态文明、军事、外事等各方面制度，加强和完善国家治理，取得历史性成就。制度优势是一个国家的最大优势，制度竞争是国家间最根本的竞争。马克思认为，社会存在决定社会意识，劳模精神的存在是建立在中国特色社会主义劳动基础上，是对中国特色社会主义制度优越性的生动诠释。劳模精神作为国家和民族的集体意识的产生是在社会主义制度的形成、发展和完善过程中逐渐孕育和发展起来的，又在不断弘扬和创新的过程中推进国家治理体系和治理能力现代化。

（一）劳模精神与中国特色社会主义制度同向同行

人类在几千年的文明延续中始终伴随着生产力的不断进步，特别是最近200多年来，世界经历了工业革命带来的技术进步，物质生产能力得到了前所未有的提高，经济、政治、文化和社会在这一过程中，发生了天翻地覆的变化，而国家和民族始终承载着社会的价值追求和思想情愫，精神是一个国家一个民族的灵魂，历久弥新。在社会主义制度不同的历史发展阶段中，其经济、政治和文化等领域发生了深层次的变化，劳模精神的发展历程始终与社会主义制度的发展过程同向同行，二者是互相融合、互相匹配的关系，劳模精神的产生和发展离不开社会主义制度的优越性，而这种优越性则体现在“效率与公平相兼顾。社会主义的本质是解放生产力，发展生产力，消灭剥削，消除两极分化，最终实现共同富裕。中国特色社会主义制度是全面贯彻、充分体现社会主义本质要求的制度载体，完全能够保障和促进社会主义比资本主义更好更快地发展生产力，创造出比资本主义更高的劳动生产率，能够更加有效地维护和实现社会公平”[①]。

在中国特色社会主义制度下，人民享有充分的受教育权利、广泛的职业选择自由、良好的个人发展空间，而劳模精神正是来源于劳动人民的社会生产实践。中国特色社会主义制度为每一位劳动者提供了自由、平等、共享、和谐和开放的劳动环境，使其能够充分享有劳动带来的自身需要的满足，个人价值的实现，服务于人的幸福，通过自己勤劳的双手，在平凡的岗位上做出不平凡的事业。做一个守本分、有追求、讲作风、担使命、有境界、有修为的人，是每一位劳模的精神风范，更是每一位劳动者应该追求的目标。从水电修理工徐虎到环卫工人时传祥，他们用自己的行动告诉世人，职业无高低贵贱，只要在岗位上做好本职工作，坚守岗位职责，就能够得到人民的信任和全社会的认可。劳模精神所具有的品质在当代社会亟待发扬，劳动者最美丽，劳模精神不过时。崇尚劳动、礼遇劳动者是新时代的鲜明特征。从低矮平房到高楼林立，从“一穷二白”到世界第二大经济体，我国经济社会发展无不凝结着广大劳动者的心血、智慧和付出。

传统上对脑力劳动与体力劳动的“二元分离”认识，以及市场经济的洪流让青年人对职业产生了错误的认知，进而出现频繁跳槽、消极怠工乃至长期待业的择业观念和现象。有人质疑“劳动还光荣吗”“劳动还能致富吗”，来自各个行业的劳模给了我们最好的诠释。全国劳模马军武，是新疆生产建设兵团第十师北屯市一八五团的一名普通职工，自20世纪80年代以来，他和妻子以哨为家，默默承受着清贫和寂寞，在自然环境极度恶劣的条件下，三十年如一日风雨无阻地守护着20多千米长的边境线。数年累计下来，马军武夫妇二人共走了29万多千米（相当于绕了地球7圈），磨破的400多双胶鞋，刮破的50多套工作服，满满记录的30多本值班笔记，让我们肃然起敬。30余年来，在他们夫妇的守护下，桑德克龙口地区从未发生过一起违法边防政策事件。在这些劳模身上所表现出的不仅仅是对职业的忠诚，更是对人民的忠诚。他们将职业视作服务社会、服务群众的平台，忠于职业就是用自己的高超技艺与辛勤劳动回报社会。今天，我们虽然拥有了比以往更丰厚的物质基础和更优越的生活环境，但那种一身汗水的奋斗精神、舍我其谁的奉献精神、精益求精的工匠精

---

① 田培炎：《保持和发展中国特色社会主义制度优越性》，《理论视野》，2011年第8期。

神、勇攀高峰的科学精神、夜以继日的苦干精神，依旧不可或缺。无论是决胜全面建成小康社会，还是建设社会主义现代化强国，都需要靠我们自己的双手去拼搏、去奋斗，都需要焕发劳动热情、释放创造潜能，通过劳动创造更加幸福的未来。

劳动模范、劳模精神是社会主义国家特有的文化产物，劳模精神、劳动精神和工匠精神彰显了社会主义核心价值观的深刻内涵，体现了中国特色社会主义制度优越性。在马克思主义视野中，人民是核心概念，劳动是第一范畴，劳动创造历史是第一原理，劳模精神指引着广大劳动者们无私奉献、爱岗敬业、孜孜不倦地努力工作创造着历史，影响着、推动着我们的社会和国家更好地发展。资本主义制度中的劳动（异化劳动）与社会主义国家的劳动不可同日而语，在资本主义社会的环境中，劳动只是满足人的最基本生存需要的手段和工具，整个劳动过程中毫无快乐和幸福感，更无获得感和价值感可言，在这样的劳动背景下是根本不可能产生劳动模范的，而劳模精神更是水中花、镜中月。

在社会主义发展过程中，工人阶级始终代表了先进生产力，是推动社会不断向前发展的核心动力。社会主义制度以包容的态度，自由、平等、开放地为每一个人提供自我实现的机会，人人可以共享劳动成果，自由支配自己的劳动，人人愿意劳动、热爱劳动，人人争当劳动模范。在社会各界产生了一批活跃在各行各业第一线的优秀劳动者，他们身体力行，怀抱着远大的目标，拥有博大的胸怀，心中有信仰，肩上有担当，脚下有力量，这种无私奉献的强大精神力量无时无刻不影响着身边的人。马恒昌，辽宁沈阳人，中共党员，1948年成为沈阳市第五机器厂工人，先后担任齐齐哈尔市第一机床厂车间主任、总机械师、党委副书记等职务。他所领导的工作小组不断创造新的生产纪录，被命名为“马恒昌小组”。他本人先后多次被评为全国劳动模范，“马恒昌小组”也屡次被评为全国劳动模范小组。马恒昌曾经说过：“大家选我当组长，咱得实心实意地依靠大家，团结大家，齐心协力地把生产搞好。最关键的是，组里的事不能只靠我一个人说了算，得想办法把全组的人都鼓动起来。”[①]他坚持人人平等、互相管理、共同进步。马恒昌带领全组成员在平凡的岗位上创造了不平凡的成绩，在平凡中成就卓越之道，从生活中探求生命的真谛，从现实中发

① 沈阳市总工会编：《沈阳劳动模范》，中国工人出版社，2016，第11页。

觉超越的本质，从点滴中收获伟大的成就，带着使命感全身心投入到工作中，无怨无悔奉献自己的一生，认真负责、钻研创新、团结互助、积极进取的精神鼓舞和影响着一代又一代工人去创造更加辉煌的人生和建设更加美好的社会。这也是促进社会主义制度不断进步的良性互动，制度是基础和前提，精神是发展和促进，二者相辅相成、互相促进，欲探求社会主义制度的先进性就要深层次了解劳模精神的本质与时代价值，欲促进社会主义制度发展就要把握劳模精神的发生和发展规律，让学习劳模、争当劳模成为社会风尚，让劳模精神成为引领时代的价值取向。

（二）劳模精神与中国特色社会主义经济制度同向同行

劳模精神是一种实践精神，是从人的目的性出发改造自身、改造世界的自觉自为精神，体现了人对世界的能动把握以及人对自我生命的深刻认识和价值追求。无论是劳模，还是工匠，都是我国劳动阶层千百年来形成的职业精神的生动体现，劳模精神在中国特色社会主义经济体制中有强大的影响力，同时社会主义经济制度对劳模精神的发展起到了巨大的推动作用。经济制度首先作为一种经济关系是在生产、交换、分配和消费等社会再生产过程中形成的，我国的基本经济制度是以公有制为主体，多种所有制经济共同发展，坚持在以公有制为主体的条件下发展具有中国特色的社会主义市场经济。

中华人民共和国成立以来，尤其是改革开放四十多年来，正是一批批以劳模和工匠为代表的广大劳动者的辛勤劳动、无私奉献与革新之举，才带来了我国经济的飞速发展。市场经济背景下，要求每一个进入市场的劳动者都必须具有自主选择劳动的权利而不是在被迫的条件下，自由是市场经济对所有经济行为主体的基本资格要求，也是内在的经济要求所体现出的基本精神，即市场主体和参与者在价值规律的作用下，自主生产、自主经营、自愿买卖。市场经济要求平等交易，多劳多得按劳分配，摒弃利益均分的平均主义才能保证在劳动交换中实现公平和正义，市场主体和参与者人格平等、地位平等、机会均等。社会主义市场经济是开放性的竞争经济，其基本要素是“交易”，利益原则是不以人的意志为转移的客观事实，市场经济天然地具有利己性价值取向，社会主义经济制度是劳模精神的经济基础，根据物质第一性、意识第二性，物质决定意识原理，劳模精神是在社会主义市场经济大环境下，由社会文化和公共意识升华凝结而成的，作为一种精神产物，是经济体制下人与人相处之间所蕴含的崇高的道德品质和道德境界，社会主义市场经济制度既是法治经济也是道德经济，法治的调节不是万能的，在某些层面需要道德（精神）来调节，这时就需要劳模精神的弘扬和传播来调节社会关系和经济关系。业精于勤，勤勉劳动体现了劳模的基本特征，田野里的农民、烈日下的建筑工人、路灯下的环卫工……在他们身上体现出的是对劳动的无限热爱，以及通过劳动为经济发展作贡献的伟大品质。

劳模精神是一种特殊的生产力，中国改革开放四十多年来取得的伟大发展成就离不开千万劳动人民的辛勤付出，正是因为劳动创造，我们拥有了历史的辉煌；也正是因为劳动创造，我们国家拥有了今天的伟大成就。而处于经济发展新常态，从追求增长速度向追求发展的稳定性、持续性和全面性战略思维的转变，面对发展方式的转变、产业转型与升级“阵痛期”的中国更需要广大基层劳动者的积极参与奉献，这种参与不仅继承了过去劳模的勤奋和无私，更增添了一些时代的诉求和期待，新时代劳动者们只有通过不断增强自身的学习能力、钻研行业内的前沿技术、更新自身的知识结构等才能更好地服务生产方式的变革。2002—2004年，沈阳鼓风机（集团）公司承接了大型氮肥装置国产化技改项目研制“心脏”设备（中国第一套4万空分压缩机组）任务，承担这个重大研发项目的5位工程师均为女性，她们没白天没黑夜，昼夜不息地进行探索、实验，仅用了3个月的时间就攻克了上百项技术难题，实现了技术全面革新和创新，产品一次试车成功，终结了我国大空分装置压缩机组长期依靠进口的历史，为国家创造了难以估算的经济效益。让我们记住这“五朵金花”的名字，她们分别是：王英杰、王广兰、张玉珠、葛丽玲、严鸿。她们五人也因此集体荣获“全国五一巾帼奖”、全国五一劳动奖状。

劳模精神在社会主义市场经济中的作用，正如黑格尔所阐述的那样，一切的精神现象都可以归结为意识形态的反映，而意识形态则必然是与这个时代或国家的经济相适应，劳模精神就是这样一种精神品质的引领，是在社会主义市场经济体制下衍生出来的时代力量。说到工匠精神，很多人往往陷入一个误区，认为这是日本、德国的劳动内在，实则不然，在中华民族漫长的历史发展进程中，正是一代又一代手艺人在孜孜不倦地追求“技道合一”，把对自然的敬畏、作品的虔诚和技术的卓越，以匠心巧思注入于整个制作的过程中，很多在我国历史上有名的工匠，比如《后汉书 · 蔡伦传》记载的，“自古书契多编以竹简；其用缣帛者谓之为纸。缣贵而简重，并不便于人。伦乃造意用树肤、麻头及敝布、鱼网以为纸。”我国造纸术的发明人蔡伦；木工师傅们用的手工工具，如钻、刨子、铲子、曲尺、画线用的墨斗的发明人、古代劳动人民智慧的象征者鲁班；被制革、制鞋行业奉为祖师，战国时军事家、齐国军师孙膑。相传齐国士兵本来都穿草鞋、木鞋，行军作战极为不便，是孙膑下令改穿皮制及布制的鞋。中国，是世界工匠精神的发源地之一，工匠精神在今天其价值在于服务生产方式的变革，即由过去的粗放式的“浅层加工”转变为精细化的“深度雕琢”。在改革开放的前二十多年里，粗放式生产方式充分发挥了我国自然资源丰富、廉价劳动力资源充沛和政府政策制定灵活等的优势，为我国经济发展打下了坚实的基础。生产的特点在于对原材料的粗放式加工与生产过程的流程化操作，标准化的生产方式与流程性的操作步骤几乎抹去了所有个性化的生产元素，而“工匠精神”在彼时难有“用武之地”。随着粗放式生产方式基础条件的不断消失以及自然环境和生态环境的破坏等污染问题严重，这种不可持续的发展模式逐步向精细化生产方式过渡。而这种普遍精细化的生产方式凸显了“人”的核心地位，在当今社会，只有把工匠精神发挥得淋漓尽致，才能拥有竞争的优势，才能具有真正的不可替代性，才能永远在复杂环境下立于不败之地。

（三）劳模精神与精神生产同向同行

精神生产，是马克思关于人的全面发展理论中的一个重要组成部分，指生产者为满足精神文化生活的需要而通过主观精神活动借用一定的生产工具与物质手段，对反映在自己头脑中的客观事物进行加工、处理，创造性地完成生产活动，其成果即精神产品。物质生产与精神生产是历史唯物主义的一对重要范畴。物质生产即物质资料的生产，是人们运用劳动资料改造自然、创造物质财富的劳动活动，物质生产是人类社会存在和发展的基础。精神生产同物质生产相对，着重探索人的内部精神世界，关注人的内心和社会的精神生活层面，以满足人的求知、审美、娱乐、情感等精神需求为根本目的，生产过程具有抽象性、创新性、传承性等特点。精神生产的劳动主体是从事精神生产活动的人，由于精神生产主要依赖的是人的脑力生产和思维产出，其“生产”的范围涉及哲学、自然科学、社会科学、科学技术和文学艺术等几乎人类生活的全部领域，是人类区别于动物的一个根本性标志。一定的精神生产由物质生产的一定形式决定，即物质生产是决定精神生产的。这是由物质与意识的关系属性来辨别的。精神生产必须依附于一定的物质条件才能实现。精神生产具有能动的反作用的特点，即精神生产对物质生产具有影响和反作用，精神生产通过对物质生产过程和要素的影响，提高了劳动生产率和社会生产力的水平，促进了社会物质财富的增长，持续不断地推动着社会物质文明的发展。精神生产能够为人类认识和改造世界提供世界观和方法论。作为精神产品中的哲学社会科学知识，既源于社会实践，是社会实践经验的概括和总结，又为新的社会实践提供理论指导。科学的社会理论为改造社会、改革政治体制、变革生产关系、建设政治文明提供指导，从而使上层建筑同经济基础和生产力的发展状况相适应。正如马克思曾经指出的：“人们按照自己的物质生产率建立相应的社会关系，正是这些人又按照自己的社会关系创造了相应的原理、观念和范畴。”[①]所以，精神生产具有能动的反作用，并与物质生产一起，相互作用，推动着社会的发展。

我们要了解劳模精神和精神生产的逻辑关系，就要从精神生产的理论本质出发，马克思在《德意志意识形态》里指出：“思想、观念、意识的生产最初是直接与人们的物质活动，与人们的物质交往，与现实生活的语言交织在一起的。人们的想象、思维、精神交往在这里还是人们物质行动的直接产物。表现在某一民族的政治、法律、道德、宗教、形而上学等的语言中的精神生产也是这样。人们是自己的观念、思想等等的生产者。”[②]在人类创造精神生产的过程中，凝聚着人们对于真、善、美的理想憧憬和美好追求，展现着人类伟大创造力，推动着物质生产的进步和发展。劳模精神，生成于中国源远流长的优秀传统文化，成长于激扬奋进的革命文化，创新于新时代社会主义先进文化。“劳模精神源于历史积淀而成于现实支撑，是对中国特色社会主义文化自信的生动

① 马克思、恩格斯：《马克思恩格斯文集》第1卷，人民出版社，2009，第603页。
② 马克思、恩格斯：《马克思恩格斯文集》第1卷，人民出版社，2009，第524页。

诠释，是我国主流意识形态建设在劳动实践向度内的集中表达。在马克思唯物主义史观中，中华优秀传统文化是在劳动中获得的精神创造，劳模精神的实质则是中华优秀传统文化之现代化的创造性转化形态。中华人民共和国成立以后，特别是‘一五’‘二五’时期以来，中国已经普遍实现了由传统封建小农经济向机器化大工业的跨越，劳模精神是以社会主义计划经济和市场经济为基础，以大力推动社会生产力发展为根本目标，以贡献社会物质文明和精神文明为旨归的先进精神力量。”[①]劳模精神所产生的精神生产力，在我国社会主义环境中不仅必不可少而且至关重要。在社会主义和谐社会中，人们在民主、自由的氛围下充分发挥着人的主观能动性，涌现出来的劳动模范，汇聚而成的劳模精神所产生的精神力量在较大范围得到广泛传播和弘扬以及学习，正是这种精神生产出来的“成果”满足了社会主体的精神要求，迎合了当前社会发展需求，劳模精神作为精神生产的价值成果，其内在价值倡导的正确人生观、价值观和道德观，推动着社会秩序朝着健康、有序的方向发展。

“劳动模范身上体现的‘爱岗敬业、争创一流，艰苦奋斗、勇于创新，淡泊名利、甘于奉献’的劳模精神，是伟大时代精神的生动体现。”[②]习近平总书记关于劳模精神的表述，为我们科学理解和大力弘扬劳模精神提供了正确的方向和指导。总体上看，这一表述一方面道出了劳模之所以能在广大劳动者群体中脱颖的根本原因，另一方面也为广大劳动者群体提出了奋斗的目标和方向。六个词汇中，爱岗敬业是本分，争创一流是追求，艰苦奋斗是作风，勇于创新是使命，淡泊名利是境界，甘于奉献是修为。做一个守本分、有追求、讲作风、担使命、有境界、有修为的人，是每一位劳模的精神风范，更是每一位劳动者应该追求的目标。劳动模范不仅用行动去感染人、影响人，也用高尚的道德情感去感染着整个社会，而道德情感也是精神生产的一种外在表现形式和基本构成要素，劳模精神中的道德情感与社会主流意识形态相一致，与社会人际交往正确的价值取向相一致，与人的向上、向善的精神相一致。在精神生产的视野下如何发展劳模精神与精神生产的关系，不仅是历史唯物主义的一个重要

① 田鹏颖、王圆圆：《马克思唯物史观视域中的劳模精神》，《广西社会科学》，2017年第11期。

② 习近平在知识分子、劳动模范、青年代表座谈会上的讲话（全文）. 人民网，2016-04-30，http://cpc.people.com.cn/n1/2016/0430/c64094-28316364.html。

课题，对于加强我国社会主义精神文明建设也具有重要的现实意义。“在一定的社会大文化环境影响下，经过劳动模范这个优秀集合体的长期实践与创新活动所形成的整体价值观念、信仰追求、道德规范、行为准则、创业精神、助人风尚、劳动品格的总和”[①]很好地诠释了劳模精神与精神生产的社会精神价值。劳模文化代表了先进文化，劳模是生产力的杰出代表，劳模精神是社会主义核心价值的标杆，以一种无形的思想形式实践着社会的价值观念，像一种无声的语言、无声的意识，在人与人之间传递着精神的“信仰”，唤醒人们内心深处的人性之美，从改造人的主观精神世界延伸至改造客观物质世界，形成精神生产力的巨大动能效应，满足人类自我实现和全面发展的高层次需求。

在浩瀚的毛乌素沙漠西南边缘，有一道南北长60多公里，东西宽约30公里的绿色屏障，静静守护着母亲河黄河和银川平原。这片绵延的绿洲，见证了世界治沙史上的奇迹，记录了一位传奇人物四十多年的坚持与梦想，他就是获得国务院颁发“治沙英雄”荣誉称号的王有德。出生在毛乌素沙漠中的一个小村庄里的王有德，从他记事儿起村子四周就黄沙漫漫，“风把沙漠变成了魔鬼，看到埋没在沙海中间的绿树和村庄，从那时开始我心里就跟沙漠较上劲了，一定要把毛乌素沙漠侵吞的土地夺回来。”王有德立誓与沙漠抗争。1985年，王有德被分派到白芨滩防沙林场工作，面对的却是一个“极具挑战”的局面，林场生产已多年徘徊不前、人心涣散、三分之二的职工要求调走，面对挑战，生性倔强的王有德下决心只做两件事——让沙丘绿起来，让林场职工富起来，而且一做就是20多年。为了打开局面，白天他们顶着50多摄氏度的高温推沙平田、挖坑种树，晚上就住在沙窝中搭建的帐篷里点着油灯研究治沙方案、部署第二天的工作；忙起来连续50多天顾不上回离工地只有5公

图2-1 王有德在治沙一线扎草方格（图片来源：新华网）

① 陈勇：《劳模文化的社会效应及其价值趋向》，《中国劳动关系学院学报》，2005年第3期。

里路的家；寒冬腊月，为了抢抓树苗灌冬水的时机，他们日夜吃住在水渠边……王有德一直坚守着“生命不息，防沙不止”的人生信念，带领职工在浩瀚的毛乌素沙漠边缘筑起了60多万亩的绿色屏障。职工收入也年均保持12%的增长速度，让白芨滩的事业有了翻天覆地的变化，固定资产由原来的40万元增加到1亿多元，林木资产由原来的500万元增加到6亿多元，由20世纪80年代的一个基础设施落后的小林场发展到现在基础设施完善、拥有现代化设备，正在向数字化、智慧型迈进的新型保护区，实现了“沙漠绿、场子活、职工富”的目标。王有德先后获得“全国优秀共产党员”“全国治沙英雄”“感动中国双百人物”“全国生态建设突出贡献者”等荣誉称号。2018年12月18日，王有德同志被党中央、国务院授予改革先锋称号，颁授改革先锋奖章，并获评“科学治沙的探路人”。

二、劳模精神是怎样炼成的

劳模，劳动者的模范代表，在新中国的词典中，是一个拥有无上荣誉的名词，是忠诚和荣耀的代表。一代代劳模长期实践与创新所形成的整体价值观念、劳动观念、信仰追求、道德规范、行为准则等的总和，折射出中华民族在各个时代的精神风貌和社会价值取向，成为大的历史背景的注脚，对全社会产生了持久的影响力。回首中国革命和建设走过的风风雨雨，劳动模范，是社会主义国家、人民授予生产建设中先进人物的一种崇高称号，以表彰劳动中有显著成绩或重大贡献，可以作为榜样的人；劳模精神展现着近现代中华民族不同时期人文精神的演进和发展，在党的教育培养下，中国劳模及其精神在不同时期都有着明确的政治价值取向和政治责任感，以强烈的民族意识和爱国热情，发挥了党的先锋模范作用。

（一）劳模制度概述

“劳动是一切财富的源泉。其实劳动和自然界一起才是一切财富的源泉，自然界为劳动提供材料，劳动把材料变成财富。但是劳动还远不止如此。它是整个人类生活的第一个基本条件，而且达到这样的程度，以致我们在某种意义上不得不说：劳动创造了人本身。”[①]劳动模范的形象，随着国家发展阶段的不同而变迁，一部劳模史，从一个侧面记录着新中国的成长史，劳模的产生与社会主义制度和生产方式有着密切的关系。中国受苏联影响最早树立劳模的现象产生于土地革命时期，在中央苏区开始通过开展劳动竞赛活动，树立各类劳动模范。20世纪40年代初，在陕甘宁边区，中国抗日战争进入最困难时期，遭到军事包围和经济封锁，面临着巨大的财政困难和政治、军事压力，为了渡过难关，壮大抗日力量，共产党提出了“发展生产，自给自足”的政策，中共中央和边区人民政府把开展劳动竞赛、奖励劳动英雄和模范工作者作为领导生产运动和各项经济工作的重要措施。在大生产运动中，陕甘宁边区涌现出一批努力生产同时积极执行共产党各项政策的优秀劳动者，他们都是一线生产领域的农民和工厂里的工人，后来逐渐扩展到包括干部在内的其他行业和领域的人员。时任全国总工会委员长的刘少奇在《用新的态度对待新的劳动》一文中提到：“我们国有企业中的工人，大多数能够了解这一点。他们用了新的态度来对待新的工作，他们感觉到现在是为着自己而工作了，很大地发挥了他们的劳动热忱，创造了劳动的新形式——生产竞赛、生产突击队、义务劳动及为苏维埃与合作社工作而自动降低工资等”[②]他号召中央革命根据地的工人，“把那些真正的突击队员——劳动的英雄们，列在红板上去！极大地在群众中奖励他们，因为他们是革命战争中生产展现上的先锋与模范。打击最坏的分子，奖励模范的好工人，是为着教育广大的群众用新的态度来对待新的劳动。使得工人群众了解民众的公共的工厂与财产是神圣不可侵犯的，了解工人阶级全体的长远的最大的利益在哪里，了解共产主义的真实的意义在哪里。对广大的群众进行教育，才能更顺利地组织与提高群众的劳动热忱，为自己为苏维埃为革命战争而努力工作。”[③]

在中华人民共和国成立后，伴随社会主义建设事业的全面开展，树立劳模

① 马克思、恩格斯：《马克思恩格斯全集》第20卷，人民出版社，1973，第509页。

② 刘少奇：《刘少奇选集》上，人民出版社，1981，第20页

③ 刘少奇：《刘少奇选集》上，人民出版社，1981，第22页。

的做法和行为逐渐制度化下来形成了固定的劳模制度，1950年9月25日—10月2日，在北京召开了全国工农兵劳动模范代表会议，464人被中央人民政府授予全国劳动模范称号，而在此次会议中，中央人民政府作出了“要把评选劳模形成固定的制度”的决定，至此以后劳模制度在中国逐渐确立起来。1982年4月10日国务院发布的《企业职工奖惩条例》第六条规定：“对职工的奖励分为：记功、记大功、晋级、通令嘉奖、授予先进生产（工作）者、劳动模范等荣誉称号。”截至2020年，我国一共召开了16次全国性的劳动模范表彰大会，产生了一大批活跃在各行各业第一线的优秀劳动者，他们成为了全国劳动人民学习的标兵和楷模。

劳动模范制度彰显了社会主义国家对劳动的价值认可，在社会主义公有制条件下，每一位劳动者不仅仅是围绕满足自给自足的需求开展劳动，更深层次的是为了通过劳动创造的价值增益国家和社会的财富。无论时代如何变迁，劳动者的面孔如何变化，不变的，是这个国家对勤奋劳动的褒扬和对劳动者的尊重。劳动模范制度发挥着明显的导向和示范作用，邓小平曾指出：“在党的领导和工会的帮助下，全国各民族、各地区、各工业部门的职工群众中都涌现出了一批劳动模范和革命骨干，他们至今还是我们学习的榜样和团结的核心。”[①] 劳动模范的身上具有时代的印记，是政治的符号，是主流意识的载体。劳动模范制度发挥着汇聚社会力量的精神功能，中国劳动关系学院工会学系庄继丽表示，过去社会将劳模神化，人们觉得劳模离自己太遥远。如今劳模标准越来越强调劳动者的敬业精神、职业道德和技能创新，让劳模融入大众，更好地领跑时代。党的十八大以来，习近平总书记曾多次接见劳动模范，也在多个场合表达尊重劳动、尊重人才的理念，希望“发挥劳模带头作用，做新时代的奋斗者”。中国特色社会主义事业是前无古人的美好事业，必须立足于实实在在的劳动创造，必须紧紧依靠亿万辛勤的劳动者。

根据授予单位的行政级别不同，劳动模范荣誉称号大致分为五个级别，即全国劳动模范，省级或部级劳动模范，地（市）级劳动模范，县级劳动模范，各基层单位评选出来的“生产能手”“岗位标兵”和“先进生产（工作）者”等荣誉称号。县级以上劳模的评选，经过自上而下和自下而上的互动过程，首

---

① 邓小平：《邓小平文选》第2卷，人民出版社，1994，第134页。

先是上级有关部门将表彰的劳模名额分配至各下一层级，然后，经过严格审查、筛选，再由下而上逐级上报推荐候选者。

劳动模范的评选要求。在1980年中华全国总工会发布的《劳动模范工作暂行条例》中，对劳模的评选工作进行了详细的规范，《条例》规定，劳模评选的方法必须始终坚持民主评选的原则，劳动模范由群众充分讨论、推选，民主评选产生，自下而上逐级审核，层层把关，评选过程严格、严肃。基层单位尤其是一些规模较大的国有企业内部，几乎每年也都要开展劳动模范的评选，对在工作中涌现出来的先进人物进行表彰和奖励，其评选方法和形式比较灵活且多样，旨在调动职工的劳动热情。

全国劳动模范的评选程序，坚持公开、公平、公正的原则，严格采取自下而上、逐级审核推荐、差额评选、民主择优的方式。严格执行“两审三公示”程序：（一）提出推荐对象。各有关单位在广泛听取意见、充分酝酿、严格考核的基础上，领导班子集体研究决定，经所在单位、所在地县级以上政府相关部门自下而上逐级审核推荐。省级评选机构在组织征求各方面意见基础上，开展考察、审核后，报全国评选表彰领导小组。对拟推荐的对象，要以适当形式在所在单位进行公示。公示内容包括评选条件、拟推荐对象姓名（名称）、单位和简要事迹等。（二）初审。全国评选表彰领导小组严格按规定组织专家评审，提出初审通过对象意见，反馈各省级评选机构。（三）确定推荐对象。各省级评选机构按程序对正式推荐对象进行公示后，将正式推荐材料报全国评选表彰领导小组。（四）复审。全国评选表彰领导小组对推荐对象逐一进行审核把关，提出拟表彰对象，以适当方式进行公示，广泛听取意见。（五）决定。按照规定要求和程序上报审批，以人力资源和社会保障部、民政部名义联合印发表彰决定。

对劳动模范进行奖励，改善和提高劳模的经济待遇和社会地位，是进一步激发劳模和其他职工的工作积极性、发挥劳模社会功能的有效手段，坚持精神奖励和物质奖励相结合，以精神奖励为主的原则。对评选出的先进颁发奖章、证书，同时在物质方面也要给予劳模相应鼓励。邓小平曾指出：“我们实行精神鼓励为主、物质鼓励为辅的方针，颁发奖牌、奖状是精神鼓励，是一种政治上的荣誉。这是必要的，但是物质鼓励也不能缺少。在这方面，我们过去行之有效的各种措施都要恢复，奖金制度要恢复，对发明创造者要给奖金，对特殊贡献的也要给奖金。”[①]在1989年全国劳动模范大会之后，国务院决定于1989年10月1日起给予当年获得全国劳模和先进工作者称号的职工奖励晋升两级工资，这是奖励全国劳动模范的一个重大措施。近年来，很多省、地（市）、县和基层企事业单位，先后制定一系列改善与提高劳模待遇的政策措施，如颁发一次性奖金、优先解决住房问题、优先享受疗养待遇等。

钟南山，1936年出生于福建厦门，中国工程院院士，中国治疗呼吸系统疾病的领军人物。1995年，钟南山院士被评为全国先进工作者并荣获全国五一劳动奖章，2003年，被授予“抗非英雄”称号，2009年，荣获“100位新中国成立以来感动中国人物”光荣称号。2003年，是一个意味深长的年份，那一年一场突如其来的灾难降临在中国人民身上，非典疫情从广州开始蔓延至全国各地。钟南山院士临危受命，在那些抗击非典的日子里，他成了一名骁勇的战士。抗击非典，无疑是一场与死神争夺生命的战争，他以自己的精湛医术和坚强斗志，成为了抗击非典战场的不倒红旗。“请把最危重的非典病人往我们这里送！”在钟南山代表广医一院呼吸疾病研究所向省卫生厅慷慨请缨的那一刻，广东抗击非典斗争的历史掀开了悲壮的一页，因为，这不啻是“向我开炮”的呼叫。“感动中国”给钟南山院士的颁奖词是这样说的：面对突如其来的SARS疫情，他冷静、无畏，他以医者的妙手仁心挽救生命，以科学家实事求是的科学态度应对灾难，他以令人景仰的学术勇气、高尚的医德和深入的科学探索，给予了人们战胜疫情的力量。而钟南山院士自己却说：“其实我不过

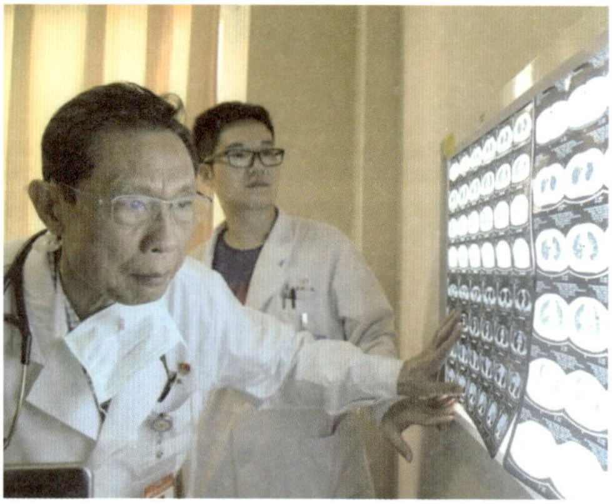

图2-2 钟南山院士在诊室查看X光片（图片来源：新华网）

① 邓小平：《邓小平文选》第2卷，人民出版社，1994，第102页。

就是个看病的大夫。”历史不会忘记他，人民不会忘记他！

王瑛，出生于四川省阿坝藏族羌族自治州小金县，她是一位有着20年纪检工作经验的老纪检战士。1997年，王瑛由巴中市纪委调至南江县工作，在这个国家级贫困县工作的11年间，她严于律己、兢兢业业，忘我工作、殚精竭虑，对违法乱纪损害人民利益的行为绝不姑息手软，万事民为先是王瑛做人做事的一贯准则，当地百姓称她为“女包公”，她经常说的一句话是：“我知道我得罪了很多人，但谁叫我是纪委书记。我对得起党和人民的是，我从没愧对纪委书记这个称号”。南江县纪委、监察局在她的带领下先后被表彰为“省市纪检监察系统先进集体”“四川省办案工作先进集体”，她自己被评为“全国纪检监察系统先进工作者标兵”。选择一种信仰，就意味着选择一种命运。王瑛主动放弃市委机关有着大好发展前途的工作，主动请缨来到距家70公里外的国家级贫困县，十几年如一日地奋战在纪检第一线，不畏强权、淫威，不怕威胁、恐吓，一心为民。2008年11月27日，王瑛书记在赴医院治疗途中，永远地告别了她所热爱的巴中人民。当听闻王瑛书记去世的噩耗后，数以百计的当地百姓自发到她的灵前，打出“王瑛书记，一路走好”的标语，感动了无数人。2009年2月24日，中共中央组织部决定追授王瑛同志为“全国优秀共产党员”称号。

图2-3　王瑛生前在四川省南江县光雾山的留影（图片来源：新华网）

史来贺，河南省新乡市刘庄村原党委书记，全国著名劳动模范。20世纪50年代，史来贺的名字就响遍全国。他曾受到毛泽东、邓小平、江泽民、胡锦涛等党和国家领导人的多次接见，先后5次获得“全国先进工作者”“全国先进科技工作者”和“全国劳动模范”称号，2009年9月14日被评为“100位新中国成立以来感动中国人物”。几十年来，他始终牢记党的宗旨，忠实履行党员职责，造福农民——是他一生不变的价值追求。史来贺曾经说过：“我平生有三件痛快事：一是下着大雨光着脊梁淋雨在地里干活最痛快；二是为刘庄，为集体干成一件事最痛快；三是看到刘庄富了，全国的农民都富起来，我

图 2-4 史来贺在田间（左二）（图片来源：新华网）

心里最痛快。”史来贺用了整整20年带领大家在刘庄这块不起眼的土地上创造了奇迹，“治理土地，拔出穷根”摘掉“最穷数刘庄”的帽子，他以共产党人的奉献精神与满腔热情帮助群众树立起战胜贫困的信心。党的十一届三中全会以后，史来贺带领群众向高科技进军，建起全国最大的生产肌苷的华星药厂，运用新掌握的领导科学和管理知识，史来贺带领刘庄形成了以农促工、以工建农、农工商并举的商品经济的新格局。“我一生就干了两件事，把群众带到富路上，把群众带到正路上。”这是史来贺在村支书任上的自我总结。简单朴实的一句话，概括了他50年的风雨历程，50年的道路自信。

从上述劳模表彰的结果可以看出，劳动模范涵盖了社会各行各业的优秀劳动者，有生产一线的工人师傅，也有国家公务员、科技工作者、下岗再就业工人、广大农民，等等，覆盖面广，涵盖面宽，知识型、技能型、创造型、奉献型等类型的劳动模范层出不穷，体现出了劳动模范奖励多层次性的特点。

（二）劳模精神的历史嬗变

正如爱尔维修所说的，每一个社会时代都需要有自己的伟大人物，如果没有这样的人物，它就要创造出这样的人物来。一个民族的精神必须适应时代发展的潮流，劳模群体的出现也并不是偶然的，劳动者的形象、劳模精神随着国家发展阶段的不同而变迁。欲了解劳模精神的时代特色，就要从历史视角探寻每个时代的历史背景条件和社会生活的各个方面。

1. 劳模精神孕育期与形成期

（1）劳模精神的孕育期

劳动模范的产生是人类劳动活动和工作实践的结晶，劳动模范是工人阶级和劳动群众的优秀代表。劳模表彰制度的形成不是偶然的，是由中国共产党的性质所决定，应中国革命形势之需而产生的。同时，它也深受中国传统文化中旌表制度的滋养以及苏联英模表彰制度的影响。毛泽东很早便认识到开展革命竞赛的积极意义，对褒奖劳动英雄的活动十分重视，并认真总结这些活动的经验，明确劳模的定位和作用，为劳模表彰活动的推广、制度的形成和劳模效应更大地发挥作出了独特的贡献。中国的劳模雏形最早诞生于土地革命战争时期。反“围剿”时期，由于国民党军队的封锁，中央苏区出现劳动力、农具和耕牛短缺的困难局面，在这种情况下，苏区政府一方面组织农民开展互助合作运动，另一方面号召军民广泛开展劳动竞赛，努力提高劳动效率。

革命战争时期的劳动模范典型树立、表彰是涵盖在英雄模范表彰中的。1932年3月23日，中共中央组织局就开展劳动竞赛和筹建模范队发出了《关于革命竞赛与模范队的问题》的通知，要求“发动群众积极性，用组织模范队和革命竞赛的新方式”，“转变全部工作”。[①]临时中央政府土地人民委员部也发布政令，要求各级苏维埃政府“组织生产竞赛，乡与乡赛，村与村赛，家与家赛，团体与团体赛”，并颁布了有关竞赛的评比标准和奖励章程。广大翻身农民积极响应号召，踊跃参加以春耕、植树、垦荒和冬种为主要内容的劳动竞赛。1932年5月通过的《江西省第一次工农兵苏维埃大会财政与经济问题的决议案》指出：“除了动员全江西三百万工农群众，参加革命战争外，更需要发展苏区经济、整理财政，增加收入，以充实革命战争的经济力量，减轻红军筹款的负担……鼓励农民群众努力耕种，加种杂粮，来充裕粮食，要用革命竞赛及各种奖励办法，去提高生产，更要从政治上宣传发展革命战争的意义和关

---

① 中华全国总工会编：《中共中央关于工人运动的文件选编》（上），档案出版社，1985，第182页。

系，使广大的农民群众由政治的认识而努力生产。”[①]1932年9月1日至11月1日，中央兵工厂和中央印刷局之间开展了以“增加生产、节省材料和参战工作、文化教育工作”为主要内容的劳动竞赛。这是最早见诸文字记载的国营企业间的劳动竞赛。当时，中央弹药厂等十四个中央直属工厂之间的劳动竞赛，上杭、长汀、宁化三县革命工作竞赛，中央财政部等十一个中央国家机关之间的革命竞赛，规模和影响都很大。当年苏区流传一首歌谣：“增加生产各争先，劳动竞赛胜往年。优胜题名红板上，懒疏写在黑板边。”“红板”相当于今天的光荣榜。

1933年新年伊始，中华苏维埃共和国临时中央政府机关报《红色中华》，在第46期（1933年1月7日）上发表题为《一九三三》的社论，表达“要在这一年的历史上，留下一幅伟大的史迹”的信心。同日见报的中央执行委员会第18号训令指出，中央苏区第四次反“围剿”到了万分紧张的关头，广大军民正在浴血苦战，而此时就要进入攸关全年粮食收成的春耕季节。中央政府为使广大工农群众安全耕种，迅速完成春耕任务，争取粮食增产，确保红军的给养及改善工农群众的日常生活，取得革命战争胜利的保障，遂决定苏区一律提早春耕，要求各级政府协同各群众团体，尽最大努力动员全体群众。中央苏区各级党组织、苏维埃政府、群众团体迅速行动，积极落实中央土地部的春耕计划。

当年5月中下旬之际，毛主席出席苏维埃临时中央政府召开的武阳区赠旗万人大会，规模之大，内容之丰富，反响之热烈，效果之良好，以及准备之充分，会风之足范，在全国苏区都是空前绝后的。毛主席在经久不息的掌声中，向大会作春耕生产运动总结及夏耕生产运动动员报告。他十分称赞武阳区特别是石水乡的春耕成绩，要夺取革命、生产的胜利，只有动员群众、依靠群众才有办法。他勉励武阳人民继续发扬春耕生产运动成绩，并取得夏耕生产运动的更大成绩。他在讲述开展夏耕生产运动的意义及具体安排后，号召各地学习武阳区、赶上武阳区，打一个夏耕生产运动的漂亮仗。结束报告后，毛主席亲手将写有“春耕模范”的奖旗，分别授予武阳区苏维埃和石水乡苏维埃的代表。

---

① 江西省档案馆、中共江西省委党校党史教研室选编：《中央革命根据地史料选编》下，江西人民出版社，1982，第575-578页。

全场顿时掌声雷动，呼声震天，“向武阳区学习”的口号一声接一声，经久不息。

在农业生产竞赛活动的影响下，苏区企业和国家机关的劳动竞赛也热火朝天地开展起来。1933 年 8 月，苏区各厂矿企业开展了劳动竞赛，提出了比数量、质量、成本等内容的竞赛目标，按时评比、表彰先进、评选模范，对超额完成生产任务的先进模范给予精神和物质奖励或送上红榜。1933 年底，上杭、新泉、武平、代英四县区土地部长在福建才溪召开联席会议，决定开展以“冬耕积肥、植树种棉和兴修水利”为主要内容的四县竞赛，并签订了竞赛条约。条约对竞赛项目、对象、时间等作了详细的规定，并定于第二年的 2 月间，“由省土地部再召集会议检阅，一等奖耕牛，二等奖农具，三等奖种子，如特别优胜另奖”，在中央苏区开展形式多样的革命竞赛，广泛而深入。不同地区、不同行业、不同时间，劳动竞赛的内容也不尽相同，但是目的只有一个，即通过革命竞赛的形式，在广大人民群众中、在各单位间形成“你追我赶”的争当先进模范的劳动竞争局面。

1934 年 1 月 21 日，中华苏维埃第二次全国代表大会在江西瑞金沙洲坝召开，大会通过的《关于苏维埃经济建设决议》中提出，更进一步来发扬与提高苏区工农群众的劳动热忱。乡村中由农民自己所组织的生产突击队、冲锋劳动队及国家企业中的革命竞赛等，应该广泛地散布出去，以提高生产，苏维埃政府应该特别奖励模范的乡村农户，模范的工厂、生产队以及个别的劳动战线上的英雄。鼓励广大妇女群众参加农业上与工业上的生产，对于发展苏区生产是非常必要的。每个工农群众必须了解苏维埃政权下生产的发展，是同全体民众生活的改善不能分离的。首先应该在国家企业内极大地发扬起来共产主义礼拜六，教育工人群众，为苏维埃政府的劳动即是为了无产阶级自身的最后解放与社会主义的胜利而劳动。在苏维埃企业内的劳动纪律，应该是无产阶级纪律的模范。一切提高生产力的发明都应该得到苏维埃政府的奖励。在全总苏区中央局领导的全苏区革命竞赛开展得如火如荼，对于涌现出来的一大批先进模范单位和劳动能手给予了表彰，职工觉悟大大提高，生产效率大幅度增长。《红色中华》1934 年 6 月 26 日曾在刊载《我们是苏维埃的主人，我们是为自己劳动》的消息中写道：这里我们有好多模范的工友，他们不断地研究生产技术的发明，现在他们已经发明了两件军用品，试验的效果非常好，并且还可以节省大批的材料。兹将这几位光荣的发明家写上我们的红匾：赖祥瑞同志，罗吉昌同志。上列两位发明家已由厂部报告供给部，由总供给部奖了最光荣的奖品和奖金。现在还有陈嫩娣同志正在继续研究，也许不久就有新的发明。在红色政权领导下，在国有企业，职工的身份、地位、精神面貌、价值取向等各方面都发生了巨大变化，他们对为什么劳动、以什么态度对待劳动已有了较明确的认识，劳动模范也就此诞生了，他们的精神影响着苏区的人民。

中央苏区在这一时期开展的劳动和工作竞赛活动中呈现出了几个特点：其一，竞赛参与人数多，范围大，具有广泛性，农村、机关、学校广大群众积极参加革命竞赛，国家工厂的职工参加竞赛人数达到了90%以上；其二，竞赛项目具体，具有很强的可操作性；其三，竞赛获胜单位或个人，以精神奖励为主，通常给予优胜者奖旗一面，并由参加竞赛的各单位派出代表用鸣炮、迎送的形式予以祝贺。中华苏维埃时期的革命竞赛为后来延安时期的共产党人管理者提供了组织和管理的丰富经验。

（2）劳模精神的形成期

中央苏区的革命竞赛，开始了树立劳动模范的雏形。到了抗战时期，从土地革命战争时期的革命竞赛逐步发展起来的“劳模运动”在陕甘宁边区全面展开。陕甘宁边区是第二次国内革命战争时期唯一保存下来的红色区域，也是中国共产党领导广大人民群众进行抗日战争和解放战争的战略总后方。陕甘宁边区的劳模运动，就是继承了土地革命战争时期的革命竞赛经验并逐步发展、提高成为普遍的、全面的群众运动。自十月革命后，苏俄（苏联）几乎是中国共产党向外界学习的唯一对象，在苏联社会主义建设历史中，社会主义劳动竞赛是一种重要的劳动组织形式，20世纪20年代末苏联就已经开展社会主义竞赛运动，直到苏联解体前，劳动竞赛作为组织生产活动的方式，几乎贯穿整个苏联的历史。1935年苏联的顿涅茨克矿区采煤工人斯达汉诺夫创造了一班工作时间内用风镐采煤102吨的纪录，超过定额13倍，“社会主义竞赛的新的更高的阶段”出现了，即斯达汉诺夫运动。斯达汉诺夫运动使群众性技术革新和社会主义劳动竞赛运动进入高潮，苏联政府对成绩突出的人员在精神和物质上都予以奖励，并设立了“社会主义劳动英雄称号”这一在经济及社会文化领域内最高的荣誉，授予的对象是在社会主义建设中，为国家作出卓越、富有独创性贡献的个人，颁发的奖品是象征着无上荣誉的列宁勋章及最高苏维埃证书。斯达汉诺夫运动在苏联开展不久，很快就传入了中国，对中国的新民主主义革命乃至后来的社会主义建设事业都产生过深刻影响。毛泽东在《关于整顿三风》中对这一运动进行了评价，“积极分子就相当于典型、模范，落后分子和平常分子都要向他学习，向他看齐。苏联提倡学习斯达汉诺夫其实就是要求落后分子、平常分子应该积极地向积极分子看齐。我国也要学习苏联这样的做法，并把它运用到生产建设和革命建设中去。”[①]作为紧跟苏联的中国共产党，在全面接受苏联指导的同时，斯达汉诺夫式的劳模运动在边区轰轰烈烈地展开了。

1937年9月，陕甘宁边区政府成立，为了发展经济、团结群众，借鉴苏联的斯达汉诺夫运动，开展劳动竞赛，利用英雄和先进人物的带头作用提高劳动生产率，劳模运动的产生和发展与边区整个建设事业的发展分不开。1938年1月1日，边区政府举办了延安工人制造品竞赛展览会，经过评委会判定，本次竞赛展览会共奖励了近200名劳动英雄以及一大批先进工厂。同年春耕时期，组织劳动扩大，在劳动竞赛中产生很多农民劳动英雄，并广为宣传他们的事迹以激励更多人。

1939年1月，陕甘宁边区举办第一届农产品竞赛展览会，据统计展品总共有2000余种，分别为农作物、果类、畜牧、药材、狩猎和林业6部分，展览历时半个月，展览会结束后，组委会给获奖单位和个人发了奖，毛泽东在奖状上题词：“国防经济建设的先锋”。抗日战争进入战略相持阶段后，日军对解放区实行大规模的军事进攻，实行残酷的“扫荡”和经济封锁，妄图彻底摧毁敌后抗日根据地。国民党顽固派也积极推行反共政策，停止供给人民军队粮饷，加上连年不断的自然灾害，使解放区出现了极其严重的困难局面。1939年2月，中共中央在延安召开了生产动员大会，毛泽东主席发出“自己动手，自力更生，艰苦奋斗，克服困难”的伟大号召，解放区军民开展了大规模的群众性生产运动。随后各根据地逐步开展了大生产运动，“自己动手，丰衣足食”的口号作为各根据地克服经济困难，实现生产自给的努力目标，此后陕甘宁边区开展大生产运动，各行各业都涌现了一批劳动英雄和模范工作者。这个口号在中华人民共和国成立后，当全国或某个地区出现经济困难的时候，一直是党和政府鼓励人民生产自救的行动号令。

---

① 毛泽东：《毛泽东选集》第2卷，人民出版社，1991，第419页。

1939年5月1日下午，陕甘宁边区工业展览会开幕典礼隆重举行，这是由中共中央提议、陕甘宁边区政府建设厅等机关共同筹备，规模最大的一次展览会，成绩斐然，受到延安各界群众的热烈欢迎。毛泽东亲自来到会场，李富春、张浩、高自立、刘景范等中央和边区的领导同志陪同参观。在展览会上，有一件展品尤为惹人注目，它就是陕甘宁边区机器厂枪械修造部领导人刘贵福等，按照毛泽东《论持久战》的战术要求，自主设计和制造的新式轻型步枪，因为还没来得及命名就被展览会展出，因此标名为“无名式马步枪”，后来也称“新七九”。刘贵福创制了我国第一支自行设计制造的新式轻型的“无名式马步枪”，是我军第一位步枪设计师，“五一”延安的“工展会”上，他被选为“劳动英雄”的代表，这是我国历史上第一次出现“劳动英雄”的称号。毛泽东主席在“工展会”上手拿新枪比试一番，连连称赞道：“使上我们自己造的枪啦！枪造得很好嘛，也很漂亮啊，要创造条件多生产，狠狠打击日寇。”[①]

1940年1月，陕甘宁边区政府在延安南关新市沟举办了综合性的陕甘宁边区第二届农工业展览会，历时18天，这次展览分边区概况一览、农业和工业三大部分，其中农业是这次展览中最丰富的部门。同年2月，中共中央办公厅在延安各机关学校召开生产总结大会，评出600余名劳动英雄，予以奖励。

1938—1940年这段时期，在陕甘宁边区开展的各项竞赛展览和奖励活动中，评选出了一批劳动英雄（劳模），他们都是普通大众中的一员，在推动陕甘宁边区生产建设向前发展作出了巨大贡献。但是，由于当时还没有开展大规模的生产劳动，对劳模的要求，也还仅仅停留在对他们劳动成绩的要求上，所以这一时期的劳动英雄在群体中所起到的模范带头作用和影响还十分有限。

1941年，陕甘宁边区处在日寇和国民党的双重军事包围和经济封锁之下，而海外华侨及后方进步人士的捐款也中断了，中国共产党领导的敌后抗战进入最艰苦最困难的时期，毛泽东曾说：“我们曾经弄到几乎没有衣穿，没有油吃，没有纸，没有菜，战士没有鞋袜，工作人员在冬天没有被盖。国民党用停发经费和经济封锁来对待我们，企图把我们困死，我们的困难真是大极了。”[②]为克服困难、渡过难关，陕甘宁边区制定了发动大生产运动和精兵简政

① 薛幸福：《革命根据地军工史料丛书：陕甘宁边区》，兵器工业出版社，1990，第179页。
② 毛泽东：《毛泽东选集》第3卷，人民出版社，1991，第892页。

的政策。“必须在群众中造成热潮，发动竞赛。要发动竞赛，造成热潮，只是泛泛的奖励是不够的，必须在群众中抓住积极分子，并须培养一个在运动中堪为表率的人物，即是从那时起，在领导方面已经有意识的要想开展劳模运动并发现培养边区各自建设中的斯达汉诺夫。”[①]1941年秋，边区政府在延安南关举办了一个农业展览会，毛泽东主席也在百忙之中来看展览，在展览会的13个大窑洞里，陈列着谷子、糜子、小麦、荞麦、玉米等边区各类农产品的样品。在每一种展品的旁边，都写着生产单位和生产者的名字。当毛主席看到写有“延安南川吴家枣园郝光华”名字的展品时，停下了脚步，一个工作人员指着旁边一个正在参观的农民说：“主席，他就是郝光华同志。”毛主席立即朝郝光华走去，热情地同他打招呼，拉着郝光华那结满厚茧的大手，高兴地说：“听同志们说，你劳动得很好，打了不少粮食，大家都应该向你学习啊!”听了主席的赞扬，郝光华的心情既紧张又激动，做梦也没有想到毛主席会和自己聊天，浑身热乎乎的。

在当时的边区生产建设中，还涌现出很多像郝光华这样著名的农村劳动英雄，吴满有就是最突出的一位。吴满有，陕西横山人，在旧社会受过各种苦难，土地革命后在边区政府发展陕甘宁边区农业生产的号召下，订出自己周密的劳动增产计划，靠劳动致富。1942年4月30日，延安《解放日报》刊登了人物通讯《模范农村劳动英雄吴满有》，得到朱德同志的称赞，他被命名为全边区的“劳动英雄”。5月6日，该报又发表社论《吴满有——模范公民》，着重表彰他多出公粮、帮助乡民、支持部队的模范行为。1943年1月11日，《解放日报》发表社论《开展吴满有运动》，号召全体边区农民开展“吴满有运动”，“向吴满有看齐”，大力开荒生产，提出了“吴满有方向”。“一九四一年，毛主席叫人们从农民里找模范农民，做第一次劳动英雄选举的候选人。人们四处查询，把我当作候选人中的人员，干部看到了我的工作，看到了我对新民主主义政治上的忠诚。一九四二年有一天开大会，我县的人民就选上了我，他们有几种理由。我地耕得深，我当时二十五亩地，每一亩地都上粪多，更做的好。我已养了两只羊，在当时对穷苦农民说起来已经不容易了。”[②]——吴满

① 《开展吴满有运动》，《解放日报》1943年1月11日。
② ［英］斯坦因著，李凤鸣译：《红色中国的挑战》，新华出版社，1987，第43页。

有对英国记者斯坦因讲述他如何当上劳动英雄时这样说。他是延安“自己动手、丰衣足食”精神的代表人物，也是边区政府树立的第一个劳动英雄。

同时期，工厂中也不乏劳动英雄典型的产生。赵占魁，是抗日战争时期陕甘宁边区农具厂化铁工人，被毛主席称为中国式的“斯达汉诺夫”。赵占魁在高温炉旁作业，无隔热石棉衣防护，终日汗流浃背，从不叫苦叫累；每天早出晚归，钻研技术改进工艺，提高产品数量和质量，并时时注意节约原材料。1942年5月，中共中央职工运动委员会和陕甘宁边区总工会派人到边区农具厂检查工作，发现了赵占魁这个先进人物，决定予以嘉奖。消息一发表，毛泽东主席立即给中央职委书记邓发打电话说：“奖励赵占魁这件事做得很好，这不是奖励一个人的问题，而是全边区和其他根据地提高生产、改进工作的新生事物。平时我听你们说要找斯达汉诺夫，赵占魁同志就是中国式的斯达汉诺夫。你们把他的优点总结出来，树立标兵，推广到各工厂，各生产单位去。”[①]1942年9月11日，《解放日报》发表了《向模范工人赵占魁学习》的社论，号召全体工人学习他始终如一、积极负责、大公无私、自我牺牲精神的新劳动态度。陕甘宁边区迅速掀起以学习新的劳动态度、提高生产率为内容的“赵占魁运动”高潮。1942年，随着大生产运动的深入发展和生产大竞赛的普遍开展，除农村、工厂以外，在机关、合作社乃至部队各行各业都有劳动英雄和模范工作者不断涌现，政府对劳动英雄，不止于一般性的提倡、奖励，而是有组织、有计划地在群众中发现典型，通过各种途径在全社会大力宣传推广。同时，在劳动英雄、劳动精神的宣传感召下甚至出现“二流子”转变为劳动英雄的事例，陕甘宁边区政府把这些人当作典型，除报道外，还采取了办黑板报、生产展览会、秧歌、民歌等形式的各种宣传活动，在群众中广泛推广。为了有效开展生产运动，边区政府相继制定并颁布《奖励条例》，给予在生产运动中有特殊成绩的团体、个人劳动英雄奖章或奖状、农具或耕牛、日常用品、奖金等。在这一阶段，边区政府宣传的不单是劳模的个人生产方面，而是由劳模运动从较为单一的奖励劳动英雄和模范工作者正式发展为具有典型人物“道德模范”意义的宣传群众运动，运动的深度和广度进一步增加。

---

① 陕西省总工会工运史研究室编：《陕甘宁边区工人运动史料选编》（上），工人出版社，1988，第172页。

1943年11月26日，陕甘宁边区第一届劳动英雄模范生产工作者代表大会和第三届生产展览会在延安同时开幕，大会总结和交流了生产建设的经验，讨论了进一步发展生产的方针和方法，表扬和奖励了参加本次大会的185名劳动英雄，其中的25人获特等奖励，每人奖金3万元。毛泽东主席在中共中央招待陕甘宁边区劳动英雄大会上发表《组织起来》的讲话，高度评价了劳动英雄们的作用："各位劳动英雄和模范生产工作者，你们是人民的领袖，你们的工作是很有成绩的，我希望你们也不要自满。我希望你们回到关中去，回到陇东去，回到三边去，回到绥德去，回到延属各县去，回到机关学校部队工厂去，领导人民，领导群众，把工作做得更好，首先是按自愿的原则把群众组织到合作社里来，组织得更多，更好。希望你们回去实行这一条，宣传这一条，使明年再开劳动英雄大会的时候，我们能够得到更大的成绩。"[①]毛泽东主席号召，每一个共产党员，必须学会组织群众的劳动，组织生产竞赛，奖励劳动英雄，组织生产展览会，发动群众的创造力和积极性，把日本帝国主义打出去，把一个新国家建立起来。这次大会充分体现了劳动人民翻身作主及其在生产建设中的伟大作用，是中国历史上的一个创举。第一次劳动英雄大会以后，边区的劳模运动就随着生产运动的深入发展而进入一个更高阶段，从军事、政治、文化、卫生、司法等各项建设运动中产生出更多的劳模。为适应这种新的发展情况，边区政府决定召开全面的劳模大会，并特别规定劳动英雄和模范工作者必须从工、农、商、学、兵各部门各单位召开的全体人员会议上选举产生，坚决纠正包办代替等脱离群众的做法。

两次表彰大会和展览会把边区劳模运动推向了高潮，进入全面发展阶段，并成为了我国劳模运动发展转变的关键转折点，劳模们回到各自的行业当中去发挥更大的作用，产生巨大影响。劳模运动进入更加完备的阶段，呈现以下特点：第一，劳模运动范围扩大，由局部到全面，由经济建设扩展到全面建设，从农村、工厂、部队机关的生产运动，推广到文化、政治、军事及其他各项建设，各行各业都产生了大批的劳模。第二，劳动模范的评选标准和产生出来的质量明显提高，通过宣传劳模事迹，政府积极引导，群众积极参与，大家普遍认识到当劳动英雄是件无上光荣的事，争当劳动英雄成为社会风气。第三，由

① 毛泽东：《毛泽东选集》第3卷，人民出版社，1991，第935页。

个人英雄走向集体模范，模范村、模范班、排连及工厂机关中的模范单位相继出现。中共中央副秘书长李富春指出陕甘宁边区的劳模运动“是经过从上面指定到群众选举，从局部到全面，从个人英雄模范到集体英雄模范，从上面的奖励到领导与群众共同奖励的过程。”[①]此后，劳模运动的规模和形式有了明显的变化。1946 年10月边区政府决定各县以区为单位召开劳动英雄大会，并特别指出：今年劳动英雄大会由县政府择定一个区域或数个区举办，而不是普遍召开，但意义实不下于过去边区所召开的劳动英雄大会。1947年之后，国民党大举进攻陕甘宁边区，人民解放战争在大西北迅猛发展，与高潮时相比，劳模会议的规模逐渐缩小，劳模运动的方式和重点有所变化，劳模大会不再召开，劳模运动也予以停止，但表彰典型作为一种组织形式和工作方法却一直延续下来。

（3）劳模精神萌芽期

劳模精神萌发于土地革命时期，在抗战时期秉承着井冈山精神、延安精神和南泥湾精神，战胜一个又一个困难，予以全面开展，形成了上下自觉的劳模运动，为新民主主义革命的胜利作出了不可磨灭的贡献。毛泽东主席对革命时期的劳动英雄们起到的作用概况为：带头作用、骨干作用和桥梁作用。

第一，劳动英雄和模范工作者们在革命战争年代，是中国共产党的坚决拥护者，也是党的各项政策最坚定的执行者，他们充分发扬了“革命和拼命精神，严守纪律和自我牺牲精神，大公无私和先人后己精神，压倒一切敌人、压倒一切困难的精神，坚持革命乐观主义、排除万难去争取革命胜利的精神”[②]。在旧社会饱受疾苦的劳动英雄们，在革命战争时期率先垂范，奋不顾身，在物质和精神上倾尽全力为军队提供支持发展生产，全力支持革命。“在共产党领导下，今天我们要啥有啥，有吃有穿有余存，过着美满的光景。在过去，劳动是被人贱视的，但今天劳动成为无上的光荣，我们被称为英雄，处处受到尊敬。这样的地方，这样的世事，除了苏联以外，在天下哪里能找到第二个呢?饮水思源，我们有今天，怎能忘记共产党，怎能不感激共产党呢?”[③]这一时期的劳动模范们已经把自己的命运和共产党联系在一起了。同时，边区政府也重

① 李富春：《关于劳动英雄模范工作者问题》，《解放日报》1945年1月9日。

② 邓小平：《邓小平文选》第2卷，人民出版社，1994，第368页。

③ 《边区劳动英雄大会慰问八路军新四军边区工友》，《解放日报》1944年1月12日。

视广大劳动英雄们，在发布的拥军爱民指示中可以看出，“在各种场合，要请劳动英雄模范劳动者多讲话，向他们表示敬意。政府还应注意请抗属及劳动英雄模范劳动者吃饭，或者送礼致贺等”①。

第二，劳模运动的开展以及通过运动表彰和奖励从群众中走出来的劳动英雄等积极分子，使受封建社会阶级剥削压迫几千年的劳动观念“劳动下贱”和“穷是命里注定”的思想发生了重大变化，“劳动光荣”的观念代替了几千年来“劳动下贱”的观念，“穷是命里注定的”观念转变为“劳动致富”。传统的劳动观念严重束缚着人们，制约着生产的积极性和创造性，成为生产发展的桎梏。民主革命时期“提出劳模运动就是针对这些思想根本使它消灭，表扬奖励好的劳动，使人民在思想中认识到劳动并不是下贱的事，只要好好劳动，也可致富发家的”②。劳动模范是群众中的积极分子，他们对群众的影响非常大。尤其为了刺激群众的生产积极性，边区政府以及各工厂、机关等设立了精神和物质奖励制度，对劳动英雄和劳动先进分子予以奖励，并将劳模作为入党的主要发展对象，在提拔干部时将劳动模范纳入考虑范围。毛泽东主席曾就劳动模范担任干部问题指出：“你们的大多数现在还不是干部，但是你们已经是群众中的骨干，群众中的核心，有了你们，工作就好推动了。到了将来，你们可能成为干部，你们现在是干部的后备军。”③群众通过他们认识到劳动者只要努力劳动也可以成为英雄，也可以受到人们的尊敬。通过劳模运动，以劳模为典型和骨干，在大规模生产中将农民这个散漫的劳动个体组织起来形成农村社会组织，既利于统一管理不再是一盘散沙，又形成劳动合力，发展生产。劳动模范的正面作用还在于影响人的思想、改造人的行为。

第三，延安时期，通过大生产运动、劳模运动，形成了“自力更生、艰苦奋斗”的劳模精神品格特色。习近平总书记强调：“老一辈革命家和老一代共产党人在延安时期留下的优良传统和作风，培育形成的延安精神，是我们党的宝贵精神财富。”④劳模运动的开展，涌现出许多极具代表性的、具有奋斗精神

---

① 《晋冀鲁豫边府发表关于拥军爱民指示》，《解放日报》1944年1月12日。

② 陕甘宁边区财政经济史编写组：《抗日战争时期陕甘宁边区财政经济史料摘编：第七编互助合作》，陕西人民出版社，1981，第485页。

③ 毛泽东：《毛泽东选集》第3卷，人民出版社，1991，第1014页。

④ 习近平：《论中国共产党历史》，中央文献出版社，2021，第98页。

和奉献精神的劳动模范，他们做出了惊人的事迹，推动着边区各项事业的发展与进步，他们极大地激发了抗日军民的生产热情，为边区建设和人民幸福作出了卓越贡献，陕甘宁边区出现五谷丰登、六畜兴旺、百业繁荣的可喜景象，为革命胜利奠定了坚实基础。赵占魁作为工业战线的劳动模范，《解放日报》这样写道，“在他的工作作风中，所一贯展现出来的始终如一、积极负责、老老实实、埋头苦干、大公无私、自我牺牲的精神，也正是我们新民主主义地区公营工厂工人所应有的新的劳动态度。”[①]自力更生、艰苦奋斗的劳模精神不断激励广大群众开拓进取，在每一个时代都发挥了重要作用，也必将一代代传承下去，成为永远都要继承和发扬的精神力量。

第四，陕甘宁边区处于分散落后的农村环境，农业生产是经济的主体。在边区发起劳模运动，奖励劳模，宣传劳模们在钻研农技做法上、提高生产能力上、增加农业产量上、组织劳动互助小组上、提高农业生产能力上、促进科学技术传播上都起到了模范带头作用。农村劳动模范之所以在农业生产上比其他人做得好，是因为他们除了肯吃苦外，大多在改良农作方法上、兴修水利办法上动脑筋、下功夫，同时，他们还将自己的农技做法与群众和部队分享，提高了土地使用率，普遍提高了整体劳作质量和生产能力。根据边区的地理位置、自然条件和现实环境，最大化发挥劳力效能的方法就是把分散的农民们组织起来，毛泽东主席号召要把一切百姓的力量、一切部队机关学校的力量、一切男女老少的全劳动力半劳动力，只要是可能的，就要毫无例外地动员起来，成为一支劳动大军。通过农村合作社的形式，将农民组织起来一起生产和劳动，劳动模范在组织中发挥他们的领导和推动作用，打破陈旧落后观念，把全村的劳畜力全部组织起来，行成互助劳动组，因地制宜发挥生产优势。

第五，以宣传劳模运动、塑造劳模形象为背景的文艺作品推动了陕甘宁时期的文化事业发展。陕甘宁边区群众文化程度普遍较低，在这种情况下进行革命宣传的最有效方式不是通过文字形式，而是运用边区群众喜闻乐见的、浅显易懂的多种文艺手段——如秧歌、信天游、说书等传统的文艺形式，通过塑造劳模形象，推动劳模运动以带动大生产。毛泽东主席指出：“普及的东西比较

---

① 《向模范工人赵占魁学习》，《解放日报》1942年9月11日。

简单浅显，因此也比较容易为目前广大人民群众所迅速接受，高级的作品比较细致，因此也比较难于生产，并且往往比较难于在目前广大人民群众中迅速流传。现在工农兵面前的问题，是他们在和敌人作残酷的流血斗争，而他们由于长时期的封建阶级和资产阶级的统治，不识字，无文化，所以他们迫切要求一个普遍的启蒙运动，迫切要求得到他们所急需的和容易接受的文化知识和文艺作品，去提高他们的斗争热情和胜利信心，加强他们的团结，便于他们同心同德去和敌人作斗争。对于他们，第一步需要还不是‘锦上添花’，而是‘雪中送炭’。所以在目前条件下，普及工作的任务更为迫切。轻视和忽视普及工作的态度是错误的。”①在抗日战争的宏观历史语境下，为发挥劳模的示范和启迪作用，引导、发动更多群众投身生产，边区政府创造性地运用多种形式，对劳模进行了长时间、全方位的宣传推广。1942年召开延安文艺座谈会及整风运动后，为启蒙和动员广大民众，延安文艺界响应党的号召，深入工农兵生活实践，创作出大量反映工农大众的新生活、新人物、新风貌的文艺作品，如柯仲平在创作《城壕村》剧本时，为收集材料亲自下乡体验生活，住到城壕村劳动模范张振财家，与他同吃同住同劳动近30天，并对村民进行深度采访，写出来的作品符合人物个性贴近生活，深得群众喜爱。在新的文艺政策指导下，文艺工作者创作的内容极大地激发了边区军民的劳动生产热情，为最终战胜严重的困难，全面推进抗战胜利奠定了物质基础，在无产阶级文艺史上留下了浓墨重彩的一笔。

第六，劳动模范是搭建共产党和群众之间相联系的纽带和桥梁。1943年《陕甘宁边区劳动英雄和模范工作者大会及代表的选举办法》规定，劳动英雄和模范工作者必须从农村、工厂、合作社、部队、机关和学校各部门各单位召开的全体人员会议上选举产生。《晋察冀日报》1944年6月21日发布的《晋察冀边区劳动英雄选拔办法》中指出：“劳动英雄的标准：经济上努力劳动，发展生产；政治上拥护革命，公私兼顾；武力与劳力结合，战斗与生产结合，用战斗保卫生产，保卫收获……劳动英雄逐级选拔之办法：在大生产运动中，已有为众所公认的生产模范、劳动英雄之村，由村民或村干部提出后，得召开村民大会进行选举，各准备当选人并可自由竞选，其得票最多者始得

① 毛泽东：《毛泽东选集》第3卷，人民出版社，1991，第861-862页

当选为村生产模范。无此项人物之村不选。村选举之生产模范，报区审查加县意见，转县审查，定期召开各村生产模范大会，自报与介绍模范事迹，经县生产委员会评定后，得选为县生产模范。”[①]劳动模范的选拔和推选采取了广受群众欢迎的民主方式。劳动模范勤于劳作、积极生产、拥护政府和军队，他们产生于群众中，作为群众中的积极分子散布在边区各行业的基层，通过劳模可以将共产党和政府的方针政策传达并落实在群众中，让百姓了解共产党、了解政府、了解政策，使共产党与群众进一步结合起来。各基层形成了以劳动模范为中心，去影响群众、帮助群众，代表群众发声，代表群众参加各种政府会议的模式。而政府部门在讨论关涉群众重大利益的会议时，大都会邀请当地的劳动英雄参会，倾听他们的意见和建议，并且将这一做法形成制度执行下去。

2. 劳模精神继承与发展期

（1）劳模精神发展时期的国民经济背景

1949年10月1日，毛泽东主席在天安门城楼上宣布中华人民共和国中央人民政府成立了，从此中国人民的历史跨入了新纪元。中华人民共和国成立之初，中国共产党领导的新生政权在经过抗日战争和解放战争，从军事沼泽里刚刚拔出双脚，还没来得及做好新的心理和物质准备的同时，又立刻陷入了新的泥淖，从农村走向城市的开始就遇到诸多棘手的问题。“1949年，工业总产值同历史上的最高水平相比，减少一半。其中，重工业减少70%，轻工业减少30%，钢产量减少80%，煤产量减少48%。农田受灾面积达1.2亿亩，粮食产量减少25%，棉花产量减少48%，灾民达4000万。交通运输处于瘫痪状态，铁路、公路、桥梁、机场、码头以及各种运输工具都遭到严重破坏。城乡交流和对外贸易基本上处于停顿状态，市场萧条，物资奇缺，投机猖獗，通货膨胀。国家财政经济十分困难，人民生活困苦不堪，广大事业失业人群急待救济和安置”。[②]首先，国内外敌对势力认为共产党可以在马上得天下，但是不能在

① 《晋察冀边区劳动英雄选拔办法》，《晋察冀日报》1944年6月21日。

② 董辉、李海涛：《建国初期党对私人资本主义经济政策依据刍议》，《河北大学学报》，2007年第1期。

马上治理天下，就连一些持同情和中立态度的人也对共产党稳定局势，治理国家的能力表示怀疑，甚至有资本家断言中共在即将展开的大规模经济建设的考试中将要被判“零分”。国外反华势力对新中国实行严格的经济封锁，通过关税不能自主、“自由贸易”限制等掠夺手段让中国一直未能建立独立的工业体系以及实施非均衡赶超战略。民国时期只有轻工业等有很大程度的发展，重工业基础相当薄弱。中华人民共和国成立之后，资本主义国家又对新生政权进行经济封锁，认为中国共产党肯定不能解决当时的经济困窘而出现混乱局面。其次，国民党统治时期对经济的破坏，国民党在败退大陆前夕，将大批资金进行转移，将中央银行所存黄金、银元、外币共约5亿美元全部移存台湾。1949年1月，蒋介石再次转移黄金57万两、银元2200万元至厦门。上海解放后，中央银行被接管时，只剩黄金6189两，银元1546643枚及少量外币。[①]中华人民共和国成立后百业待兴，而国民党留给中国共产党人的是一个经济颓废的烂摊子，大量滥发纸币加剧国内恶性通货膨胀，物价飞速上涨，人民生活痛苦不堪，老百姓渴望过上稳定安逸生活的强烈期盼是可想而知的，人民群众对新生政权有着诸多期待，而眼下最为紧迫、最为现实的事情就是带领老百姓在经济上打个翻身仗，给予人民真正的实惠。毛泽东主席一针见血地指出，如果不能使生产事业尽可能迅速地恢复和发展，不能使工人生活有所改善，不能使一般人民的生活有所改善，那我们就不能维持政权，我们就会站不住脚，我们就会失败。在这个历史的紧要关头，中国共产党迎来了经济建设的首次考验，解决经济和财政窘境，稳定全国经济秩序，是横亘在中国共产党面前的当务之急，也是中国共产党向全国人民、向世界展示执政能力，树立执政权威，建立执政基础的一次考验。中华人民共和国成立之初，国内外敌人内外勾结，以上海等大城市为中心，策动和支持不法商人持巨额的投机资本兴风作浪，大肆炒作金银等硬通货，推动物价持续上扬，市场一度十分混乱，之后全国许多大城市纷纷效仿，极为猖獗的金银投机活动，面临极其复杂的经济形势，中国共产党巧妙采取了有效措施对银元投机予以有力打击。投机资本家并不甘心认输，他们认为“银元之战”是人民政府靠政治力量取胜的，又将投机目标转向粮食、棉纱、棉布、煤炭市场。在他们的哄抬下，全国物价一日三涨，“银元之战”

---

① 吴承明、董志凯：《中华人民共和国经济史》第1卷，中国财政经济出版社，2002，第70页。

后，又兴起“米棉之争”。于是，中央人民政府再打“米棉之战”。人民政府依靠强大的社会主义国营经济，在全国范围内调运和集中足够的粮食、棉纱、棉布等重要物资，选择适当时机，集中抛售，给投机商人以毁灭性打击。这两大战役使得物价快速回落，投机分子受到致命打击，相继破产，我们取得了经济战的第一个回合胜利，此番举动得到广大人民群众的一致拥护。在1949—1952年期间，面对极端落后和严峻的经济形势，中共七届二中全会做出了确定工作重心转移的决定，会议决定当前党的总任务是迅速恢复和发展生产，使中国稳步地由农业国变为工业国，把中国建设成为一个伟大的社会主义国家，中央建立起高度集中、统一管理的政治经济体制，规定了建设新中国的一系列经济政策，中央人民政府采取了统一全国财政开支的措施，把收入的主要部分集中在中央，人民政府针对我国经济成分复杂的特点，实事求是，采取切实可行的政策，为经济建设服务。围绕国民经济的恢复和发展的目标而展开，行政手段和经济手段并举，有区别、有步骤，注意政策和策略，调动各方面的积极性。主要采取的措施有：没收官僚资本，建立国营经济；稳定物价，统一财经；深化土改，发展农业生产，合理调整工商业，调动私营工商业者的积极性；精兵简政，工矿业实行民主改革和生产改革等举措。新中国在质疑声中使国民经济基本得到恢复，党的工作重心由乡村转移到城市，开始了由城市领导乡村的时期。

伴随着我国顺利完成国民经济恢复任务，1951年2月，中共中央决定于1953年转入大规模的经济建设，仿照苏联工业化模式实施第一个为期五年的国民经济发展计划（1953—1957年）。“一五”时期发展计划是根据党的过渡时期的总任务提出的，其基本任务是：集中主要力量进行以苏联帮助我国设计的156个建设单位为中心，由限额以上的694个建设单位组成的工业建设，建立国家工业化和国防现代化的初步基础。发展部分集体所有制的农业生产合作社，并发展手工业生产合作社，建立对于农业和手工业的社会主义改造的初步基础；基本上把资本主义工商业分别纳入各种形式的国家资本主义轨道，建立对于私营工商业的社会主义改造的基础。到1956年，已经基本上完成国家对农业、手工业和资本主义工商业的社会主义改造，这是中国进入社会主义社会的最主要的标志，中国社会从此进入了一个新的发展阶段——社会主义初级阶段。

（2）计划经济时期的劳模精神展现

> 时代的艰苦使人们对于日常生活中平凡的琐屑兴趣予以太大的重视，现实上很高的利益和为了这些利益而作的斗争，曾经大大地占据了精神上一切的能力和力量以及外在的手段，因而使得人们没有自由的心情去理解那较高的内心生活和较纯洁的精神活动，以至许多较优秀的人才都为这种艰苦环境所束缚，并且部分被牺牲在那里。因为世界精神太忙碌于现实，所以它不能转向内心，回复到自身。
>
> ——黑格尔

马克思认为，精神总是要受到物质的纠缠，精神的产生和发展，既不能从它们本身来理解，也不能从所谓“人类精神一般发展”来理解，相反，它来源于物质的生活关系。中华人民共和国成立初期一穷二白，工业基础遭到严重破坏、农业基础薄弱，百废待兴，国民经济极其落后。面对严峻的国内、国外形势，党和政府为巩固政权和恢复全国上下的经济，进行社会主义建设，沿用了革命战争时期的经验做法，依托社会主义劳动竞赛和生产运动开展了形式多样的劳模运动，以调动广大人民群众和农民的劳动热情和生产积极性投入到新中国社会主义经济建设中。中华人民共和国的成立，标志着近代中国反帝反封建斗争彻底的胜利，结束了自鸦片战争以来的半殖民地半封建社会，国家战乱纷纷、四分五裂的局面一去不返，工人阶级和广大农民实现了政治和经济上的“翻身”。对于经历了旧中国重重苦难的广大群众来说，倍感珍惜现在所获得的主人翁和当家做主的地位，心中充满了感恩和报效国家的热情，并在建设新中国的过程中，将对国家的热爱化为实际劳动。以劳动模范为代表的中国广大人民群众充分发挥生产积极性和劳动自觉性，面对天灾人祸，只求奉献，不求索取，不断提高劳动生产率，为建设新中国、为建设心中的美好家园而努力奋斗。

毛泽东在1949年3月召开的中共七届二中全会上指出：在城市工作中，必须全心全意地依靠工人阶级，团结其他劳动群众、争取知识分子，尽可能多地争取民族资产阶级。工人阶级是领导阶级，是中国的依靠力量，更是中国革命取得胜利的保证。在城市工作中，不能把城市贫民和资产阶级作为依靠力量。工会工作、政权机关的工作和其他民众团体的工作一样，都要围绕着生产建设这一中心工作来展开，为这个中心工作服务，因为如果生产事业不能很快地恢复和发展，工人生活和一般人民的生活就得不到改善，因此新政权就会站不住脚并归于失败。要建成社会主义，要建立一个现代化的工业基础和现代化的农业基础，工人阶级必须有自己的知识分子队伍。人人都要努力学技术、学业务、学理论，建成一支宏大的工人阶级知识分子的新队伍（包含从旧社会过来的真正经过改造站稳了工人阶级立场的一切知识分子）。工人阶级是社会主义中国的领导阶级，中华人民共和国是工人阶级领导的、以工农联盟为基础的人民民主专政的社会主义国家。中国工人阶级是我国社会物质财富和精神财富的主要创造者，伴随着中华人民共和国的成立和“一化三改”的顺利完成，中国建立起社会主义公有制经济体制，进入社会主义初级阶段，各领域、各行业不断开展不同内容、形式和规模的劳动竞赛、劳模评选，评选出了成千上万的劳模和先进生产者，在他们的感召和带动下，广大群众和工人们最大限度地发挥出生产积极性、主动性和创造性，为社会主义建设添砖加瓦。

1950 年 9 月 25 日至 10 月 2 日，全国工农兵劳动模范代表会议在北京召开，全国工农兵劳动模范代表462人出席了会议，会上毛泽东同志发表重要讲话，称赞广大劳动模范：是全中华民族的模范人物，是推动各方面人民事业胜利前进的骨干，是人民政府的可靠支柱和人民政府联系广大群众的桥梁。在第一届全国战斗英雄代表会议和全国工农兵劳动模范代表合并会议上，中央人民政府副主席刘少奇提到：“过去劳动人民中有天才，有创造的英雄模范是不少的。但是，在旧的社会制度和反动政权的统治下，他们是被压制，被埋没了。今天人民的力量把旧的社会制度推翻了，把反动政权推翻了，建立了以工人阶级为领导，工农联盟为基础的人民民主国家。劳动人民中有天才，有创造的人，才被重视，被尊敬起来。就是说，新民主主义的社会制度可以保证劳动人民的天才和创造力得到发扬。今后在国防建设和经济建设方面，一定会不断地产生数量更多、质量更高的英雄模范。”①本次全国工农兵劳模代表会议，是对在革命与生产建设方面作出巨大贡献与牺牲的优秀分子的首次全国性的表彰与奖励大会，具有继往开来的历史特征与时代意义。1959 年 10 月，全国工业、交通运输、基本建设、财贸方面社会主义建设先进集体和先进生产者代表大会

① 人民革命军事委员会总政治部：《全国战斗英雄代表会议纪念刊》，人民出版社，1951，第6页。

在北京人民大会堂开幕，历史又称这次会议为全国群英会。本次大会是建国以来最为隆重和盛大的劳模表彰大会，是历年来出席人数最多（共有6577名代表）、涉及行业最广范、表彰数量最大（授予全国先进集体称号2565个，全国先进生产者称号3267人）的一次大会，朱德代表中共中央在大会上向全国群英会作了《向大跃进的标兵看齐》的祝词，国务院副总理李富春向大会作报告。

“从1950年9月至1960年6月这10年间，是中国劳模队伍快速发展壮大的时期，党和政府先后召开了四次大规模的全国性劳模和先进生产者代表大会，评选产生了一万多名劳模和先进工作者。这些劳模广泛分布在工业、农业、部队、交通运输、基本建设、财贸、教育、文化、卫生、体育、新闻等国民经济和社会建设的多个方面，既有生产能手、岗位标兵、技术人员、科学工作者，又有先进工作者、优秀组织者和管理者，其典型代表人物有吴运铎、孟泰、王进喜、时传祥、李四光、钱学森、华罗庚、焦裕禄、赵梦桃、郝建秀、倪志福、张秉贵等，这一时期的劳模主要来源于基层，一线产业工人是主流，‘一不怕苦、二不怕死’的硬骨头精神和‘老黄牛’形象是他们的真实写照，提高操作技能和熟练程度、提升技术水平和生产能力、提出合理化建议和总结推广先进经验、从生产型向技术革新型转变是劳模们的典型特征。建国初期劳模队伍的迅速壮大及其具有的示范引领作用，为新中国国民经济的恢复、社会主义建设在各条战线的起步与发展作出了重大贡献，为树立社会主义劳动观念、推广劳模经验、提高生产工作效率、提升组织管理协作水平发挥了重大作用。”①

图2-5 出席全国工农兵劳动模范代表会议的西北区劳模代表（图片来源：新华社）

① 王永玺、张晓明：《简述中国劳模的历史发展》，《北京市工会干部学院学报》，2010（3）。

每一个时代所推举的劳模，都代表着该时代的先进生产力和健康向上、凝心聚力的精神。劳模，是时代的领跑者，是工人阶级精神风采的缩影，劳模也意味着一种“取向”，是一个时代的追寻脚步、人生道德观念和价值取向。在20世纪50年代的劳动模范的身上深深地烙着时代的烙印，即中华人民共和国的成立翻开了中国历史新的一页，工人阶级成了国家的主人，正如毛泽东主席在《论人民民主专政》中指出的，社会主义中国由“工人阶级（经过共产党）领导”。中华人民共和国成立后，我们党始终紧紧依靠工人阶级，顺利进行了社会主义改造，完成了从新民主主义到社会主义的过渡，确立了社会主义基本制度。以王崇伦、赵梦桃、张秉贵、陈景润、钱学森等为代表的一大批劳动模范，他们在艰难困苦的环境中以不平凡的主人翁责任感和艰苦创业精神，以高尚的忘我的劳动热情和无私奉献精神赢得了社会的尊重，为了新中国的发展建设，他们发扬开拓进取、兢兢业业、勤勤恳恳、坚忍不拔的精神，在他们的身上体现的是工人阶级的力量，是工人阶级的意志，是中国劳模精神的时代内核，成为在社会主义建设的各方面激励全国人民独立自主、自力更生奋斗的精神丰碑。

20世纪50年代的劳动模范，大多来自广大基层，广泛分布在工业、农业、部队、交通运输、基本建设、财贸、教育、文化、卫生、体育以及新闻等社会建设的多部门，其中绝大部分是来自一线产业的工人，“一不怕苦，二不怕死”任劳任怨的“老黄牛”形象是他们的生动写照；他们中既有生产能手、劳动标兵、科学工作者，又有先进工作者、优秀组织者，他们学习毛泽东思想，听党的话跟党走、忠于职守、勤奋工作，是这个时期劳模精神的鲜明特色；在中华人民共和国成立初期，广大劳动模范努力提高操作技能和熟练程度、提升技术水平和生产能力，逐渐从生产粗放型向技术改革创新型转变是他们的典型特征。

“重庆鲁班”——黄荣昌，先后于1956年、1959年两次被评为全国劳动模范，曾多次受到毛泽东、周恩来、刘少奇、邓小平、江泽民等中央领导的接见。黄荣昌在重庆钢铁公司工作的30年里，带头搞技术革新，先后完成了大小技术革新370多项，其中烧结冷却机、钢板冷剪机、转盘行车等技改项目至今仍在使用，曾因研制出我国第一台电动锯机而闻名遐迩，为国家建设作出了杰出的贡献。回溯自己的大半辈子，黄荣昌老人动情地说:“我想做的、能做的，就是不愧‘劳模’这个称号……成为劳模，是我一辈子最大的荣幸……我最大的梦想就是报恩，感谢党、感谢新中国，最大的愿望，是看到一个日渐强盛的新中国。”

图2-6　黄荣昌老人介绍当年的照片（图片来源：搜狐网）

新中国第一位女火车司机——田桂英。1949年5月，大连铁路局机务段招考女火车司机，田桂英冲破封建思想的束缚，在女火车司机培训班的报名表上签了名，报名参加了考试。经过层层考核和选拔，她于1950年2月，正式走上火车司机岗位，成为中华人民共和国第一位女火车司机，从那刻起，这个贫苦的渔家女开始经历另一种人生。1950年田桂英作为东北铁路劳模代表团团员参加全国工农兵英雄模范代表会议，并被评为全国劳动模范。入职后，先后过了“火炉填煤”关，“刚解放时火车全是蒸汽机车，靠烧煤运行。10多斤重的平板锹，每3秒一锹煤，15分钟280锹，一个小时下来腰酸背疼，两天下来就累得站不起来。”而田桂英每天不间断的练习达数月之久，终于闯过了投煤体力关，接下来面对的是让她“头疼”的“理论学习”关，对于之前只上过三年学的田桂英来说着实不是一件容易的事，但她凭借着刻苦学习的顽强毅力，终于以优异的成绩通过了9个月的培训。中国第一批女火车司机就这样“出炉”了，因

图2-7　新中国第一位女火车司机田桂英（图片来源：新华网）

为田桂英毕业考核成绩最高，她被任命为司机长，她们的车组被铁道部命名为“三八”号包车组。从1950年的3月8日到1951年3月8日，田桂英的包车组凭借过硬的操作技术，创下了安全行驶6.8万余公里、节煤51.76吨，省油40余公斤的纪录。

“穷棒子社”创始人——王国藩。1952年，王国藩带领西铺村23户贫农，从互助组一跃办成了初级合作社。他们基业微薄，只有3条驴腿和230亩山地。他们的合作社被人讥讽为“穷棒子社”。穷则思变，在王国藩带领下，经过一年多的艰苦奋斗，合作社获得大丰收。粮食总产量达到45800斤，每户分到粮食1400斤和190元现金。初级社巨大的优越性吸引了更多的农民要求入社，合作社由23户扩大到83户，王国藩合作社发展壮大了，成为远近闻名的一面旗帜。王国藩本人被毛泽东主席誉为“整个国家的形象”，1957年被选为全国首届农业劳动模范，1957年至1970年，先后10次在北京被毛泽东主席接见，毛泽东曾经这样评价他：“遵化县的合作化运动中，有一个王国藩合作社，二十三户贫农只有三条驴腿，被人称为‘穷棒子社’。他们用自己的努力，在三年时间内，‘从山上取来’了大批的生产资料，使得有些参观的人感动得下泪。”[①]王国藩的“穷棒子”精神是当时最为显著的劳模精神之一，在这种精神的指引下，号召和团结了更多的贫下中农参与到社会主义现代化建设中来，《人民日报》曾刊载文章指出：“在革命战争时代，我们靠艰苦奋斗的精神，战胜了国内外阶级敌人；在社会主义建设中，靠‘穷棒子’精神，取得社会主义建设事业的不断胜利。我们要永远发扬‘穷棒子’精神，有了这个精神，我们就能够为国家做出更大的贡献”[②]。在当时的社会背景下，“穷棒子”精神契合了缺技术、缺知识的普通民众为国家作贡献的迫切心情。

农业学大寨——陈永贵。20世纪60年代，作为山西省昔阳县大寨大队党支部书记的他响应中央号召，带领村民敢于战天斗地，艰苦奋斗，治山治水，实行农业集体化，发展生产，把4700多块地修成了2900块，增加了80多亩地，在七沟八梁一面坡上建设了层层梯田，并通过艰巨劳动引水浇地，改变了

① 《学习社会主义建设总路线参考资料》第2辑，广西僮族自治区人民出版社，1958，第16页。
② 《永远发扬“穷棒子”精神》，《人民日报》1976年9月14日。

靠天吃饭的状况。毛泽东主席在提到大寨时指出："农业主要靠大寨精神，靠自力更生，要多出几个大寨，多出几个陈永贵。"[①]陈永贵是时代大背景下涌现出来的先进典型，他身上所展现出来的自力更生、艰苦奋斗的创业精神，勇于跟穷山恶水斗争，重新安排山河的精神鼓舞着广大群众。他曾经多次受到党中央和毛泽东主席、周恩来总理的高度赞扬和表彰，党中央将"农业学大寨"推广到全国，使其成为全国各地区学习的榜样。陈永贵先后当选为第三届、第四届、第五届全国人大代表，中国共产党第九届、第十届、第十一届中央委员会委员，第十届、第十一届中央政治局委员，1975年至1980年，任国务院副总理。

1977年，劳模评选工作在全国恢复了正常。1977—1979年，短短三年时间里，中共中央、国务院先后召开了5次劳动模范表彰大会。1977年1月19日，《中共中央关于召开全国工业学大庆会议的通知》发布，决定"动员全党、全国工人阶级，把工业学大庆的革命群众运动推向一个新的阶段，为普及大庆式企业而奋斗。"[②]4月20日，全国工业学大庆会议在大庆油田隆重召开，全国各地7000多名代表参加本次大会，中央领导和参会代表观看了汇报表演和文艺节目，同时参会代表、劳动模范、劳动标兵等450余人受到了国家领导人的接见，这是工业学大庆会议的第一阶段。4月27日，第二阶段的会议在北京继续进行，中共中央、国务院授予全国大庆式企业、全国先进企业称号2126个，授予全国先进生产者称号385人。至此，工业学大庆运动轰轰烈烈地展开了，自力更生、艰苦奋斗、发奋图强、自给自足的"大庆精神"也成为了这一时期的劳模精神代名词，调动了广大群众的生产热情，在全国范围内再次掀起了建设社会主义的新热潮。

1978年是改革开放元年，这一年召开了2次全国劳模大会，分别是全国科学大会和全国财贸学大庆学大寨会议。被誉为"科学的春天"的全国科学大会于1978年3月在北京隆重地召开了。这是我国科学史上空前的盛会，中共中央副主席、国务院副总理邓小平在大会开幕式上作了重要讲话，阐述了"科学技术是生产力"的著名论断，指出新中国的脑力劳动者、知识分子，是工人阶级

---

① 陈大斌：《大寨预言——"农业学大寨"的历史警示》，新华出版社，2008，第44页。
② 《中共中央发出关于召开全国工业学大庆会议的通知》，《人民日报》1977年1月27日。

的一部分，摘掉了长期压在知识分子头上的“资产阶级知识分子”的帽子，提出了科学大会的任务，说明了科技革命的重要性，为我国科技发展扫清了障碍。1979年9月，国务院再次组织表彰了工业交通、基本建设战线先进企业和劳动模范。同年12月，在人民大会堂举行了嘉奖农业、财贸、教育、卫生、科研战线的全国先进单位和劳动模范的大会，大会提出：“各条战线的工人、农民、知识分子，向全国先进单位和全国劳动模范学习，掀起一个人人为四化做贡献，立功劳，争当劳动模范的热潮，为建设四个现代化的社会主义强国而努力奋斗”[①]。

（3）永垂不朽的精神——雷锋精神

雷锋，原名雷正兴，出生于湖南长沙。中国人民解放军战士、共产主义战士。1960年，雷锋参加人民解放军后，编入工程兵某部运输连四班，任班长。他全心全意为人民服务，只要是对人民有利的事，他都心甘情愿地去做，曾经连续7天7夜带病奋战于上寺水库抢险救灾，并把平时节约下来的100元钱分别捐给抚顺市望花区人民公社和辽阳水灾区，曾多次立功，被评为节约标兵和模范共青团员，1960年11月入党，并被选为抚顺市人民代表。1962年8月15日，雷锋在指挥倒车时车轮打滑，碰倒了一根电线杆，这根电线杆打到了雷锋左太阳穴上，雷锋当即昏死过去，经医院抢救无效，不幸英年早逝，年仅22岁。虽然雷锋只度过短短的22个春秋，可是他那闪耀着共产主义思想光辉的崇高精神却长留人间。他的言行一致、公而忘私、奋不顾身、助人为乐，把有限的生命投入到无限的为人民服务之中去的崇高精神，集中体现了中华民族的传统美德和共产主义道德品质。1963年3月5日，毛泽东同志亲笔题词：“向雷锋同志学习”。国防部将他生前所在班命名为“雷锋班”，全国人民特别是青少年掀起了向雷锋学习的热潮，此后，每年3月5日便成了全民学雷锋纪念日。

“精神是世界上最美丽的花朵”。雷锋精神是指以雷锋的无私奉献精神为基本内涵，在实践中不断丰富和发展着的革命精神。雷锋精神影响了后来一代一代的中国人。雷锋精神为世人所耳熟能详，但其时代价值却不限于伦理道德，

---

① 《嘉奖农业、财贸、教育、卫生、科研战线全国先进单位和劳模 国务院隆重举行第二次授奖仪式》，《人民日报》1979年12月29日。

而是我们必须直面的重要时代课题，从这个意义上说，雷锋精神就不再仅仅是一个简单的“道德律令”，而是标注中国特色社会主义新时代的宝贵精神坐标。习近平总书记指出：“建立中国共产党、成立中华人民共和国、推进改革开放和中国特色社会主义事业，是五四运动以来我国发生的三大历史性事件，是近代以来实现中华民族伟大复兴的三大里程碑。”[①]这“三大里程碑”之所以巍然矗立，凭借的不是空泛的口号，而是接续的奋斗，不是内心的激动，而是理性的选择，不是物欲的满足，而是真理的信仰，不是物质的刺激，而是精神的支撑。正是中国共产党人的精神生产所编织的“小小寰球”上一条永不褪色的红色飘带，浇铸的中国共产党人的精神大厦，构建的普通劳动者的精神家园，焕发的披荆斩棘、砥砺奋进的磅礴精神力量，推动中国特色社会主义进入了新时代。这个伟大时代既是过去创造积累的成果，又是当前事业建设的基本前提，更是“追求自己目的的人的活动”的现实过程，因而必然无时不在呼唤雷锋精神。雷锋精神补足共产党人的精神之钙。

雷锋精神以共产主义信仰为核心，始终闪耀着崇高理想的光芒。“人的生命是有限的，可是，为人民服务是无限的，我要把有限的生命，投入到无限的为人民服务之中去。”这种格局、视野、境界，生动而深刻地诠释了中国共产党人不忘初心、服务人民的精神品格，全景展现了中国共产党人的生命底色。雷锋精神涵养全面深化改革的精神之源。做改革的促进派和实干家，与雷锋精神高度契合，特别是报效祖国的拳拳赤子精神、敢于探索的钉钉子精神、艰苦奋斗的创业精神、精益求精的工匠精神、顾全大局的牺牲精神，以及永远牢记使命的激情、革命英雄主义的气概、伟大改革开放的志向，作为雷锋精神的当代转化形态，无不彰显着“直挂云帆济沧海”的豪迈，抒发着“敢为砥柱立中流”的壮阔，预设着全面深化改革的愿景。雷锋精神展现人的全面发展的精神之魂，马克思预言：“代替那存在着阶级和阶级对立的资产阶级旧社会的，将是这样的一个联合体，在那里，每个人的自由发展是一切人的自由发展的条件。”[②]马克思视野中“每个人的自由发展”“一切人的自由发展”等，都不是他已经设计和规划好的社会图景，而是“那些消灭现存状况的现实的运动”。

---

① 《习近平在庆祝改革开放40周年大会上的讲话》，《人民日报》2018年12月19日。

② 马克思、恩格斯：《马克思恩格斯文集》第2卷，人民出版社，2009，第53页。

人的自由全面发展既是“现实的个人”的现实生活过程，又是追求崇高社会理想的精神表达。雷锋精神作为共产主义精神的“缩略语”，与全心全意为人民服务和实现人的全面自由发展相交织，携手行进在中国特色社会主义新时代，是向“自由人联合体”的渐次接近，是超越资本现代性、致力规避资本逻辑弊端的精神选择。雷锋精神蕴含人类大爱的精神之基，在世界多极化、经济全球化、社会信息化、文化多元化背景下，人类具有共同利益、共同价值、共同责任，因而必然具有共同命运。

雷锋精神源自于中华民族五千多年文明历史所孕育的中华优秀传统文化，熔铸于党领导人民在革命、建设、改革中创造的革命文化和社会主义先进文化，植根于中国的社会主义伟大实践。作为时代的精神标识，雷锋精神以无与伦比的历史张力，闪烁着人间大德大爱的精神光芒，饱含着家国情怀、人民情怀和天下情怀。中国人民正在以这种更基本、更深沉、更持久的文化力量，穿越历史、穿越国度、穿越民族，直面人类生生不息的终极关怀，推进构建人类命运共同体，为人类贡献中国智慧、中国方案、中国力量。“如果你是一滴水，你是否滋润了一寸土地？如果你是一线阳光，你是否照亮了一分黑暗？如果你是一颗粮食，你是否哺育了有用的生命？”雷锋这掷地有声、振聋发聩的历史之问、时代之问、未来之问昭示我们，雷锋精神是中国特色社会主义新时代的宝贵精神坐标，必须世世代代传承下去。

3. 劳模精神弘扬期

劳动模范孕育于革命战争年代，成长于改革开放前计划经济时代的中国，随着党的十一届三中全会的召开，党中央作出了把全党工作重点转移到社会主义现代化建设上来的战略决策，在经济建设问题上，从纠正急于求成的错误倾向和全党要注意解决好国民经济重大比例严重失调等问题出发，采取一系列新的重大措施，对失调的国民经济比例关系进行调整，对过分集中的经济管理体制着手认真的改革，解放思想，开动脑筋，实事求是，团结一致向前看。

（1）劳模精神弘扬时期的经济发展背景

20世纪80年代，中国全面吹响了改革开放的号角，突破了排斥市场调节经济的思想禁锢，形成了“以计划经济为主，市场经济为辅”的思想。突破高度集中的计划经济框架势在必行，要解放思想，进行改革。这场改革的目的是在维持社会主义制度为前提的基础上，改变生产中不适应生产发展的管理体制和政策，并建立社会主义下的市场经济体制。社会主义市场经济体制的建立虽然经历了艰难曲折的探索过程，但是这是一次充分展现共产党人锐意进取、勇于创新精神的改革，从理论意义上来说，社会主义市场经济体制是由计划经济体制向市场经济体制的飞跃，这是我们党的一次理论创新，是马克思主义中国化的理论探索。从实践意义上说，这是我国社会主义经济体制的一次真正变革，是中国特色社会主义道路探索中的一个伟大创举。我们对市场经济的认识也经历了从模糊到清晰、从片面到科学的认识和实践过程。

第一阶段：1980 年《关于经济体制改革的初步意见》中指出，我国经济体制改革的原则和方向应当是：在坚持生产资料公有制占优势的条件下，把单一的计划调节改为在计划指导下，充分发挥市场调节的作用。我国确立的社会主义初级阶段的基本经济制度是公有制为主体、多种所有制经济共同发展。因此，社会主义市场经济必须要与这一基本经济制度有机结合。从这个意义上讲，社会主义市场经济体制的成功建立，社会主义市场经济的顺利发展，关键就在于解决公有制与市场机制有机结合的问题；从 1982 年的中共十二大到 1984 年 10 月党的十二届三中全会作出的《中共中央关于经济体制改革的决定》，明确了中国市场改革的方向，提出我国社会主义经济是公有制基础上有计划的商品经济。重新解释了计划经济的内涵，确立了社会主义计划调节为主、市场调节为辅的经济体制。改革的重点是从农村到城市，从局部改革到全面的改革，从体制内到体制外，从易到难、由试点地区向全国区域渐次推开。进行农村经济体制改革，全面推行家庭联产承包责任制。进行城市经济体制改革，从微观经济机制到宏观经济体制明确进行经济体制改革的总目标是大力发展社会主义商品经济，国家对经济的管理转向以经济手段和间接调控为主导，市场在资源配置中的作用逐步加大。从经济体制改革到政治体制改革，再到科技、教育、文化等其他各方面的体制改革全面启动。对外开放由创办经济特区到沿海开放城市到沿海经济开放区、由沿海沿江到内地、由东部到西部逐步开放的格局基本形成。

第二阶段：截至 1986 年，无论是国民生产总值、工农业总产值、国家财政收入和城乡居民平均收入水平都大幅度提升，是经济发展最旺盛、国力增长最迅速、人民生活得到改善最多的时期。1987 年党的十三大胜利召开，这是我国城乡改革进程中的一个新的里程碑，标志着我国改革发展到了一个新的重要的转折点。党的十三大从理论与实践的结合上系统地总结了城乡改革的基本经验，精辟地阐明了我国还处在社会主义初级阶段这一重大理论问题和实践问题，并提出了“建立计划和市场内在统一的经济体制”方针，科学地制定了党在社会主义初级阶段的基本路线，坚持改革开放成为“两个基本点”的重要内容，向全党和全国人民发出了加快和深化全面改革的伟大号召。改革开放经受住了国内外政治风波的考验。邓小平南方谈话，坚持党的基本路线不动摇，坚持“三个有利于”的判断标准，排除“左”倾和右倾的重重干扰，最终确立了社会主义市场经济体制的改革方向，我国开始进入全面改革政治、经济、科技、教育、文化等管理体制的新时期。党的十三大以后，我国又制定了沿海经济发展战略，进一步加快了我国全面改革和对外开放的步伐。

第三阶段：自1992年初邓小平南方谈话和党的十四大确立了“社会主义市场经济体制”，中国改革开放进入了建立社会主义市场经济体制的新的历史阶段。早在1979年邓小平就指出：“说市场经济只存在于资本主义社会，只有资本主义的市场经济，这肯定是不正确的。社会主义为什么不可以搞市场经济？这个不能说是资本主义。我们是计划经济为主，也结合市场经济，但这是社会主义的市场经济。”[①]1992年1月，邓小平视察武昌、深圳、汕头、珠海、上海等地，针对当时的国内改革中的诸多争论和质疑、社会主义的本质和判断标准、计划和市场的关系等重大问题发表了重要讲话（史称“南方谈话”），面对世界社会主义发展处于低谷，针对党内外一些人对改革姓“资”姓“社”产生疑惑等情况，提出了“三个有利于”标准，即“是否有利于发展社会主义社会的生产力，是否有利于增强社会主义国家的综合国力，是否有利于提高人民的生活水平。”科学地总结了党的十一届三中全会以来党的基本实践和基本经验，从理论上深刻地回答了长期困扰和束缚人们思想的许多重大认识问题。邓小平的南方谈话，针对人们思想中普遍存在的疑虑，重申了深化改革、加速发展的必要性和重要性，并从中国实际出发，站在时代的高度，深刻地总结了十多年改革开放的经验教训，在一系列重大的理论和实践问题上，提出了新观点，讲出了新思路，开创了新视野，有了重大新突破，将建设有中国特色社会

① 邓小平：《邓小平文选》第2卷，人民出版社，1994，第236页。

主义理论与实践，大大地向前推进了一步，对中国20世纪90年代的经济改革与社会进步起到了关键的推动作用。

根据邓小平南方谈话精神，1992年10月召开的中国共产党第十四次全国代表大会在我党的历史上第一次明确提出了建立社会主义市场经济体制的目标模式，并指出社会主义市场经济体制的建立，就是要按照价值规律的要求，利用市场经济的价格、竞争和供求机制来配置资源，实行优胜劣汰。把社会主义基本制度和市场经济结合起来，建立社会主义市场经济体制，这是我们党的一个伟大创举，是十多年来党进行理论探索得出的最重要的结论之一，也是社会主义认识史上一次历史性的飞跃。党的十四大之后，我国的改革开放和社会主义现代化建设各项事业均取得了辉煌的成就。我国的综合国力明显增强、生产力水平进一步提高、科技队伍不断壮大、科技水平进一步提高、人民生活水平显著提高。坚持以公有制为主体，稳步推进以建立现代企业制度为目标的国有企业改革。国家计划管理体制改革深入发展，改进现行计划指标体系转向以市场为基础。对外经济体制改革稳步推进，国际化进程加快，对外开放格局由沿海向内陆多层次、全方位纵深扩展。面对不断变化的国际局势，我国始终坚持独立自主的和平外交政策，经受住了国际风云变幻的考验，在国际对外经济交流中取得重大进展，国际地位进一步提高。

“党的十四大以来，全党和全国各族人民在以江泽民同志为核心的党中央领导下，坚持邓小平建设有中国特色社会主义理论和党在社会主义初级阶段的基本路线，贯彻‘抓住机遇、深化改革、扩大开放、促进发展、保持稳定’的基本方针，各条战线都取得了巨大的成就。社会主义市场经济体制的框架加速构建，国民经济持续、快速、健康发展，社会生产力、综合国力、人民生活水平都上了一个大的台阶。党的建设、廉政建设、民主法制建设和社会主义精神文明建设大大加强。文化、科技、教育事业都取得新的成绩。军队建设有了新的进展，国防更加巩固，外交工作成绩卓著，我国的国际地位日益提高。香港顺利回归，祖国统一大业迈出了历史性的一步。放眼神州大地，经济发展，政治稳定，民族团结，社会进步，到处呈现出欣欣向荣的景象。”[①]1997年，中国共产党在我国改革开放和社会主义现代化建设的重要时期召开了具有承前启

---

① 《承前启后 继往开来——热烈祝贺党的十五大开幕》，《人民日报》1997年9月12日。

后、继往开来，具有重大历史意义的党的十五大，大会系统、完整地提出并论述了党在社会主义初级阶段的基本纲领，第一次提出了社会主义的基本经济制度是以公有制为主体、多种所有制经济共同发展，进一步阐述了社会主义初级阶段理论，指出建设有中国特色社会主义的经济、政治和文化的基本目标、基本政策，有机统一不可分割。

（2）改革开放时期的劳模精神价值展现

炎黄子孙，中华儿女，认识世界创造文明，源远流长浩浩荡荡。我们历经苦难，也有过辉煌，站在世界历史的制高点，我们审视、沉思和鉴别，从20世纪70年代末开始，中国人民以一往无前的进取精神和创新实践，开启了改革开放的历史新篇章，谱写了中华民族自强不息、顽强奋进新的壮丽史诗。在亚细亚太阳升起的地方，我们唱着“春天的故事”，吹响了向工业化和现代化进军的号角，这是怎样的一幅历史画卷，何等威武和令人震撼！

新中国经历了从高度集中的计划经济体制到充满活力的社会主义市场经济体制，从农业社会到工业社会，从封闭半封闭到全方位开放，从传统到现代的伟大历史嬗变，时代场景发生了巨大变换，我们应当承认，社会主义市场经济体制克服了资本主义制度生产方式上的尖锐矛盾，但社会主义市场经济也是市场经济，因而必然存在经济利益的追求和竞争。商品生产和交换把每个人都融入到商品交换的社会关系之中，并受这种关系制约，这样就会有一些人把获取眼前的利益或者物质财富当作首要的、直接的目的，并通过充当获取经济利益的工具使自身物化、功利化，忽视乃至丧失人的精神追求，陷于片面发展甚至本质发生退化。同时，价值规则和竞争法则的作用，往往容易使社会物质与精神、经济与政治、灵与肉的二元格局发生新的变革，在一定程度上消解精神动力和政治作用，使人的现代化面临新的矛盾和挑战。市场经济就是道德经济，是一种有道德、有法制、有秩序、有诚信的经济体制，人们在这种经济体制下进行生产经营活动应该是有道德的、有秩序的活动，甚至可以说诚信是一切经济活动的前提，是市场经济体制运行的标志。而改革开放时期的劳模精神是与市场经济相适应，在社会主义市场经济体制下衍生出的时代精神。

马克思认为，道德是经济基础的反映，而不是脱离历史发展的抽象概念，改革开放后的劳模精神是市场经济的产物，反映的是社会主义市场经济基础的现代精神文明。社会主义市场经济体制的建立，不仅推动了经济和为社会打下了深厚的物质基础，同时，也增强了人们的自主意识、竞争意识、效率意识、民主意识和开拓意识，对转变人们的观念、提高全民族的素质起到了重要作用，有力地推动了社会主义道德建设。首先，市场经济是人类文明进步的结果，其本身具有道德的合理性，在尊重物质利益原则的同时，把国家利益、集体利益和个人利益统一起来，社会主义道德性质必然是社会主义经济关系与社会进步要求的集体主义精神的统一，市场经济是构筑劳模精神的现实基础，是构建与其经济基础相适应的道德体系的重要动力。其次，社会主义市场经济的运作具有道德的必然性和必要性。市场经济是利益驱动型经济，是主体多元型经济，很难避免商业投机行为。随着经济活动的日益复杂性和广泛性展开，越来越显示出道德对社会的深刻影响，个人既是道德的主体又是利益的主体，市场经济体制下的运行秩序需要大多数的社会成员在道德价值中予以实现。最后，市场经济与道德建设相互促进，共同生长。社会主义市场经济的存在和发展日益成为以为人民服务为核心、以集体主义为基本原则的新的社会主义价值体系赖以存在和发展的经济基础。弘扬这种社会主义的价值精神又成为保证社会主义市场经济健康有序发展的内在要求，社会主义市场经济的建立过程就是培育和构建与社会主义市场经济相适应的道德文化的过程。道德文化本身对人们精神和行为具有整合功能和促进功能，当社会上某些道德的价值原则和行为规范被广大群众所接受时，人们就会不约而同地产生价值认同感和行为趋同化，并且在精神上尊奉这种道德标准和文化，而劳模精神就属于道德文化的范畴，是伴随着社会主义市场经济而发展的具有现代性特点的意识形态，市场经济是典型的道德经济，而劳模精神就是支持其顺利发展的道德文化支撑点。马克思在《〈政治经济学批判〉序言》中明确指出："我们判断一个人不能以他对自己的看法为根据，同样，我们判断一个变革时代也不能以它的意识为根据；相反，这个意识必须从物质生活的矛盾中，从社会生产力和生产关系之间的现存冲突中去解释。"[①]劳动模范，是千万中国人的代表，用自己的实际行动、自己的精神，诠释了党和国家的方针政策，诠释了中华民族的不朽精神，劳模精神与时代

① 马克思、恩格斯：《马克思恩格斯文集》第2卷，人民出版社，2009，第592页。

合拍，与时代发展同频共振、同向同行。

进入社会主义现代化建设新时期，劳模评选活动发生了很大的调整和变化。党和国家自1980年开始，对劳模表彰大会的会议名称和召开时间予以规范和统一，劳模大会开始固定化，统一称为“全国劳动模范及全国先进工作者表彰大会”，每隔5年在五一国际劳动节前夕召开一次，自1978年至1998年，改革开放以来的20年间，我国共评选出1.4万余名全国劳动模范和先进工作者，其评选表彰的范围、规模也在不断扩大，逐渐由单一化向多元化发展，90年代中期开始向在对社会主义经济建设和科教文卫等领域作出卓越贡献的人群倾斜，“劳模评选标准更加具有时代特征。如在政治上坚持四项基本原则，在经济上是先进生产力的代表，在工作事业上有重大贡献，在职业活动中具有高尚的道德品质等；劳模来源范围更加广泛。随着人们对劳动认识的深化，劳动者的概念得到丰富、外延得到扩大，劳模的来源范围涵盖体力劳动、脑力劳动、物质生产、精神生产、社会建设、科研活动、管理实践等各个领域，遍及经济社会发展的各个方面；劳动构成更加复杂多样，工人阶级、农民阶级、新社会阶层的成员都成为劳模的来源；劳模的构成包括一线工人、农民工、高级技工、企业管理者、专家学者、公务员、民营企业家、私营业主、教育工作者、体育明星、在华外国人等多个社会群体，覆盖老中青各个年龄层次；劳模评选方式更加科学民主。劳模评选走群众路线，坚持公开、公平、公正原则，充分发扬民主，广泛听取意见，主动接受各方监督，充分保障和扩大了人民群众和社会各界对劳模评选的知情权、参与权、选择权和监督权，评选过程更加程序化、民主化、科学化，形成了基层单位群众推选、相关部门联合审查、主管工作机构审批、进行社会公示监督等各个环节有机统一的评选机制。”[①]通过劳模评选标准的转化，评选表彰的劳动者“五花八门”，都可以充分说明社会主义经济的多样化发展，展现着鲜明的时代特征。

20世纪80和90年代的劳动模范表彰，“为隆重庆祝中华人民共和国建国四十周年，肯定改革开放取得的成绩，进一步动员深化治理、深化改革目标，国务院决定在1989年国庆节前夕召开全国劳动模范和先进工作者表彰大会，

---

① 王永玺、张晓明:《简述中国劳模的历史发展》，《北京市工会干部学院学报》，2010（3）。

表彰全国各行各业、各条战线在改革和建设中做出突出贡献的先进个人”[①]。1989年9月28日全国劳动模范和全国先进工作者表彰大会在北京举行，国务院授予全国劳动模范和全国先进工作者称号2790人，这是自1959年举办的全国工业、交通运输、基本建设、财贸方面社会主义建设先进集体和先进生产者代表会议（全国群英会）之后时隔30年举办的群英盛会，意义非凡。1989年全国劳模大会要求“全国劳动模范和先进工作者必须是热爱祖国、坚持四项基本原则，拥护改革开放总方针，并具有下列条件之一者：（1）在企业发展生产，深化改革，改善经营管理，提高经济效益、社会效益方面做出重大贡献的；（2）在发展农业生产和农村经济方面做出重大贡献的；（3）在科研、教育、文化、卫生、体育等事业中做出重大贡献的；……在其他方面做出重大贡献的”[②]。本次劳模大会旨在激励全国各族人民坚决贯彻党中央的各项方针政策，把“四个坚持”和改革开放结合起来发展社会生产力的模范，为维护和促进社会安定团结做表率，推动社会精神文明发展做先锋。1994年，国务院发布通知，要求“评选表彰1989年以来的全国劳动模范和先进工作者，要面向基层，面向经济建设第一线。要评选坚持党的基本路线，一贯勤勤恳恳、任劳任怨、改革创新、事迹突出的先进人物”[③]。1995年4月29日在北京人民大会堂举行全国劳动模范和全国先进工作者表彰大会，党中央、国务院授予2873名同志为全国劳动模范和先进工作者称号。本次大会评选主要有三个特点，第一，重点考察政治表现，即必须坚持四项基本原则，拥护改革开放总方针，所以本次劳模中党员人数所占比例较大。第二，因为“发展生产，深化改革，改善经营管理，提高经济效益和社会效益”的“贡献”，企事业单位的负责人占有劳模表彰的一定比例。第三，评选范围非常广泛，一些个体私营者也被评为劳模。江泽民同志出席本次大会并发表重要讲话，在讲话中突出强调了当代知识分子的重要作用，此后，在被表彰的劳动模范中知识分子所占的比例提高。

---

① 《国务院关于召开全国劳动模范和先进工作者表彰大会的通知》，《中华人民共和国国务院公报》，1989（12）。

② 同①。

③ 《国务院关于召开全国劳动模范和先进工作者表彰大会的通知》，《中华人民共和国国务院公报》，1994（12）。

改革开放以后，劳动模范的形象由“老黄牛”式的淡泊名利、无私奉献，向“知识型、创新型、管理型”的专业性上转变。1988年，邓小平同志强调“科学技术是第一生产力”，使人们认识到劳动不仅仅需要的是体力，更需要用科学文化知识来指导劳动生产实践，一批具有学习精神、科学精神和创新精神的科技文化教育工作者走进了人们的视线，而且很快他们所创造的价值和成绩在推动改革和促进发展稳定中再立新功，“两弹元勋”邓稼先、数学家陈景润等，他们身上所体现的“两弹一星”“勇往直前”的精神是此阶段劳模精神的代名词，引领着广大劳动者自觉加强科学文化知识、勇攀科学技术高峰。90年代，随着中国经济的飞速发展，社会上涌现出一批具有“求真务实，拼搏进取”精神的劳动模范，“青山处处埋忠骨，一腔热血洒高原”的人民公仆孔繁森，“90年代活雷锋”的水电工徐虎，“心为乘客”的李素丽，等等，他们作为民族的精英、社会的中坚和人民的楷模，将时代精神与历史进步的追求与人民利益的追求融汇在一起，唱响了时代最强音。时代的发展和历史的变迁，一代代人印证了让人欣喜的经济社会发展进步的光辉历程，这段历程也正是我国劳动者地位不断提高，不断实现自我、超越自我的历史。劳模的范围不断得以丰富和充实，新一代劳模既有顽强拼搏的传统精神，又具有学习创新的时代精神，体现了从体力型工人向知识型工人的转变。社会主义精神文明犹如一支优美、庄严的和谐交响乐，在世界的东方奏响了和谐的优美旋律。伟大的民族精神已经深深地融入到我们的民族意识、民族品格和民族气质中，伟大的民族精神则是中华民族赖以生存和发展的强大精神支撑，劳动模范以实际行动回答了在任何历史时期，如何正确认识和处理自我与他人、个人与集体、索取与奉献、平凡与崇高的人生课题、时代命题，劳模精神在时代中接力传承，不管时代如何变迁，在社会主义建设、改革以及现代化建设新阶段，都需要我们深入学习劳模精神、大力弘扬工人阶级伟大品格，在全社会培育劳动光荣、知识崇高、人才宝贵、创造伟大的时代新风，让广大群众认识并践行劳动最光荣、劳动者最伟大的真理，使通过诚实劳动创造美好生活成为人们的共同精神追求。

（3）改革开放时期劳动模范事迹

离摘取“皇冠上的明珠”最近的人——陈景润，生前是中国科学院院士，著名数学家，1933年生于福建。1742年，德国数学家哥德巴赫在运算中发现了一个有规律的现象，并提出了富有规律性的猜想：每一个大于2的偶数都可

图 2-8　陈景润（照片来源：新华网）

以写成两个素数之和。两百多年来，这个猜想吸引了世界各国不少的数学家，但却始终无人能够证明出来，“哥德巴赫猜想”被誉为数学皇冠上的明珠。陈景润也向这颗皇冠上的明珠发起了冲击，他不顾重病缠身，每天点着煤油灯，趴在用砖头支撑的铺板上进行演算推导。1966年，一颗新星闪烁于全球数学界的上空，陈景润在《科学通报》上发表了《表达偶数为一个素数及一个不超过两个素数的乘积之和》（简称“1+2”），成为哥德巴赫猜想研究上的里程碑。1973年，他在《中国科学》发表了“1+2”详细证明，引起世界轰动，这一结果被公认是对哥德巴赫猜想研究的重大贡献，国际数学界称之为“陈氏定理”。令人难以置信的是，外国数学家在研究哥德巴赫猜想时，早已应用了大型高速计算机，而陈景润却完全靠纸和笔，却取得了比国外领先的成绩。对于陈景润的成就，国外著名的数学家敬佩和感慨地赞誉说：“他移动了群山！”1978年3月，全国科学大会开幕，陈景润受邀在大会上作报告，在报告中他说：“要向科学技术现代化进军，必须苦战。”邓小平同志曾说，陈景润这样的科学家，中国有一千个就了不得。陈景润的事迹在1978年以后被广为传颂，对形成尊重知识、尊重人才之风起到了重要作用，也让一大批青年学子深受鼓舞，坚定了科学报国的决心。1991年，在记者采访陈景润时曾问：“您人生的目的是什么？”他思考后认真地说：“是奉献，不是索取……攀登科学高峰，就像登山运动员攀登珠穆朗玛峰一样，要克服无数艰难险阻，懦夫和懒汉是不能享受到胜利的喜悦和幸福的。”1999年我国发行纪念陈景润邮票，同年，紫金山天文台将一颗行星命名为“陈景润星”，2009年荣获“100位新中国成立以来感动中国人物”。

人民的好公仆——孔繁森，山东聊城人。1966年9月加入中国共产党。1979—1989年，历时10年，两次赴西藏工作，先后任中共岗巴县委书记，拉萨市副市长，阿里地委书记兼阿里军分区党委第一书记、阿里地区政协主席。在援藏的日子里，孔繁森跑遍了全地区106个乡中的98个，行程8万多公里，勤政为民，政绩卓越，与藏族群众结下了深厚友谊。1994年11月29日，在新疆考察边贸工作途中因车祸不幸殉职。1994年9月国务院授予其“全国民族团结进步模范”称号，在孔繁森牺牲后，其被中央组织部追授“模范共产党员”“优秀领导干部”称号。无情的岁月像奔腾不息的江水，带走了青春和时光，但是它带不走一个名字——孔繁森，1979年孔繁森响应国家从内地抽调一些干部到西藏工作的号召，到最艰苦的岗巴就职，由于历史原因和自然环境的关系，当地经济发展比较落后，当地藏民群众生活仍然非常艰苦，在岗巴工作的3年，孔繁森跑遍了全县的乡村牧区，和群众一起收割、打场、挖泥塘，希望自己能带领他们改变贫困，走上幸福路，并在工作中与当地群众建立了深厚友谊。1988年，山东省委在选拔进藏干部时，认为孔繁森政治上成熟，且有之前入藏的工作经验，着意让他带队再赴藏工作，组织征求他意见时，他丝毫没有犹豫，说：“西藏的建设需要我去，藏族同胞的幸福需要我去，作为人民公仆就该到人民最需要的地方去。”告别年近九旬的母亲、动过几次大手术身体不好的妻子和三个需要父爱和教导的孩子，带着对家人的愧疚之情，再次踏上了赴藏之路。孔繁森第二次来到西藏担任拉萨市副市长，到任仅4个月时间，就跑遍了全市8个县区了解情况，为发展少数民族教育事业奔走，帮助群众解决饮水等实际民生问题，每次下乡都自掏腰包为当地农牧民买药，在原本不富裕的情况下领养了三个藏族孤儿，为了让孩子们吃好穿好，曾3次化名献血900毫升，来换取生活费用……1994年11月29日，孔繁森在去新疆塔城考察的路上，发生车祸，不幸殉职。当地藏民得知孔繁森遇难殉职的噩耗后，许多人泣不成声，哭声震天，数不清的哈达堆在他的灵前，“波拉（爷爷）不要走，我们不能没有你，我们舍不得你啊……”三个被收养的藏族孤儿，捧着他的遗像哭干了眼泪。好公仆孔繁森把自己的身躯和灵魂留在了西藏这片壮丽、神奇的土地上，他的善良、博大、仁爱的精神经受住了岁月的摧残、磨砺，被人们传承了下来。

> 一个人爱的最高境界是爱别人，一个共产党员爱的最高境界是爱人民。人民政府的干部，要为人民办事，不想着人民，不为人民服务，就不要到人民政府来工作。我要用实际行动证明党的干部是真正为人民服务的，我要给西藏人民留下一个深深的脚印。
>
> ——孔繁森

辛苦我一人，方便千万家——徐虎，中共党员，连续5届被评为全国劳动模范，入选“100位新中国成立以来感动中国人物”和“时代领跑者——新中国成立以来最具影响的劳动模范”。上海中山北路房管所水电工徐虎坚持13年每天晚上7点，义务为小区居民应急修理水电故障，居民称他为“19点钟的太阳”。作为上海普陀区中山北路房管所的水电修理工，徐虎发现居民下班以后正是用水用电高峰，也是故障高发时间，而水电修理工也已下班休息这一问题，于1985年在他管辖的地区率先挂出三只醒目的“水电急修特约报修箱”，每天晚上19时准时开箱，并立即投入修理。10多年来，不管刮风下雨、冰冻严寒，还是烈日炎炎或节假日，他从未失信过他的用户，总会准时背上工具包，骑上他的那辆旧自行车，直奔这三个报修箱，然后按着报修单上的地址，走了一家又一家。打从挂箱服务的那天起，在徐虎的心里就没有了“星期日”和“节假日”，只留下“为民服务” 4个字，10年来累计开箱服务3000多天，共花费7400多个小时，为居民解决夜间水电急修项目2100多个，徐虎用“辛苦我一人，方便千万家”的精神，十年如一日义务为居民服务，在平凡的工作中做出不平凡的成绩，长期积极主动地为居民排忧解难，谱写了一曲新时代的雷锋之歌。

我只是一个普通人，在为群众服务的平凡岗位上做了点平凡的事，我的确放弃了一些物质上的东西，但我的精神世界无比丰富。

——徐虎

历史在奋斗中发展进步，精神在传承中熠熠生辉。改革开放以来，与经济快速增长相伴而生的，是我国社会的各种矛盾、利益冲突等，贫富差距过大、社会就业压力过大、环境污染等现象，在这种背景下，我们更需要的是思想的开放和观念上的开放，劳模精神给我们带来了重建精神家园的信心和力量。历史赋予时代以新的色彩，我们处于改革开放非常时期的当下，更需要呼唤劳模精神，广大劳动模范用崇高理想凝心聚力始终保持信念坚定、立场鲜明的政治本色，用先进事迹感召人们立足本职岗位、争创一流业绩，用高尚情操陶冶群众不断发扬胸怀大局、纪律严明的光荣传统，用进取意识引领大家在坚持中国道路、弘扬中国精神、凝聚中国力量上发挥模范带头作用。物质可以转变为精神，精神也可以转化为物质，从革命时代就产生的劳模精神，无不向我们说明一个永恒的真理：一个时代需要一种精神，一个民族需要一种精神！

4. 劳模精神创新期

（1）劳模精神创新期的经济发展背景

人民创造历史，劳动开创未来，劳动是推动人类社会进步的根本力量。改革开放以后，中国经济快速增长，我国迎来新的时代，久经磨难的中华民族之所以能够迎来从站起来、富起来到强起来的伟大飞跃，迎来实现中华民族伟大复兴的光明前景，就是因为全国人民苦干实干的脚步从未停歇。21世纪的世界正处于一个新的历史时期。对于中国的社会主义市场经济和现代化来说，都是一个重大的历史转折时期，中国特色社会主义进入新时代，由高速增长向高质量发展阶段转变成为新时代经济发展的基本特征。站在新时代的历史坐标上，满足人民日益增长的高质量生活需求，开启全面建设社会主义现代化国家新征程，离不开经济社会持续健康发展。

改革开放40余年来，中国经济无论规模还是数量都已经获得了举世公认的成绩，但是也仍然存在这样那样的问题与不足。其中一个重要的问题就是经济发展过于粗放，质量、效益不尽如人意。一直以来我国提倡经济要从粗放型发展向集约型发展方式转型，但迄今为止成效并不显著，实现集约型发展方式始终是重要的努力方向。创新是引领发展的第一动力，是建设现代化经济体系的战略支撑，正如《“十三五”国家战略性新兴产业发展规划》所指出，要以科技创新为源头，加快打造战略性新兴产业发展策源地，提升产业集群持续发展能力和国际竞争力。深化科技体制改革，建立以企业为主体、市场为导向、产学研深度融合的技术创新体系。习近平同志指出，要积极开展重大科技项目研发合作，支持企业同高等院校、科研院所共建一批产学研创新实体，共同打造创新发展战略高地。培养造就一大批具有国际水平的战略科技人才、科技领军人才、青年科技人才和高水平创新团队。强大的人才队伍是我国建设创新型国家最为重要的资源，无论是从新时代的经济特征，还是从新时代的发展方向来说，创新型国家的确立应该是我国成为经济强国必不可少的要素。经过改革开放40余年的发展，我国沿海地区整体发展状况已经差不多接近发达国家水平，但中西部地区仍存在明显差距。这种差距是经济发展中不成熟的一面，但从另一个角度看又是未来推动经济继续发展的动力。未来需要通过协调发展促使区域经济发展水平差距逐渐缩小，使之成为推动经济发展的又一个动力来源。发展中国特色社会主义市场经济，既要发挥市场在资源配置中的决定作用，也要发挥政府在宏观管理等方面的积极作用。对于如何建立政府、市场之间的效率边界，习近平总书记给出了方法论的指导，“看不见的手”和“看得见的手”都要用好，市场作用和政府作用有机统一，同时，新时代更需要爱岗敬业、勤勤恳恳耕耘、为社会提供高质量的消费品以及其他的各种产品的劳动模范和弘扬劳模精神、工匠精神。

（2）新时期劳模精神的时代价值

当历史的脚步迈进21世纪的时候，抚今追昔，我们不会忘记，在建设新中国的岁月里，在改革开放和社会主义现代化建设的进程中，那些为了国家、民族和人民的崇高利益，默默无闻，埋头苦干，艰苦创业，无私奉献的劳模，在他们身上集中体现了中华民族的传统美德和优秀品质，集中体现了中国工人阶级的精神风貌。他们如群星般灿烂，充分彰显了中华民族的民族志气和当代文明，真正称得上是民族的精英、国家的脊梁、社会的中坚和人民的楷模。在这些劳模当中，有妇孺皆知的孟泰和他那种艰苦奋斗、勤俭节约的“孟泰精神”，为那个时代的中国工人阶级和中国人民树立了榜样；有“宁可一人脏，也要换来万家净”的掏粪工人时传祥；有享有“铁人”称号的王进喜和他的1205钻井队，正是有了“铁人”和他们那一代石油工人，才一举改变了我国石油工业落后的局面，“铁人精神”鼓舞和激励了整整一代人；有胸中揣着“一团火”的特级售货员张秉贵；有“两弹一星”的元勋邓稼先；有“杂交水稻之父”的袁隆平；有为国争光的“海尔人”张瑞敏；有爱岗敬业的好职工王涛。一滴水可以折射出太阳的光辉，一个劳模可以辉映出劳动者群体的风采。正是他们用高尚的品德和崇高的精神，影响和带动广大群众共同撑起了共和国雄伟的大厦，用汗水和鲜血谱写出了人生与事业的壮丽诗篇。劳模精神的演进和发展过程，凝重而浪漫地体现着一个民族的时代思想和情愫，劳动模范是时代的领跑者，劳模精神引领着时代价值。劳动模范和先进人物具有的先进思想和优秀品质，不是从天上掉下来的，而是社会和时代的产物。他们顺应了社会和时代发展的要求，树立起远大的理想和坚韧不拔的奋斗精神，用科学理论、先进的思想道德和现代科学文化知识丰富武装自己，积极贯彻执行党和国家的路线方针政策，识大体顾大局、正确对待改革中利益关系的调整，在生产和工作中发挥自己的智慧和创造力，维护民族团结、国家安全和社会稳定，为改革和社会主义建设作出了突出贡献。

跨入新世纪，面对经济全球化趋势增强，科技革命迅猛发展，产业结构调整步伐加快，国际竞争进入新世纪以后，随着社会主义精神文明建设的发展、深入，人们对劳动模范亦有了更为明确的标准。在新时代社会发展中，劳动模范对自己的要求更加严格，他们都具有优秀的职业道德和爱岗敬业精神，并在自己的本职岗位上作出了重大贡献；他们具有一般人不能及的实干精神，诚实无私、踏实肯干，人格品格高尚、完美；他们在自己的行业、领域、部门中产生重大影响，能够成为“一群人”或“一代人”学习的榜样；在他们身上体现出一种强烈的开拓创新和锐意进取精神；他们具有强烈的爱国意识和高度的主人翁责任感；他们不求私欲名利，只求付出和奉献。法国著名社会学家塔尔德说：“社会就是模仿。”正是在劳动模范带动下，年复一年，14亿中国人民勤勤恳恳地工作、踏踏实实地付出、孜孜不倦地追求。千千万万普通人的无悔付出像涓涓细流汇入江海，共同托举起这个大有希望的新时代，为中国发展的航船提供了源源不竭的前进动力，推动着我国不断朝着实现“两个一百年”奋斗目标和中华民族伟大复兴的中国梦加速迈进。

因为劳动创造，我们拥有了历史的辉煌；因为劳动创造，我们拥有了今天的成就。“在21世纪，无论是高度发达的国家，还是中等发达国家，抑或发展中国家，工人阶级都是社会成员结构中不可缺少、不可忽略的一部分，因而对之予以关注，绝非可有可无。”[①]解决我国社会主要矛盾需要劳模精神，弘扬劳模精神就是培育社会主义核心价值观，劳模精神是新时代坚持和发展中国特色社会主义的精神力量。择一事，钟一生，是劳模身上最鲜明的烙印，是他们的“匠心”之魂，也是“工匠精神”最为动人之处。如果说传统意义上的劳模是对敬业奉献、吃苦耐劳的肯定与褒奖，用榜样的力量引领发展，激励人心，那么新时期的劳模则在“匠心”的经典价值守望中赋予了新的内蕴，既守之以恒，又返本开新，把“匠心”融入精细，注入创新，用“工匠精神”竖起时代的标杆。这些择一事就钟一生的劳模恰是把自己的事业作为信仰坚守，作为信

① 田鹏颖：《时代的精神现象》，辽宁人民出版社，2012，第20页。

仰锻造，在“初心”与“匠心”的一体淬炼中脱颖而出，实现了自我价值，并散发出巨大的精神感召力和行动示范力。劳模精神折射出一个时代的人文精神，反映出一个民族在某一个时代的人生价值和思维道德取向。它简洁而深刻地展示着一个时代的人之精神的演进与发展，它凝重而浪漫地体现着一个民族的时代的思想与情愫。社会在不断发展、时代在不断变化，穿越时代变迁，每一个时期的劳模都具有不同的内容和特点，但他们又有共同点，那就是主人翁责任感和艰苦创业精神，忘我的劳动热情和无私奉献精神，良好的职业道德和爱岗敬业精神，始终不变的是劳模精神的价值精神，始终不变的是代表中国工人阶级的先进思想和精神风貌的优秀品质，始终不变的是劳模精神的精神本质。劳模精神伴随着社会的发展，推动着社会的进步，劳模精神始终与中国特色社会主义发展方向保持一致。劳模精神当代品格的核心要素是工匠精神，党的十九大报告中提出“建设知识型、技能型、创新型劳动者大军，弘扬劳模精神和工匠精神，营造劳动光荣的社会风尚和精益求精的敬业风气”，从本质上讲，工匠精神是一种基于技能导向的职业精神，它源于劳动者对劳动对象品质的极致追求，它具有精益求精、专注执着、严谨慎独、创新创造、爱岗敬业以及情感浸透、自我融入的基本内涵，既表现了极致之美的品质追求，又体现了敬业之美的精神原色，更展现了创造之美的价值升华。新时代的“工匠精神”的基本内涵，主要包括爱岗敬业的职业精神、精益求精的品质精神、协作共进的团队精神、追求卓越的创新精神这四个方面的内容。其中，爱岗敬业的职业精神是根本，精益求精的品质精神是核心，协作共进的团队精神是要义，追求卓越的创新精神是灵魂。工匠精神是劳模精神的重要构成要素，也是劳模精神当代品格的核心体现。工匠精神充分凸显了新时代劳模爱岗敬业、精益求精、追求卓越的精神品质和价值导向，可以说，工匠精神是对劳模精神的重要深化和丰富发展。

在酷暑难耐的车间里，他们勤于劳作，浇铸出创新之花；在万家灯火时，他们披星戴月，剪刀翻飞中打造完美发型；在科研领域中，他们刻苦钻研，笔耕不辍，成果丰硕；在体育竞技场上，他们尽显大将风度，指挥若定，运筹帷幄……他们是一线工人，是理发师，是农民，是科技工作者，是人民教师……他们有着不一样的面孔，从事着不一样的工作，但是有着共同的名字——劳模。新时代下劳模精神的内涵在不断丰富，从“铁人精神”到“振超效率”，从“埋头苦干”到“创新劳动”，60多年来，劳模正在从传统意义上的“出大力，流大汗”“苦干加实干”，向“知识型、技术型、创新型”，并能为国家、民族创造社会效益、经济效益方向转变。这样的变化是与新中国初期从农业社会、封闭自足的社会，向工业化、现代化，并逐步向世界开放的转变过程相适应的。如此看来，劳模精神其内涵上也包含着“先进性、时代性、民族性、思想道德性、学习教育性”等特性。

劳动教育是潜移默化的过程，要想在青少年的心中深植“劳动光荣”的理念，不只是书本上，还要有一系列的主题活动去引导，参与活动的过程也就是观念形成的过程。要想在大众尤其孩子们的心中深植“劳动光荣”的理念，不只在书本上，还要在对劳模和劳模精神的宣传上下功夫，广大青少年参与活动的过程就是理想信念形成的过程。“可能这辈子你都不会遇到一个清掏工，但是几年后的某个晚上，当你疲于学习时想到有个邻家大叔坚持一项工作30年，在他的精神鼓舞下你又翻开课本奋笔疾书，我就知足了。”全国五一劳动奖章获得者、沈阳市玉禾田环境有限公司清掏工苏广林说。每次宣讲，他都会装着瓶子、广告卡、塑料盒等“异物”的袋子，现场演示自己是如何制造工具将这些异物从便坑管道中取出。他在用行动告诉我们不只是“苦脏累”，还有坚守岗位、坚持创新带给个人的成就感。正如习近平总书记在表彰大会讲话中说的那样：“表彰全国劳动模范和先进工作者，目的是弘扬劳模精神，弘扬劳动精神，弘扬我国工人阶级和广大劳动群众的伟大品格。全面建成小康社会，进而建成富强、民主、文明、和谐的社会主义现代化国家，根本上靠劳动、靠劳动者创造。因此，无论时代条件如何变化，我们始终都要崇尚劳动、尊重劳动者，始终重视发挥工人阶级和广大劳动群众的主力军作用。”①

（3）新时期劳动模范事迹

当代雷锋——郭明义，男，汉族，1958年12月生于辽宁鞍山，中共党员，1982年从部队复员后，到鞍钢集团矿业公司齐大山铁矿工作，先后担任矿用大型生产汽车驾驶员、车间统计员兼人事员、齐大山铁矿生产技术室采

① 《习近平在庆祝“五一”国际劳动节暨表彰全国劳动模范和先进工作者大会上的讲话》，《人民日报》2015年4月29日。

场公路管理员等职，现任中国共产党第十九届中央委员会候补委员，鞍钢集团矿业公司齐大山铁矿生产技术室采场公路管理业务主管，中华全国总工会副主席（兼职）。多次获得鞍钢先进生产者、优秀共产党员，鞍山市道德模范、特等劳动模范，辽宁省五一劳动奖章，中央企业优秀共产党员、全国五一劳动奖章等。

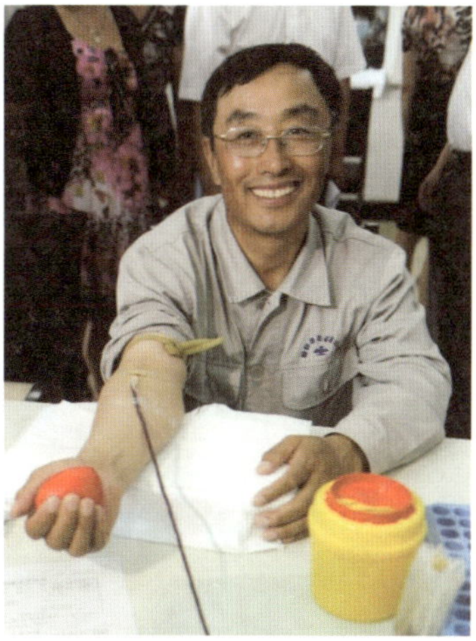

图 2-9　无偿献血的郭明义
（图片来源：新华网）

1996年以来，作为采场公路管理员的他坚持每天和一线职工奋战在一起，抢最累最脏最危险的活儿干，每天提前2个小时，早上5点到岗，双休日、节假日从不休息，16年里多干出了5年的工作量。他制定出的养路技术标准、考核办法等均在国内领先，齐大山铁矿连年名列全国冶金矿山企业电铲、生产汽车效率第一名。1990年开始，他坚持20余年无偿献血55次，累计献血量达6万多毫升，相当于自身总血量十几倍。在他身上，能够看到最无私的奉献精神和最宽广的胸怀以及对人民无限的爱。1994年，电视机里播放着贫困儿童的处境，郭明义看到后内心被一双双期盼和渴望的眼神所刺痛，他立志要为贫困山区的孩子们做点事。短短一个月内他向贫困山区先后寄去了400元钱，而当时他的月收入不足600元。16年来，他累计捐款7万多元，让100多名贫困儿童重新走进了课堂。不仅如此，郭明义还是工友们的贴心人，他所在采矿作业区的一个班组30名工友中有23人受过他的直接资助。给别人捐款，他从未有过丝毫犹豫。而对自己，哪怕花一分钱也要再三掂量。

郭明义始终把雷锋作为自己学习的榜样，他曾经讲过："做雷锋传人，就要立足本职、奉献岗位，在爱一行、钻一行、精一行中收获幸福。在鞍钢，当汽车司机，我创造了单车年产量最高纪录；任车间团支部书记，我所在的支部是红旗团支部；当宣传干事，我写的党课教案荣获一等奖；在车间当统计，我第一个获得资质证书；做英文翻译，我赢得了外方专家赞扬。调任矿山公路管理员后，我每天提前两个小时到现场，双休日、节假日从不休息，累计加班15000小时，相当于多干5年的工作。有人说我是'越干越基层、越干越辛苦’，但是我没有感觉到苦，而是越干越起劲，在适合自己的岗位上做一些力所能及的事情，我觉得非常快乐。这些年，我积极投入希望工程、无偿献血、捐献造血干细胞、捐献遗体器官等活动。有人问我，你自己并不富裕，为什么还要去帮助别人？我确实不富裕，但一点帮助能够让病人及时得到救治，让贫困家庭以解燃眉之急，让失学儿童露出幸福微笑，这都是我能够做到的，我为什么不做呢？我为什么不多做一点儿呢？”2011年2月14日晚，“感动中国”十大人物揭晓，排在第四位的是——时代先锋，雷锋传人郭明义。推选委员王振耀说，长期奉献不计报酬，于普通岗位拓展慈善，的确是当代雷锋。推选委员阎肃说：谁言雷锋去？请看郭明义。盈怀热心肠，满腔浩然气！“感动中国”组委会授予郭明义的颁奖辞：他总是看别人还需要什么；他总问自己还能多做些什么。他舍出的每一枚硬币、每一滴血都滚烫火热。他越平凡，越发不凡；越简单，越彰显简单的伟大。2010年8月1日，胡锦涛总书记对郭明义同志的先进事迹作出重要批示：“郭明义同志是助人为乐的道德模范，是新时期学习实践雷锋精神的优秀代表。要大力宣传和弘扬郭明义同志的先进事迹和崇高品德，为构建社会主义和谐社会提供强大精神力量。”郭明义精神正是21世纪的雷锋和雷锋精神的“再版”，郭明义精神所折射的共同理想、民族精神、时代精神恰恰是现实生产和生活中维系当下社会精诚团结的精神纽带，推动社会全面发展的精神动力。

中国民航英雄机长——刘传健，男，汉族，重庆市人，中共党员，1972年11月出生，1995年11月入伍。飞行28年来，把安全飞行规章标准踏踏实实地落实到每一个航班飞行的全过程。部队出身的资深飞行教员，让刘传健的言行举止中散发着军人那种严谨、刚毅、沉稳的特殊气质。飞行教员的经历也使刘传健拥有扎实的专业理论、精湛的飞行技术。“如果不是因为‘5·14’这个事件我还是和我们很多普普通通的机长一样，每天飞着航班从一个地方飞向另外一个地方。”川航3U8633航班机长刘传健这样说到。2018年5月14日，川航3U8633重庆至拉萨航班执行航班任务时，在万米高空突然发生驾驶舱风挡玻璃爆裂脱落、座舱释压、多数仪表瞬间失灵的紧急状况，9800米高空、800公里时速、强风、低温、失压、缺氧，整架飞机急速下坠……3U8633上的一名乘客事后回忆道：“飞机飞到一片雪山上时，突然传来一阵巨响，所有灯都暗了下来，氧气面罩掉了下来，警报器响了起来，推着餐车的空乘人员飞了起来……”生死关头，刘传健果断应对，在十几秒的时间内无一失误地完成36个完整动作；与机组、乘务组有序配合，34分钟忍受极端低温、缺氧、强风条件，全手动操纵飞机飞越高原高山地形，惊心动魄却平安着陆，和全体机组完成了这个史诗级备降，确保了飞机上128名机组人员和乘客的生命安全，避免了一场事故的发生。专业人士纷纷评价：这次的情况在全球都属极其罕见，这是一次“世界级”“史诗级”的备降。这一“民航史奇迹”事件也牵动着亿万民众的心，感动了无数人，鼓舞了无数人。有网友评论：“128个人的生死全维系在他一身，他让全世界都知道了中国人有多了不起！”刘传健因此被称为中国版的萨利机长，荣获“全国五一劳动奖章”、感动中国十大人物、最美退役军人、中国民航英雄机长称号，中国民航局和四川省政府授予川航3U8633航班机组“中国民航英雄机组”。2018年9月30日，习近平总书记专门邀请刘传健等“中国民航英雄机组”全体成员参加庆祝中华人民共和国成立69周年招待会，并在人民大会堂亲切会见他们，评价他们说：“生死关头，你们临危不乱、果断应对、正确处置，确保了机上119名旅客生命安全。危难时方显英雄本色。你们化险为夷的英雄壮举感动了无数人。得知你们的英雄事迹，我很感动，为你们感到骄傲。授予你们‘英雄机组’、‘英雄机长’的光荣称号，是当之无愧的。”“你们不愧为民航职工队伍的优秀代表。我们要在全社会提倡学习英雄机组的英雄事迹，更要提倡学习英雄机组忠诚担当、忠于职守的政治品格和职业操守。”

2018年的“感动中国”颁奖典礼现场，当主持人再次谈及那次飞行任

图2-10 “感动中国”人物刘传健（图片来源：搜狐网）

务，刘传健并没有过多地描述他当时的壮举，而是向观众讲述当时同行机组人员的故事，“他们在关键时刻让旅客放心，在有的旅客没有系好安全带和戴氧气面罩的情况下，帮助他们系上，其中有一个乘务员在帮助旅客系安全带后，自己没有安全带可以系，就叫旅客从后面抱住她，飞机落地后，她发现后背是冰凉冰凉的，才发现是旅客流的眼泪把她的衣服打湿了。”正如颁奖辞说的一样：仪表失灵，你越发清醒；乘客的心悬得越高，你肩上的责任越重。在万米高空的险情中如此从容。别问这是怎么做到的，每一个传奇背后，都隐藏着坚守和执着。平凡孕育伟大，伟大出自平凡。尽心竭力干好本职工作，真正做到干一行，爱一行，钻一行，精一行，就是英雄，人生也能随时赢来出彩的机会。诚如刘传健感慨：英雄不是瞬间爆发出来的，是在平凡岗位上、点点滴滴形成的。只要履行了自己的职责和担当，把自己的工作干好、做精，就是英雄。

第三章 03

劳模精神，书写“中国高度”

劳动模范是劳动群众的杰出代表，是最美的劳动者。劳动模范身上体现的“爱岗敬业、争创一流，艰苦奋斗、勇于创新，淡泊名利、甘于奉献”的劳模精神，是伟大时代精神的生动体现。我们要在全社会大力宣传劳动模范的先进事迹，号召全社会向他们学习、向他们致敬。要为劳动模范更好施展才华、展现精神品格提供全方位支持，使他们的劳动技能、创新方法、管理经验能广泛传播，充分发挥示范带动作用。

——2016年4月26日，《习近平总书记在知识分子、劳动模范、青年代表座谈会上的讲话》

劳动，作为人类活动的一种基本方式，是迄今为止维系人类生存的最重要的基础之一。劳动是马克思主义用以分析人类历史发展的核心范畴之一，从人类的历史发展来看，劳动的意义，不仅仅使人类获得了区别于一般动物的特质，也彻底改变了人类自身的进步历程。人类经过世世代代的劳作和辛勤耕耘，改变了落后的生存环境，提高了物质和生产水平，也促进了文明的发展与进步，具有深厚的哲学内涵与时代价值。今天我们强调劳动教育，是对劳动教育本质认识的回归，劳动的意义和价值不只是洗衣、做饭、打扫卫生，更是务实、做事、操作、实践，贵在让人用身体丈量物理和心灵的世界。我们在劳动过程中，一方面通过行为方式与思维方式的变换来形成信息，通过价值判断与价值评价来选择信息，并通过经验和能力等方式来贮存和传播信息。我们通过劳动改变自己，改善生活，改造世界。劳动是成功的必由之路、创造价值的源泉，美好的人生要靠劳动创造，从而奠定人生健康成长的基石。现实生活中，由于社会的分工不同，人的才能各异，劳动被区分成体力劳动与脑力劳动、简单劳动与复杂劳动、个人劳动与社会劳动等。由于受尊重的程度、层次不同，又有金领、白领、农民工之说。但就劳动而言，则不分贵贱，只讲付出。对劳动者，不管他们是什么身份，不管他们从事的是何种劳动，只要他们对社会主义现代化建设事业作出了重要贡献，所有的劳动一样光荣。不同的劳动有着不同的收益，不同的人群有着不同的需要，不同的追求有着不同的劳动，不同的职业有着不同的奉献。无论是有价劳动还是无价劳动，都是可贵的和值得珍惜的。劳动使我们的生活丰富多彩，锻炼和造就了我们人类，人的伟大之处就在于会劳动、能劳动和爱劳动。没有劳动的人生是毫无意义的，能体现劳动的生活是充满幸福的。

一、劳模精神的理论渊源

马克思说：“任何一个民族，如果停止劳动，不用说一年，就是几个星期，也要灭亡，这是每一个小孩都知道的。”[①]劳动是人之为人的根本活动，其本质上是人的创造性和解放性的活动，人只有在劳动中才能进行创造性活动，在人之外不可能有任何自然力量或超自然的力量能够进行创造性活动。劳动概念的产生不是偶然的，是来源于人们所生活的时代，形成于人与人、人与自然和人与社会的关系之中，“所有这些体系都是以本国过去的整个发展为基础的，是以阶段关系的历史形成及其政治的、道德的、哲学的以及其他的后果为基础的。”[②]由此可见，社会发展的背景对理论的产生具有深刻的影响。

（一）马克思关于劳动的思想

任何理论的生命都有其社会历史的现实基础，马克思的劳动思想也是如此。劳动是人类生存的必要活动，也是人类生活中最为常见的现象。然而在几千年的人类思想史中，劳动问题始终处于晦暗不明的阴影当中，或被蔑视，或被诅咒，也或者被视若无睹。直到近代，劳动才成为一个重大的理论问题出现在思想界的舞台中心。在14世纪后期，资本主义的生产关系已经在西欧封建社会内部开始孕育成长，从16世纪开始迅速发展。随着英法等国资本原始积累的加快，美洲大陆的发现，绕行非洲新航路的开辟，为新兴的资产阶级打开了广阔的天地；世界市场的扩大使商业、航海业和工业得到了巨大的发展，工场手工业代替了已经无法满足社会发展的封建行会经营方式，所有这一切都有力地促进社会生产力迅猛发展。资本主义生产关系开始加速取代封建社会的生

① 马克思、恩格斯：《马克思恩格斯选集》第4卷，人民出版社，2012，第368页。
② 马克思、恩格斯：《马克思恩格斯全集》第3卷，人民出版社，1965，第544页。

产关系。自18世纪60年代开始，一场以机器大工业取代工场手工业的工业革命首先在英国开始了，随后完全代替工场手工业在生产中占据了主导地位；随着工业革命的完成，资本主义生产方式最终确立起来。与此相应，人类社会历史也开始由地域性的历史转向世界历史。以往那种各个民族、国家闭关自守、自给自足的状态，逐渐被全面的相互交往、相互依赖、相互制约、相互渗透所代替。通过原始积累逐渐崛起的资产阶级，与封建统治阶级的矛盾日益尖锐，相继发生的资产阶级革命推翻了封建主义的统治，建立了资产阶级政权。标志着人类社会进入了资本主义的历史时期。马克思的劳动思想是19世纪时代的产物，马克思站在劳动人民的立场之上，以西方优秀的传统精神文化为养分，在批判性继承前人有关劳动思想的基础之上，以现实的劳动关系为对象，为实现人类自由、平等和解放进行科学探索。劳动使人从动物界解放而成为真正的人，是人的需求及其满足成为人而非以自然方式满足的需求，从而使人从自然神秘力量的束缚下解放。马克思毕生致力于研究和实现人类自身的解放，人的解放是马克思一切思想理论存在的价值目标，解放的内容和途径是人的劳动解放。

在《1844年经济学哲学手稿》中，马克思指出，动物就是自己的生命活动，人则使自己的生命活动本身变成自己意志的和自己意识的对象。在早期社会，由于技术和生产资料的局限性，人类自身的发展受制于自然界。随着人类利用和改造自然界的能力、生产力水平不断提升，加之私有制的出现，人类对自然界的掠夺程度不断加深，几近疯狂。马克思的异化劳动思想就是从人的本质出发，是关于人的解放、人的自由发展的理论，倡导人能够在社会中从事不同的工作、适应不同的关系，但是资本主义社会中人越来越孤立、冷漠，工人在每天的工作中失去了自己，沦为了机器的附属品，同自己的劳动产品相异化，也就是说劳动产品成了不依赖于劳动者的独立力量，工人们生产得越多，反而占有的产品越少，自己就越贫困，杯子是工人生产的，桌子是工人做的，但是劳动者生产出来的东西自己不仅享受不到，反而受制于这些东西，“劳动为富人生产了奇迹般的东西，但是为工人自己生产了赤贫。劳动生产了宫殿，但是给工人生产了棚舍。劳动生产了美，但是使工人变成畸形。劳动用机器代替了手工劳动，但是使一部分工人回到野蛮的劳动，并使另一部分工人变成机器。劳动生产了智慧，但是给工人生产了愚钝和痴呆”[①]工人同自己的劳动产品相异化，在现实社会中表现为，“金钱万能论”“有钱能使磨推鬼”，等等，商品是人创造出来供人使用的，货币也是人创造出来为人服务的，现在结果却颠倒过来了；工人同自己的劳动活动相异化，在资本主义社会，对工人来说，劳动是外在的东西，劳动于他们而言不是发自内心的自愿劳动而是迫不得已的强制性劳动，这种劳动不是出自本能的需要，因此工人自己在劳动中“不是肯定自己，而是否定自己，不是感到幸福，而是感到不幸，不是自由地发挥自己的体力和智力，而是使自己的肉体受折磨、精神受摧残。因此，工人只有在劳动之外才感到自在，而在劳动中则感到不自在，他在不劳动时觉得舒畅，而在劳动时觉得不舒畅。因此，他的劳动不是自愿的劳动，而是被强迫的强制劳动。”[②]在资本主义社会体系的劳动，不是在自我实现，而是自我牺牲，所以对于工人来说，逃避劳动成为了一种基于自然必然性的选择，以至于只要肉体的强制或其他的强制一旦停止，工人们就像逃避瘟疫那样逃避劳动。

试想，当我们从事一种能够实现自我价值，能够展现和体现自己能力和才能的劳动时，我们一定是乐在其中且乐此不疲的，一定是非常享受这份“劳动”的，也一定是乐于为此投入时间和精力的，相反，如果从事着一种被压迫被强制的劳动时，我们在劳动过程中一定是痛苦的、是悲惨的、是时刻想逃离这种劳动的，身体和精神遭受着双重的摧残；人同人相异化，异化劳动造成了劳动者占有劳动者的产品，造成人与人之间的对立矛盾，人丧失了自己社会性本质。大家试想一下，我辛苦劳动得来的产品最终不属于我，而是属于另外一个有别于我的人，或者说属于另外一个阶级，因为在资本主义制度下，一无所有的工人阶级只有出卖自己的劳动力（把自己的劳动力作为商品）给资本家才能获得维持自己生存的工资，事实上，所谓的人和人相异化，指的是资本主义社会真实的经济关系必然归结为剥削者和被剥削者之间的关系，工人通过异化劳动生产出了一个对劳动生疏的、站在劳动之外的人对这个劳动的关系，而这个人就是资本家，因此当工人同自身相对立时，他必然同资本家相对立，“对工人来说，劳动的外在性表现在：这种劳动不是他自己的，而是别人的；劳动

① 马克思：《1844年经济学哲学手稿》，人民出版社，2000，第53-54页。
② 马克思：《1844年经济学哲学手稿》，人民出版社，2000，第54-55页。

不属于他；他在劳动中也不属于他自己，而是属于别人”。[①]历史的吊诡之处就在于，资本主义社会本身正是在这样一种劳资对立形式中向前发展，马克思和资产阶级经济学家不同，他明确认识到在生产中人和物的关系实质上反映的是人和人的社会经济关系、被物的关系掩盖着的人和人的经济关系才是客观的、现实存在的资本主义关系，马克思将劳动看成自成目的的活动，看成人的本质或人的根本性存在方式。如此一来，劳动就不再仅仅具有对抗自然的消极性手段意义，而变成了人实现自我肯定、自我产生和自我创造的积极的、肯定的环节，人的生命的本质就在于它的生命活动所特有的生产性和创造性，这个过程作为人的生命表现是自成目的的。在马克思看来，这种确证和表达人的生命的活动同动物的生命活动存在着根本的区别，彰显着人所特有的价值和尊严。

劳动创造社会以及社会关系，“我们首先应当确定一切人类的第一个前提，也就是一切历史的第一个前提，这个前提是：人们为了能够‘创造历史’，必须能够生活。但是为了生活，首先就需要吃喝住穿以及其他一些东西。因此第一个历史活动就是生产满足这些需要的资料，即生产物质生活本身，而且，这是人们从几千年前直到今天单是为了能够生活就必须每日每时从事的历史活动，是一切历史的基本条件，人们，现在和几千年前都是这样。”[②]在马克思那里，人不是一个抽象的概念，也不是抽象的存在，而是现实的、活生生的个人。人作为受动和能动的自然存在物，具有自然力和生命力，而且知道自己是对象性的、感性的存在物，人作为社会存在物，生产自己的社会。马克思不是从纯粹的、抽象的和神秘的劳动观念来研究劳动，在他看来，正因为劳动中内在地蕴含着分析与综合、自然与文化、物质与精神之间的内在矛盾，劳动是人类存在的基础，因此，人和自然界的生成都是以劳动为基础。通过劳动这个中介，人成为自然界的一部分，自然界成为人的无机的身体，劳动使人的存在在总体上升格为一种不同于动物种类以及其他自然种类的存在。作为现实中的人是处在社会关系中的人，人不是孤立、冷漠和无感情的社会存在，人们为了满足自身在社会生存发展的需要而不断进行物质生产的交换，人们正是

---

① 马克思：《1844年经济学哲学手稿》，人民出版社，2000，第60页。

② 马克思、恩格斯：《马克思恩格斯文集》第1卷，人民出版社，2009，第531页。

通过劳动，在物质生产交换过程中建立人与人之间的联系，劳动作为人的社会性存在方式，同时意味着人通过劳动而与他人内在地联系在一起，这种连接往往通过劳动分工来实现，从而联合成社会。劳动作为一种创造性的物质生产活动，无疑是一种富有创造性的对象化活动，它改变了世界的面貌、改变了人与自然的关系、提升了人的生活品质。人作为有意识和意志的存在，有自己的意识的对象，这个意识的对象就是人的生命活动，人可以自由地对待自己的意识的对象。人进行全面的生产，而且可以按照任何一个种的尺度进行生产，并且按照美的规律进行创造性的生产。通过这样的生产，自然界表现为人的作品，人在创造的世界中直观到自己的作品，直观到自身。

人在面对自然界时，不是仅仅被动地适应，而是主动地改造和创造。因此，从这个意义上来说，人的劳动是自由的有意识的活动。不仅在人类自身的发展中特别是在从猿到人的转变中发挥着决定性的作用，而且在人类社会历史的发展中也起着决定性作用。从劳动实践的观点来说明整个社会历史的发展，马克思发现：人类历史就是通过劳动产生、通过劳动发展，又通过扬弃劳动异化而实现自身解放的过程。所谓劳动展开的“历史”意义，实际就是劳动使人超越自然并生成自身的属人世界和意义世界，这个世界所展开的具有内在联系的各个现实形态就是“历史”，对社会主义的人来说，整个所谓世界历史不外是人通过人的劳动而诞生的过程，是自然界对人来说的生成过程，所以关于他通过自身而诞生、关于他的形成过程，他有直观的、无可辩驳的证明。在此意义上，历史过程作为人展开自己的生命活动的过程，它在根本上是属人的。社会存在决定社会意识，从广义上看社会意识本身是社会的重要组成部分，以人的感性活动为基础的历史内在地包含着能动性、创造性和目的性。因为“现实的个人”构成了历史的真正主体，而每个现实的个人都是在生产自己物质生活资料中生成自己的个性、提升自身的能力、展开自己的关系的，所以整个现实生活过程作为一个有机的整体也必然包含着能动性、创造性和目的性。马克思劳动思想转化的前提就是要提倡思想的解放，调动主体人的能动性，“思想的闪电一旦彻底击中这块朴素的人民园地，德国人就会解放成为人”[①]劳模精神与马克思的劳动思想是一致的，人的思想品质、意志控制人的理性和需要，拥

① 马克思、恩格斯：《马克思恩格斯文集》第1卷，人民出版社，2009，第17页。

有意志，人就拥有强大的精神动力，人只有调动自己的主体能动性，如坚强的意志品质、坚韧不拔的精神品格才能在劳动中完成既定目标。

马克思对共产主义本质及科学社会主义一系列问题的劳动观点表明，共产主义社会是指在高度发达的社会生产力和广大共识范围，人们科学文化水平和思想觉悟，道德水平极大提高的基础上，实行各尽所能、按需分配原则的劳动者有序自由联合的社会经济形态。在那里，每个人的自由发展是一切人的自由发展的条件，是由资本主义过渡到共产主义形态，是从必然王国向真正自由王国的飞跃，这个“自由王国”不是一个人人都必须要劳动的社会，恰恰相反，共产主义社会，是雇佣劳动走向终结的时代。在资本主义社会中，人始终被资本束缚着，受分工和狭隘职业的限制，局限在特殊的活动范围内从事一种职业，失去成长为全面发展的人的形式，一切人的成长进行，都是在为自身的资本服务，即为增加个人财富或为资本自行增值，在社会环境中，人与人、人与自然、人与社会的关系异化。劳动力作为商品进入市场，劳动采取合同劳动的形式，和所有权分离，劳动者同自己的劳动产品处于异己的对象性关系中，社会财富分配不均，导致富者愈富、穷者愈穷。而在共产主义社会，一切自然的公共资源是全社会共同所有，个人劳动直接成为社会劳动的一部分，个人利益直接在社会利益中实现，人本身不能通过资本来奴役支配大众从事劳动生产，全体社会成员具有高度的共产主义觉悟，尽自己的能力，为社会不计报酬劳动，社会根据每个社会成员的实际生活需要，分配个人消费品。消除社会主义时期实行按劳分配存在的某些事实上的不平等现象。

共同劳动的社会是指整个社会劳动行为的进行，不随着资本关系的发生才发生，人是自觉自愿地从事展现自身生命价值的劳动，且从事这种劳动的结果又为后来从事这种劳动提供条件。如，人们从事水稻种植的生产劳动，并不是因为需要水稻才去从事种植生产，也不是因为要获得资本而进行，社会储存着吃不完的粮食，资本变为公共、属于社会全体成员的财产，对人本身没有使用价值，人也可以不通过直接从事这种劳动得到粮食，人从事种植水稻的劳动，是为在人生的生命历程里，通过从事这种劳动来达成人自身的生命价值的产生，从事这种劳动是在人本身自觉自愿的情况里发生的，是为使自身的一切在这样的劳动中达到人的完美，在完美人从事这种的劳动中，虽然不是从事需求结果的劳动，但从事的劳动却一样产生劳动成果，如不为水稻而从事水稻种植，同样也收获水稻，且收获的水稻又为后来不为水稻收获而从事种植水稻劳动创造条件，社会的整个需求的粮食储存，都是以人从事这样的劳动来完成的，社会的其他需求的物质生产，也是在人从事这样的劳动中进行的。共产主义革命的实质是要从根本上消灭活劳动，过去的一切革命始终没有触动活动的性质，始终不过是换另外的方式分配这种活动，不过是在另一些人中间重新分配劳动，而共产主义革命则消灭劳动，并消灭任何阶级的统治及这些阶级本身。劳动解放是马克思一直追求的目标，是他的劳动思想的价值指向，随着资本被消灭，雇佣劳动也将被消灭，必要性和外在目的规定要做的劳动必将终止。共产主义是真正的自由王国的开始，而人在这个自由王国里将实现劳动的彻底解放。

引申思考：怎样理解“人民创造历史，劳动开创未来”

历史是人类通过主观能动性创造的，而人类正是通过劳动不断改进自己的能力，提高科技水平，推动社会往信息化、智能化方向发展，从而推动整个历史长河的演变。勤劳勇敢的中国人民在五千年历史长河中，创造了辉煌的历史，创造了灿烂的中华文明。劳动是幸福的源泉，也是推动历史进步的根本力量，习近平总书记在党的十九大报告中明确指出：“人民是历史的创造者，是决定党和国家前途命运的根本力量。”[①]历史反复证明，人民群众创造了历史，是历史发展和社会进步的主体力量，是先进生产力和先进文化的创造主体。在共和国的光辉历史上，各条战线涌现出千千万万的劳动模范人物，他们对于鼓舞、激励亿万人民为社会主义建设事业忘我劳动、艰苦创业、改变我国贫穷落后面貌，发挥了巨大的推动作用。

人民创造历史，不管是哪一个时代，人民群众都是历史的主角。劳动开创未来。幸福都是奋斗出来的，奋斗的人生才是幸福的、充实的人生。1951年10月5日，《人民日报》刊登了《钢铁是怎样炼成的——介绍中国的保尔·柯察金兵工功臣吴运铎》一文，吴运铎这位中国的保尔·柯察金

① 习近平：《决胜全面建成小康社会 夺取新时代中国特色社会主义伟大胜利——在中国共产党第十九次全国代表大会上的报告》，《人民日报》2017年10月19日。

是我国兵工事业的开拓者，为国家培养了大批军工人才，为国防现代化和改善部队装备作出了重要贡献。1991年5月2日吴运铎逝世，《人民日报》刊发《中国的“保尔”吴运铎同志逝世》文章，文中写道：“吴运铎同志忠于党、忠于人民、忠于无产阶级革命事业，无论遇到什么政治风浪，他都始终不渝地坚持共产党人的政治方向和共产主义信仰，从未动摇过对党、对社会主义事业的信念。他为人刚直坦率、光明磊落、廉洁奉公、艰苦朴素。他一贯严格要求自己及其子女，从不谋取个人私利，对党内不正之风嫉恶如仇，始终保持了工人阶级先锋队的本色。”[①]人民创造历史，劳动开创未来。从铁人精神、红旗渠精神到载人航天精神再到抗疫精神，正是广大劳动者手不停歇、脚不停步，真抓实干、无私奉献，才成就了今日中国的大好发展局面。身处时代的浪潮之中，不论平凡、无谓伟大，每一位接力者都是劳动者，每一位建设者都是奋斗者，都在以奋斗之姿挥洒汗水，用劳动创造祖国新未来。

（二）恩格斯的劳动思想

劳动是整个马克思主义学说最基本最重要的范畴，恩格斯非常重视对劳动本质的揭示。劳动是一切财富的源泉，自然界为劳动提供了材料，人类通过劳动将材料转化为财富，劳动本身是直接的物质生活资料的生产和再生产过程，是人与自然之间的物质交换过程，但是劳动的意义远非如此，人与外部世界最根本最普遍的关系、最具体最生动的形式就是劳动。劳动作为人类最基本的实践形式，决定着人类一切其他的活动，同时劳动也是人类一切现实矛盾的总根源，劳动概念之中蕴藏着现存世界和人类历史的秘密。

人的需要是丰富多样且无限发展的，自然永远不能满足人，人决心以自己的劳动改变自然。由于人类的需要超越了外部世界的供给能力，所以人类通过劳动改变自然，借助自然的力量创造出人类所需要的东西。劳动是一个财富创造的过程，在这个过程中人类再生产整个自然界，创造出一个“属人世界”来。我们的祖先从猿转变到人的好几十万年过程中逐渐学会了使用自己的双

① 《中国的“保尔”吴运铎同志逝世》，《人民日报》1991年5月19日。

手，随着手的发展，劳动的概念诞生了，人们的活动范围、劳动对象进一步扩展和扩大，对自然的认识和利用也越来越深入。劳动的这种财富创造功能源自于劳动本身所具有的能动性和创造性。人超越于动物的地方是人具有创造能力。而人的需要是创造的原始动因。恩格斯说，人体、需要、劳动是紧密联系不可分割的，是同一的。人类生存与发展的需要从根本上说只能靠劳动来满足，劳动是人类满足自身生活需要的方式，这种创造活动又离不开自觉意识的参与，这是人同动物生命活动的直接区别，人的主体能力集中表现为创造和使用工具。

人是劳动的发动者、承担者、调控者，劳动是主体对外部现实的需要，体现着劳动的自觉能动性。劳动不仅改造整个自然界而且也改造整个人类社会。劳动发展史是自然发展史和社会发展史的统一，恩格斯认为，动物仅仅是利用外部的自然界，单纯地以自身生存的方式来使自然界发生改变，但是人类则不同，人是通过劳动的改变来使自然界按照自己的头脑中的意志为自身发展提供服务，人能够支配自然界，社会在人类劳动基础上表现为人与自然的同构。随着实践的发展，人类脱离了自然，并变得越来越强大，以至于开始支配自然，但不管怎样，人类在支配自然的过程中，是绝对不能逆自然而行的，人类存在于自然界之中，同时也“统治”自然界，但是绝不像征服者统治异族那样；相反地，人类与自然界的关系，从根本上说是辩证统一的关系。自然界作为有机系统是有其自身独特的发展规律的，因此，与自然相处时，人类应树立尊重自然的理念。理念是行动的指南，正确的理念会产生正确的行为；相反，错误的理念也会导致错误的行为。内蒙古大草原之所以有着比其他地区更为优良的生态环境，就是因为“与大自然和谐相处”“适从自然”“师法自然”等观念一直指导着内蒙古游牧人的生产和生活，他们认为，只要适从自然，天灾就不会发生，草原、河流就会依然碧绿清澈，人们就会依然幸福安康。相反，由于人们不能合理使用自然资源导致生态破坏问题，树木作为一种自然资源，具有多方面的价值，如保持水土、涵养水分、防风防沙、调节气候、为野生动物提供栖息地，为工农业、建筑、交通以及人们生活提供木材资源，而且还具有科研价值、观赏价值、审美价值，等等。可是，长期以来，人们看不到林木的生态价值、科研价值和审美价值，只是看到森林作为木材的使用价值和经济价值，从而大量砍伐林木，造成生态环境的严重破坏。

树立尊重自然的理念，首先，就要摒弃人类中心主义的错误观念。在改造自然过程中，要有人与自然和谐相处的生态意识，要用生态伦理意识来解决人与自然的矛盾。其次，要摒弃自然中心主义的错误观念。作为人类的养育者，自然理应受到尊重和感激，但人类却决不做匍匐在自然脚下的奴仆。纵观茫茫宇宙，地球是目前所知适合人类居住的唯一星球。因此，只有树立尊重自然的理念、做出亲近自然的行为，与自然和谐相处、融为一体，人类才有可能长久地、诗意地栖居在地球上。劳动的发现实现了自然史与人类史的统一，自然史和人类史是一种同构关系，是彼此相互渗透、相互制约的有机整体。

在恩格斯看来，根据唯物主义观点，历史中的决定性因素，归根结底是直接生活的生产和再生产。但是，生产本身有两种形式。一种是生活资料的生产，即食物、衣服、住房以及为此所必须的工具的生产，另一种是人自身的生产，即种繁衍。一方面受劳动的发展阶段的制约，另一方面受家庭的发展阶段的制约，恩格斯把物质资料生产同人的生产结合起来，概括出了“两种生产理论”。

“这些日益加速互相排挤的发明和发现，这种每天空前大量增长的人类劳动的生产率，终于造成一种定会使当代资本主义经济陷于灭亡的冲突。一方面是不可计量的财富和购买者无法支付的产品过剩，另一方面是社会上绝大多数人口无产阶级化，变成雇佣工人，因而无力获得这些过剩的产品。社会分裂为人数不多的过分富有的阶级和人数众多的无产的雇佣工人阶级，这就使得这个社会被自己的富有所窒息，而同时它的极大多数成员却几乎得不到或完全得不到保障去免除极度的贫困。社会的这种状况一天比一天显得越加荒谬和越加不需要了。它应当被消除，而且能够被消除。一个新的社会制度是可能实现的，在这个制度之下，当代的阶级差别将消失；而且在这个制度之下——也许在经过一个短暂的，有些艰苦的，但无论如何在道义上很有益的过渡时期之后，——通过有计划地利用和进一步发展一切社会成员的现有的巨大生产力，在人人都必须劳动的条件下，人人也都将同等地、愈益丰富地得到生活资料、享受资料、发展和表现一切体力和智力所需的资料。”[①]恩格斯认为资本主义生产方式中生产力的发展导致劳动社会化的趋势，劳动的社会化与资本主义私人占有的矛盾导致资本主义一系列冲突发展，最终结果就是建设社会共同占有生

① 马克思、恩格斯:《马克思恩格斯选集》第1卷，人民出版社，1995，第329-330页。

产资料的共产主义社会。在共产主义社会，商品经济消亡了，交换价值不存在了，“社会一旦占有生产资料并且以直接社会化的形式把它们应用于生产，每一个人的劳动，无论其特殊用途是如何的不同，从一开始就成为直接的社会劳动。那时，一件产品所包含的社会劳动量，可以不必首先采用迂回的途径加以确定；日常的经验就直接显示出这件产品平均需要多少数量的社会劳动。社会可以简单地计算出：在一台蒸汽机中，在一百公升的最近收获的小麦中，在一百平方米的一定质量的棉布中，包含着多少工作小时。”[①]可以看出，在共产主义社会里，即使人人都要参与劳动，但是劳动的性质与资本主义社会下的劳动性质截然不同，在共产主义社会里的体力劳动和脑力劳动给每个人都提供了全面发展和表现自己的机会，生产劳动再不是奴役人、违背人性的手段，恰恰相反，劳动是解放人性、实现人彻底自由的方式和途径，劳动，应该是使人快乐的！

引申思考：广大青少年为何要树立共产主义理想

共产主义社会是人类社会发展的高级社会形态。按其成熟程度可分为两个阶段，即低级阶段和高级阶段，也就是我们通常所称的社会主义和共产主义。关于共产主义社会，马克思作了这样的概述：“在共产主义社会高级阶段，在迫使个人奴隶般地服从分工的情形已经消失，从而脑力劳动和体力劳动的对立也随之消失之后；在劳动已经不仅仅是谋生的手段，而且本身成了生活的第一需要之后；在随着个人的全面发展，他们的生产力也增长起来，而集体财富的一切源泉都充分涌流之后，——只有在那个时候，才能完全超出资产阶级权利的狭隘眼界，社会才能在自己的旗帜上写：各尽所能，按需分配！”[②]共产主义是人类历史上最美好、最进步、最合理的社会制度。对此，以毛泽东、刘少奇为代表的中国共产党人同样有着深刻的认识。早在1940年1月，毛泽东在《新民主主义论》中就指出：“共产主义是无产阶级的整个思想体系，同时又是一种新的社会制度。这种思想体系和社会制度，是区别于任何别的思想体系和任何别的社会制度的，是自有人类历史以来，最完全最进步最革命最合理的。封建主义的思

① 马克思、恩格斯：《马克思恩格斯全集》第20卷，人民出版社，1971，第334页。
② 马克思、恩格斯：《马克思恩格斯文集》第3卷，人民出版社，2009，第435-436页。

想体系和社会制度，是进了历史博物馆的东西了。资本主义的思想体系和社会制度，已有一部分进了博物馆(在苏联)；其余部分，也已‘日薄西山，气息奄奄，人命危浅，朝不虑夕’，快进博物馆了。惟独共产主义的思想体系和社会制度，正以排山倒海之势，雷霆万钧之力，磅礴于全世界，而葆其美妙之青春。”①刘少奇在《论共产党员的修养》一文中对美好的共产主义社会也作了详尽的描述：在那种世界里，没有剥削者、压迫者，没有地主、资本家，没有帝国主义和法西斯蒂等，也没有受压迫、受剥削的人，没有剥削制度造成的黑暗、愚昧、落后等。在那种社会里，物质生产和精神生产都有高度的蓬蓬勃勃的发展，能够满足所有社会成员的各方面的需要。那时，人类都成为有高等文化程度和技术水平的、大公无私的、聪明的共产主义劳动者，人类中彼此充满了互相帮助、互助亲爱，没有尔虞我诈、互相损害、互相残杀和战争等不合理的事情。那种社会，当然是人类历史上最好的、最美丽的、最进步的社会。正因为如此，中国共产党从成立之日起，就把这一全人类最崇高、最美好、最远大的理想——实现共产主义，浓墨重彩地写在了自己的旗帜上。我们青少年也要为全人类建立理想社会担负起属于我们的责任，尽管实现共产主义这一理想社会还需要一定的历史过程，需要一代又一代人接续奋斗去实现，只有树立坚定的共产主义信念，才能对中国国情做出全面系统的分析，才不会在世界的大潮流中迷失了方向，丢失了自我，才能更加坚定地走新时代中国特色社会主义道路。在坚定理想信念的同时，广大青少年还要将自身的学习与实践相结合，离开现实谈理想是空洞的，我们必须要把远大的共产主义理想同在现实的努力学习、工作结合起来，在某种程度上说，我们目前所从事的努力和工作是为社会主义现代化建设添砖加瓦，也是为整个国际共产主义运动贡献自己的一份力量。同时，我们不仅要以实际行动向全社会、广大群众树立先进的模范形象，保持实践的高度自觉性，还要做好共产主义理想信念的宣传工作，引导全社会为这一伟大而光荣的事业作出自己的贡献。

① 毛泽东：《毛泽东选集》第2卷，人民出版社，1991，第686页。

（三）中国共产党人的劳动思想是劳模精神产生的摇篮

劳模精神是新时代中国的伟大精神、伟大力量、伟大智慧和伟大创造。劳模精神激励了千千万万普通劳动者坚守信念、立足岗位、开拓创新、建功立业。劳模精神是工人阶级先进性的集中体现。劳模精神是在中国共产党的劳动思想领导下的中国社会主义文化的集中体现，在中国革命、建设、改革的各个历史时期，劳动模范作为工人阶级的优秀代表，是时代的引领者，在工作生活中发挥了先锋和排头兵作用，他们以辛勤劳动、诚实劳动和创造性劳动，持续推动着社会进步、国家发展和民族复兴。劳模精神作为劳动模范的思想内核、行动指南和精神灯塔，成为推动时代前进的强大精神动力。

20世纪30年代，为了发展生产、武装自己，部分苏维埃地区开展了轰轰烈烈的大生产运动，在生产竞赛的实践活动中，涌现出一大批劳动能手和生产英雄。1949年中华人民共和国成立翻开了中国历史新的一页，工人阶级成了国家的主人，劳模精神是工人阶级主人翁意识的集中凸显，主人翁意识是劳模精神的内在本质，是正确认识和理解劳模精神的关键词。正是因为有自觉的、强烈的主人翁意识，劳模才以车间为家、以厂为家、以企为家、以国为家，才具有积极主动的岗位意识、职业意识、进取精神和创新精神，才在本职工作中充分发挥积极性、主动性和创造性，才能够艰苦奋斗、淡泊名利、甘于奉献，自觉把人生理想、家庭幸福融入国家富强、民族复兴的伟业之中，最终建构起个人与集体、个人梦与中国梦、小家与国家民族融合统一的发展共同体和命运共同体。在改革开放伟大实践中，劳模精神被赋予新的时代含义并发扬光大，丰富了民族精神和时代精神的内涵，其重要元素和构成因子，如岗位意识、职业精神、进取精神、拼搏精神、创新精神、家国情怀和奉献精神等，是对时代精神的生动诠释与完美定义。为了西藏的发展最终以身殉职的孔繁森，实现了“青山处处埋忠骨，一腔热血洒高原”的誓言；对中国经济学的理论发展和经济与社会政策的制定作出了多方面贡献的吴敬琏；被人们誉为“盲人的眼睛、病人的护士、外地人的向导、乘客的贴心人”的服务楷模李素丽；在平凡的工作中折射出耀眼的时代光芒，激励着人们崇尚先进，敬业爱岗，被誉为90年代活雷锋的水电工徐虎……他们用自己的辛勤劳动、诚实劳动和创造性劳动，为民族精神注入新能量，不断丰富着民族精神的博大内涵。劳模精神继承并发展了中华民族传统优秀的劳动观念，树立并彰显了一种辛勤劳动、诚实劳动、创造性劳动的新理念，营造并弘扬了一种劳动光荣、技能宝贵、创造伟大的时代风尚，生成并传播了一种劳动者至上、劳动者平等、劳动者可敬、劳动最光荣、劳动最崇高、劳动最伟大、劳动最美丽的劳动观。党的十八大以来，在以习近平同志为核心的党中央的坚强领导下，党和国家事业发生了历史性变革、取得了历史性成就，中国特色社会主义进入了新时代，劳模精神引领时代新风的精神高地，劳模精神不是一成不变的，而是实践的、创新的、鲜活的、生动的存在，随着国家意识形态、经济社会形势和时代变迁而不断演变发展。

1. 毛泽东关于劳动的思想

教育与生产劳动相结合的思想贯穿于毛泽东思想的始终，关于劳动和教育的关系，毛泽东认为二者是相互联系、相辅相成的，应将教育和生产劳动结合起来，培养出有社会主义觉悟的有文化的劳动者。只有劳动与教育相结合，国家的劳动才能够成为经济发展的动力与基石，劳动才能够与教育共同发展。没有教育的劳动是缺乏生命力的；没有劳动的教育是停滞不前的。教育和劳动相结合是一个双向互动的过程。毛泽东对劳动和劳动者始终保持着尊重、热爱的态度，这与他从小的劳动经历是分不开的。毛泽东从6岁起开始和长工一起在地里劳动。从扫地、放牛、打柴、种菜、挑水、喂猪、推谷、舂米到犁田、耙田、插田、踩田、施肥等样样都能干。毛泽东在亲身参加劳动实践的基础上，能直接体会到劳动者的艰辛，农民的勤劳俭朴、扎实细致、平等助人等优良品质对他产生了深刻的影响。作为农民的儿子，毛泽东早期参加了各种各样的劳动，在劳动过程中他看到了中国底层劳动者的生活现状，这些现实情况引起了他的感悟与思考，也激励着他努力学习、奋发图强，为中国的底层劳动者发声，这些经历给了毛泽东劳动教育观以启迪。自古以来，中华民族就是个勤劳而智慧的民族，中华民族的传统文化中包含着丰富的尊重、热爱劳动的思想，有许多关于劳动的诗歌、谚语、典故和具体的举措，从中我们不仅体会到了劳动者的辛勤和不易，也感受到了劳动带给人们的快乐和愉悦。这些都为毛泽东的劳动教育观提供了有益借鉴，毛泽东后来在其劳动观的发展过程中始终强调尊重、热爱劳动的思想，并且坚定地和劳动人民站在一条战线上，都离不开传统文化对他的影响。旧中国社会的经济结构落后而复杂，伴随着封建王朝的落幕和自给自足的小农经济的解体，中国的经济结构也发生了深刻变化，经济结构的变化直接带来的是阶级结构的变化。在这里，我们所说的劳动者主要是农民阶级。农民占当时中国人口的80%，只有团结劳动者，教育劳动者，才能取得中国革命的伟大胜利。而相反的是，在当时社会，有的农民拥有土地和不完全的工具；更有甚者连土地都没有，必须要租地、借债并受封建剥削，中国农民深处水深火热之中。另一方面，日益严重的苛捐杂税使老百姓苦不堪言，据统计，民国时期，老百姓要上缴的各类税赋达三十多种，如盐税、米税、粮税、耕地占用税、房产税、屠宰税、烟草税、矿产税，等等，并且政府大肆提高税费、田赋、厘捐水平，农民苦不堪言，怨声载道，当乡村精英和权力机构滥用权力，再加上各种天灾人祸使农民不能维持最低的生活标准时，广大农民更无暇顾及教育问题了。如此一来，劳动人民的悲惨境遇和现实更坚定了毛泽东要为他们谋福利的决心。

作为一个马克思主义者，不论是新民主主义革命时期还是中华人民共和国成立之后，毛泽东都肯定了劳动教育对于培养全面发展的人的作用。1934年，毛泽东在论述苏维埃文化教育的总方针时说：“苏维埃文化教育的总方针在于以共产主义精神来教育广大的劳苦民众，在于使文化教育为革命战争与阶级斗争服务，在于使教育与生产劳动联系起来。”[①]毛泽东将劳动生产看作革命胜利的前提条件。所以大革命失败后，毛泽东把武装斗争的重点转向了农村，开辟了井冈山革命根据地。此外，毛泽东还创造性地将人民军队纳入社会生产之中，使之与生产劳动相结合。正是由于他的极力倡导才促进了军事斗争的节节胜利，从而推动新民主主义革命进程不断前进，将教劳结合的政治目的、经济目的和教育目的三者有机地结合了起来，这是毛泽东基于中国具体实际对马克思主义劳动观的创造性发展。新中国成立以后，随着社会制度的变化，毛泽东提出教育应与生产劳动、社会实践相结合，理论联系实际是培养社会主义新人的必然选择和有效途径。

1957年3月12日，毛泽东在中国共产党全国宣传工作会议上说：“许多东西单从书本上是学不成的，要向生产者学习，向工人学习，向农民学习。教育

① 人民教育出版社编：《毛泽东同志论教育工作》，人民教育出版社，1992，第8页。

必须为无产阶级服务，必须同生产劳动相结合，劳动人民要知识化，知识分子要劳动化，彻底打破教育与生产劳动相互分离的局面。”[①]1964年3月，毛泽东在一次会议上对教育工作提出了严厉的批评。他认为，现在的学生只知道学习，在学校里看不见稻、粱、菽、麦、黍、稷，缺少机会接触工人和农民，情况越来越糟，要求必须对学制进行改革。他提出，要安排高中毕业生到农村、工厂、商店、连队去参加实际工作，将理论和实践结合起来，提倡多元化的办学方式来实现教育与生产劳动相结合的理想。毛泽东的教劳结合思想一方面是知识分子劳动化，即知识分子参加劳动，接受贫下中农再教育，另一方面要求各级各类学校举办工厂或农场，学生要“半工半读”。

毛泽东重视树立劳动模范典型，曾指出：“树典型等于插旗子，其秘诀就是把一种需要加以提倡的精神，加以推崇的价值观，加以实现的原则，加以推广的经验，具体化在一个或几个看得见、摸得着的具体人物或事件上，使这成为一面鲜艳的旗帜，成为员工学习的榜样、标兵、楷模。”[②]在苏维埃时期、抗日战争时期、解放战争时期和中华人民共和国成立后逐步发展完善，树立了一大批如兴国县、白求恩、张思德、刘胡兰、三五九旅、延安、大寨等影响深远的模范典型个人和集体，其中一些好的做法对于在新的历史时期的模范典型的树立工作具有极大的借鉴意义。“善于运用先进的模范事迹，宣传群众，组织群众，鼓动群众，这是毛泽东凝聚人心、开展思想政治工作的主要方法之一”[③]。毛泽东树立模范典型思想在苏维埃时期、抗日战争时期、解放战争时期、中华人民共和国成立以后几个阶段中都发挥了团结动员广大人民群众的积极作用。毛泽东曾说：“挽救危机的唯一道路，就是实行孙中山先生的遗嘱，即‘唤起民众’四个字”[④]。“唤起民众”的方式有很多种，有物质上的满足刺激，有政治上的权利赋予，也有精神上的宣传鼓励，毛泽东树立模范典型思想就属于对广大群众在精神上的鼓励动员，这是触及灵魂和效果很好的动员广大群众参加抗战的方式，具有强大的说服力和吸引力。毛泽东树立模范典型思想

---

① 毛泽东：《毛泽东论教育革命》，人民出版社，1967，第5页。

② 孟庆春：《跟毛泽东学凝聚人心》，红旗出版社，2009，第74页。

③ 同②，第70页。

④ 毛泽东：《毛泽东选集》第2卷，人民出版社，1991，第366页。

在革命和建设的年代发挥了巨大作用，同样也可以在今天为我们提供源源不断的精神力量，彰显其永恒的时代价值。在新时代的今天，物质需求得到了极大的满足的同时，精神需求的满足也应当与时俱进，毛泽东树立模范典型思想以及相关的模范典型人物、集体是宝贵的精神财富，它必将在指导和推进我国当前的模范典型工作、培育和践行社会主义核心价值观、全方位多角度提升当代青少年思想政治教育等方面发挥举足轻重的精神引领作用。

引申思考：广大青少年接受劳动教育的意义

在社会主义国家，劳动教育被赋予特殊的含义，把教育与生产劳动相结合是作为实现马克思主义体脑结合、全面发展教育理念的有效途径，是把劳动教育作为培养社会主义接班人和建设者的重要内容。将劳动教育纳入人才培养全过程、在大中小学设立劳动教育必修课程、每年有针对性地学会1至2项生活技能……2020年3月，《中共中央国务院关于全面加强新时代大中小学劳动教育的意见》印发，近年来被淡化、弱化的劳动教育有了“硬指标”。教育部早前发布的《关于加强中小学劳动教育的意见》已经规定：2020年之前，中小学要推动建立课程完善的劳动教育体系，并且劳动评价将记入学生档案作为升学评优参考依据，劳动教育是培养“德智体美劳”全面发展人才的关键一环。

劳动教育的实施目的在于促进青少年的身心健康发展，在未来的生活中张扬个性、发挥优势、热爱生活、有所发明、有所创造，成为推动社会进步的有生力量。俄国教育家乌申斯基就曾指出：“劳动是人类存在的基础和手段，是一个人在体格、智慧和道德上臻于完善的源泉。”劳动教育的缺位和异化，学生就只能在“纸面上”完成所谓的“成长”。教育的多元性和可塑性遭到了严重的挑战，千人一面的庸俗化、机械化教育，使教育的可持续发展之路越走越窄。“以劳动托起中国梦”，需要全面深化教育综合改革，培养德、智、体、美、劳全面发展的，高素质的社会主义建设者和接班人，使命应然，劳动教育的价值作用和发展规律不可违。教育的意义在哪里？为了考一所好大学，学一个好专业，找一份好工作，将来过上锦衣玉食的生活？显然不是。教育的意义在于提升人的素养，促进人的全面发展。蔡元培说：“决定人一生的不是学习成绩，而是健全的人格修养。”提升修养、全面发展包括两层含义，一是获取知识，更深刻地认识和理解世界；二是学会技术技能，增强改造世界的能力。恰恰在技术技能的层面上，劳动教育不可或缺。

劳动教育，能使学生树立正确的劳动价值观和劳动态度，青少年要养成热爱劳动的习惯。用劳动教育筑牢立德树人的基石，崇尚劳动、尊重劳动，只有通过辛勤的劳动，才能走向幸福的彼岸。平静的湖面练不出精悍的水手，舒适的环境造不出时代的伟人。孟子说：“天将降大任于是人也，必先苦其心志，劳其筋骨，饿其体肤，空乏其身，行拂乱其所为，所以动心忍性，曾益其所不能。”塞涅卡说：“未尝过艰辛的人，只能看到世界的一面，而不知其另一面，真正的人生，只有经过艰苦卓绝的斗争之后才能实现”。赫尔岑说：“如果不肯牺牲和劳动，你自己就会一事无成”。在浩如云烟的人类历史长河中，那些彪炳青史的人杰圣哲，绝不是幸福之神的“宠儿”，而是崛起于忧患之境的命运强者，他们在艰苦的环境中磨炼了意志，增长了才干，从而担当起治理国家的重任。劳动教育是人生第一教育，加强劳动教育，坚持终身学习，终身劳动，是培养新时代堪当大任的主力军的必经之路。新时代的青年少年，有些已经忘记了他们所拥有的一切都是靠父母辛苦的劳动而获得的。不珍惜劳动成果、不想劳动，不会劳动，劳动独特的价值观在一定程度上被忽视、淡化、弱化。劳动不能简单理解为洗衣、做饭、打扫卫生，体现于教育，它是知识的躬身修行；体现于社会生产，它是创造真实价值的手段。劳动，用更多的词汇描述它，可以是务实、做事、操作、实践，这几乎是用人的全部感官去认知和学习。劳动教育的意义，贵在让学生用身体丈量物理和心灵的世界。波利亚说过：“学习任何知识的最佳途径是由学生自己去发现，因为这种发现，理解最深，也最容易掌握其中的内在规律和联系。”理解了这一点，我们才可能在身、心、灵三个维度上以“劳动”为施力点，并确立其在学校教育体系中的重要地位。

劳动教育的最终目的是让孩子们拥有幸福生活的能力。劳动教育是一种开放的、因人制宜的幸福教育，是教会青少年以劳动获取幸福生活、以智慧劳动创造生活，具有经验性、先进性、前置性的人生核心素养培育活动。劳动教育必须要有针对性、目的性、计划性地让青少年学生参加日常生活的各项劳动，培养学生的动手能力，主动参加动手实践，出力流汗，经历劳动的过程，从劳动中获取劳动的价值所在。在中小学恢复劳动教育，是要让青少年懂得，幸福生活建基于辛勤劳动之上，当教育回归到实际的劳动实践，比如杜威和陶行知所主张的烹饪、缝纫、家用电器维修、农作物种植与培管、小制作、小发明等与他们的实际生活密切相关而又力所能及的实际操作，学生的成长也就与生活紧密地联系起来，他们的创造力被激活，他们的生命力被唤醒。劳动并非一味地艰辛，它是人与世界的充分接触，我们不能把世界只装在脑袋上，也要装在身体里，由此而成为一个完整的人。我们的劳动教育，不仅要致力于观念培育，更要教人们如何从劳动中体验生活的乐趣，培育一种现代“新生活”方式。

劳动教育应当有机融于家庭与学校文化建设之中，形成家庭、学校、社会三位一体的联动教育模式。开展劳动教育，家长的责任不可或缺，家长是孩子的第一任老师，家庭是实施劳动教育的重要场所。家庭要发挥在劳动教育中的基础作用，鼓励孩子利用节假日参加社会劳动，树立崇尚劳动的良好家风。当前，劳动教育在家庭中被弱化，家长对家庭在劳动教育中的责任认识不足，没有成为孩子家务劳动的指导者和培养者。关于家长对孩子劳动状态的评价，有一项调查结果显示，在“孩子做家务劳动的能力”方面，多数家长认为“能力很强”（19.5%）或有一定能力（56.6%）。在“孩子做家务劳动的机会”方面，多数家长认为“机会很多”（16.6%）或比较多（57.9%）。在“孩子自身对于做家务的态度”上，15.9%的家长认为“喜欢”，14.2%的认为“主动”，而大部分家长选择了中立或者负面评价。同时学校要发挥在劳动教育中的主导作用，学校应按标准开足开齐课程，积极探索创新劳动教育方式方法，增加教学实效性，统筹安排课内外劳动实践时间，有序安排学生集体劳动，等等。加强对劳动教育师资、经费、场地等各方面的保障，教育主管部门重点应当加快大中小学劳动教育体系建设。此外，要完善家校协同配合机制，研究将家庭劳动情况纳入青少年劳动教育评价体系，促进青少年劳动习惯的养成。从社会角度看，企业公司、工厂农场可以开放实践场所，工青妇、公益基金会、社会福利组织等可以搭建多样化劳动实践平台。促进企业、社区、共青团、妇联等各类社会主体发挥协同作用，推动全社会共同关心、支持劳动教育，共同承担实践育人的社会责任。

2. 邓小平关于劳动的思想

20世纪80年代开始，随着建设社会主义市场经济和改革开放的逐步深入，关于劳动的重要性和劳动者的待遇等问题逐渐凸显出来，如何更好地解放生产力、发展生产力是摆在人们面前需要跨越的难题。与此同时，在这种条件下如何根据时代的发展需要对变化了的劳动方式、劳动特点进行科学的分析，引导广大劳动者树立正确的劳动观、调动劳动者的积极性进而提高劳动生产率成为社会主义现代化过程中亟待解决的问题。邓小平劳动思想是在马克思主义劳动观的基础上，吸取和借鉴中外劳动观的优缺点，并结合我国自身实际，在解决社会主义经济建设中的劳动问题的过程中而逐渐形成和发展起来的，具有鲜明的特征。

1978年，党的十一届三中全会开辟了改革开放和社会主义现代化建设新时期，邓小平同志作为第二代党中央领导集体的核心，面对世界经济、科技竞争的形势和我国经济实力薄弱、资源不足、人口众多的基本国情，对我国教育与劳动重大问题做出的深刻阐释，他指出，“人是生产力中最活跃的因素，这里讲的人，是指有一定的科学知识、生产经验和劳动技能来使用生产工具、实现物质资料生产的人，社会主义的根本任务是发展生产力，科学技术是第一生产力。我们要实现现代化，关键是科学技术要能上去。发展科学技术，不抓教育不行。”[①]邓小平认为，教育与科技是并重的，要提高我国的科学技术水平，就必须提高人们的科学文化素质，而要提高人们的科学文化素质，就必须大力发展教育事业。因此，实现现代化的关键是科学技术，基础在于教育。

在邓小平的大力支持和推动下，1982年党的十二大正式把教育列为实现我国现代化建设目标的三大战略重点之一。“尊重知识、尊重人才”的思想是邓小平关于教育与劳动思想的深化，也体现了他对现代化建设的深层思考。我国需要能将体力劳动与脑力劳动结合起来的人，邓小平也鼓励青年学生努力学习，积极准备参加建设祖国的生产劳动，首先是体力劳动，从事脑力劳动的青年也要经过一段时间的体力劳动，这对于广大青年在德育、智育和体育的全面

① 邓小平：《邓小平文选》第2卷，人民出版社，1994，第88页。

发展非常有必要，将毛泽东同志提出的培养德智体全面发展、有社会主义觉悟的有文化的劳动者的方针贯彻到底，贯彻到整个社会的各个方面。

1983年10月1日，邓小平为北京景山学校题词：“教育要面向现代化、面向世界、面向未来。”不仅为我国新时期教育事业的发展指明了方向，而且也把教育与生产劳动相结合的教育思想提到了一个更新、更高的境界。教育要面向现代化，是要求教育要全面适应社会主义现代化建设的需要。现代化建设应包括物质文明、精神文明和民主与法制建设，其中物质文明建设即经济建设是基础和核心。发展科学技术必须从教育着手。这是因为学校是培养人才的地方，其培养人才的数量和质量，直接影响到科学技术的发展水平和经济建设发展的进程。教育要面向世界，就是要在坚持社会主义办学方向的基础上，将教育办成一个开放的教育，加强对外交往，吸收和借鉴国外教育的先进经验，使我国的教育与世界的教育相互沟通，以适应我国经济建设与国外经济互相交流、互相促进、共同发展的需要。教育要面向未来，一是要为未来社会和经济的发展培养人才，根据未来社会对人的素质要求办好教育；二是教育要为学生一生的幸福和全面发展奠定良好的基础。这就要求教育要有长远的规划和战略部署，要为未来的经济建设准备好所需要的各种专门人才和劳动大军，使培养出来的人才能适应未来经济发展的需要。“三个面向”是一个统一的整体，是邓小平同志关于教育工作一系列重要论述的高度概括和总结，是对马克思主义教育与生产劳动相结合基本原理的创新和提高，体现了新时期党对教育工作的根本要求。

1985年5月的全国教育工作会议上，邓小平同志在《把教育工作认真抓起来》的重要讲话中提到：“我们国家，国力的强弱、经济发展后劲的大小，越来越取决于劳动者的素质，取决于知识分子的数量和质量。”[①]提高劳动者的素质，提高知识分子的数量和质量，都要靠教育。

发展生产力就要解放生产力，解放生产力就要解放劳动者，解放劳动者就要进行改革。改革是社会主义制度的自我完善，它要以是否调动劳动者的积极性为评价成功与否的标准。邓小平认为，改革同过去的革命一样，也是为了扫除发展社会生产力的障碍。改革是解放生产力，而解放生产力的实质就是解放

① 邓小平在全国教育工作会议上讲话（全文）. 人民网，2017-02-08，http://cpc.people.com.cn/n1/2017/0208/c69113-29066876.html。

劳动者。因为在生产力的三要素中，劳动者是核心、灵魂和统帅，劳动资料和劳动对象是要为劳动者而服务的，后两者是展示和体现劳动者的劳动能力的载体和对象。而且，在三者中，只有具备主观能动性的劳动者才有真正意义上的解放问题。邓小平认为，通过改革来营造相对宽松的社会环境和社会氛围，便于激发和激活劳动者的劳动能力和劳动热情。不论是经济体制改革还是科技体制改革都是为了解放劳动者。从解放劳动者角度看，改革就是为了尊重劳动者的自主权，调动劳动者的积极性。邓小平指出："农村改革之所以见效，就是因为给农民更多的自主权，调动了农民的积极性。"[①]通过改革来解放劳动者就要尊重劳动者劳动能力和劳动效果的差异，允许先富，讲究劳动效率。解放劳动者就要尊重劳动者的个体差异，必须允许一部分人通过辛勤劳动、诚实经营先富起来。尊重劳动者差异和肯定劳动致富的必然逻辑结论就是允许先富。邓小平指出："农村、城市都要允许一部分人先富裕起来，勤劳致富是正当的。一部分人先富裕起来，一部分地区先富裕起来，是大家都拥护的新办法，新办法比老办法好。"[②]所谓老办法就是带有同步主义和平均主义色彩的"吃大锅饭"做法，"吃大锅饭"并不能使人民实现共同富裕，只能走向共同贫穷。坚持人的全面发展，强调劳动的发展价值，认为尊重差异性也要通过科教来减少或逐步消除劳动者劳动能力的差别，追求劳动公平，为实现共同富裕服务。

尊重劳动者劳动能力和劳动成果的差异性，但不代表劳动者的这些差异性天然就是合理的。相反，邓小平认为要通过科教来提高劳动者素质，消除劳动者劳动能力的差别。这一主张的理论依据就是马克思主义关于人的全面发展的学说。人是可塑的和生成的，而非先定的和既成的。人的劳动能力尽管也有禀赋的成分在内，但更多是后天塑造的。而要后天塑造劳动者的劳动能力，除了直接的经验实践外，更要靠科学和教育活动。从横向来看，科教能塑造劳动者，实现劳动者人员构成的知识化、专业化，促使劳动者的人员构成由体力劳动者为主转型为脑力劳动者为主。邓小平指出："随着现代科学技术的发展，

① 邓小平如何处理农民问题.人民网，2020-04-17，http://cpc.people.com.cn/n1/2020/0417/c69113-31677856.html。

② 邓小平：《邓小平文选》第3卷，人民出版社，1993，第23页。

随着四个现代化的进展，大量繁重的体力劳动将逐步被机器所代替，直接从事生产的劳动者，体力劳动会不断减少，脑力劳动会不断增加，并且，越来越要求有更多的人从事科学研究工作，造就更宏大的科学技术队伍。”[①]由体力劳动为主的传统劳动方式转型为以脑力劳动为主的现代劳动方式，是人类社会发展规律的必然结果。劳动者只有具备较高的科学文化水平和先进的劳动技能，才能在现代化生产中发挥更大作用。从纵向来看，科技是促进不同时期劳动者的劳动品质提升的首要推动力。劳动者的差别主要体现在劳动产品的数量和质量的差别上。邓小平指出:“同样数量的劳动力，在同样的劳动时间里，可以生产出比过去多几十倍几百倍的产品。社会生产力有这样巨大的发展，劳动生产率有这样大幅度的提高，靠的是什么?最主要的是靠科学的力量、技术的力量。”[②]他把这一现象经典性地概括为“科学技术是第一生产力”。

3. 习近平关于劳动的思想

（1）劳动最光荣、劳动最崇高、劳动最伟大、劳动最美丽

“不能看不起普通劳动者”“民生在勤，勤则不匮”。中华民族是勤于劳动、善于创造的民族。正是因为劳动创造，我们拥有了历史的辉煌；也正是因为劳动创造，我们拥有了今天的成就。“我们的根扎在劳动人民之中”。习近平总书记崇敬劳模，也热爱劳动，“社会主义是干出来的，新时代也是干出来的”，习近平多次在不同场合，号召我们做新时代的奋斗者。从劳动人民中间走出来的习近平对于劳动者一直十分关心支持。党的十八大以来，他多次与劳动群众一起出席活动，同代表谈心，给劳模回信，为劳动者鼓劲，展现了人民领袖同劳动群众面对面、心贴心、实打实的深情厚谊。

1969年，15岁的少年习近平到陕北插队，在梁家河这个黄土高原上封闭的小山村插队，种地、拉煤、打坝、挑粪……一干就是7年。在梁家河，他与劳动人民吃住在一起，“真诚地去和乡亲们打成一片，自觉地接受艰苦生活的磨炼”，从一个“不谙世事的孩子”成长为“种地的好把式”。在记者采访梁家河村民王宪平的时候，他回忆道:“习近平干活很卖力气，肯吃苦。他虽然在

---

① 邓小平:《邓小平文选》第2卷，人民出版社，1994，第89页。
② 邓小平:《邓小平文选》第3卷，人民出版社，1993，第87页。

劳动技巧上和我们农民有差距，但他一点儿都不惜力，甚至比我们干活还拼命。比如打坝，当时没有大型机械，挖掘机、打夯机全都没有，都靠人力把一层层的土铺好，再用很沉重的夯石把松软的土砸得紧密起来，这是强度非常高的体力劳动。那时候基本谈不上什么劳动保护措施，习近平也没有手套，他直接用手抓住夯石的绳子，再用全身力气往下砸黄土，一天的工夫，他的手掌上磨得全都是水泡，第二天再干活，水泡就磨破了，开始流血。但是不管多累多苦，习近平能一直拼命干，从来不'撒尖儿'（延川方言，本意是'耍奸儿'，即偷奸耍滑，偷懒）。"习近平总书记青年时代的"知青岁月"让他懂得伟大出自平凡，英雄来自人民。无论时代条件如何变化，我们始终都要崇尚劳动、尊重劳动者，始终重视发挥工人阶级和广大劳动群众的主力军作用。劳动没有高低贵贱之分，任何一份职业都很光荣，广大劳动群众要立足本职岗位诚实劳动，无论从事什么劳动，都要干一行、爱一行、钻一行。

一切物质和精神财富的创造都离不开辛勤的劳动。习近平总书记强调，"劳动最光荣、劳动最崇高、劳动最伟大、劳动最美丽"，既是对中华民族传统美德的精辟概括，又具有鲜明的时代特征，可谓语重心长、发人深省，再一次向全社会发出"实干兴邦"的动员令。"我们所处的时代是催人奋进的伟大时代，我们进行的事业是前无古人的伟大事业，我们正在从事的中国特色社会主义事业是全体人民的共同事业。全面建成小康社会，进而建成富强民主文明和谐的社会主义现代化国家，根本上靠劳动、靠劳动者创造。因此，无论时代条件如何变化，我们始终都要崇尚劳动、尊重劳动者，始终重视发挥工人阶级和广大劳动群众的主力军作用。"[①]劳动最光荣，劳动既是一个人生存的手段，也是一个人对社会、对国家应尽的义务。小到个人、家庭，大到民族、国家，坚持辛勤劳动就能兴旺发达；而好逸恶劳、贪图享乐，则只能衰败和灭亡。中华民族是勤劳的民族，凭借辛勤劳动的精神，创造了光耀世界的华夏文明。作为龙的传人，我们每个人都要继承和发扬这种优良的传统，做到勤奋学习、辛勤劳动、扎实工作，兢兢业业地在本职工作岗位上创造一流的工作业绩，为全面建成小康社会添砖加瓦、多作贡献。

---

① 习近平：《在庆祝"五一"国际劳动节暨表彰全国劳动模范和先进工作者大会上的讲话》，人民出版社，2015，第2–3页。

我们的根扎在劳动人民之中，全社会都要贯彻尊重劳动、尊重知识、尊重人才、尊重创造的重大方针，全社会都要坚持以辛勤劳动为荣、以好逸恶劳为耻。劳动最崇高，劳动是对一个人最起码的要求，也是最高的要求。这是因为任何一个人要从社会获得生活条件，就要从事一种职业，干活才能吃饭，不劳者不得食，否则只能成为社会的“寄生虫”。任何一个人要安身立命，就要投入到劳动中。而从更高的层面来看，一个人有了一份职业，不等于就拥有一份事业。要想干出一番事业来，就要坚持不懈地付出极大的劳动，全身心地投入到事业中去，把职业当成事业，为社会多作贡献。从这个意义上来看，劳动既是衡量一个人的起码条件，又是衡量一个人的最高条件，可以成就一个人最崇高的追求。“全面建成小康社会，进而建成富强民主文明和谐的社会主义现代化国家，根本上靠劳动、靠劳动者创造”[①]，劳动最伟大。按照党的十八大部署，实现“两个百年”目标，是摆在全国人民面前的共同理想。完成这一历史使命，是一项最伟大的事业，需要靠劳动来创造，需要全体人民辛勤工作。不可否认，当前我国地区发展不平衡，生产力不发达的状况还没有根本改变。这种情况下要求我们决不能自满，决不能懈怠，决不能停滞，更不能一劳永逸、贪图安逸、追求享受。正如习近平总书记在2015年庆祝“五一”国际劳动节的讲话中提到的：“中华民族是勤于劳动、善于创造的民族。正是因为劳动创造，我们拥有了历史的辉煌；也正是因为劳动创造，我们拥有了今天的成就。”[②]只有坚持不懈的辛勤劳动，才能达到胜利的彼岸、创造更加幸福美好的未来。如果要问世上什么最美，那就是劳动最美。

在新时代的中国故事里，每一位劳动者都是主角。从近年来开展评选的最美村官、最美消防员、最美医生、最美基层干部等活动来看，这些平凡而又普通的劳动者，之所以能够感动社会、感动中国，就是他们把劳动当成一种责任和担当，把劳动当成人生最大的价值，把劳动当作立身处世的最大美德，恪尽职守、无私奉献、兢兢业业、爱岗敬业，在平凡中彰显不凡，在干事创业中建功立业，从而树立了最美的形象。可以说，“劳动最美”正成为时代的重要特

---

① 习近平：《在庆祝“五一”国际劳动节暨表彰全国劳动模范和先进工作者大会上的讲话》，人民出版社，2015，第2页。

② 同①，第9页。

征，成为人们不变的价值取向。“伟大的事业需要伟大的精神，伟大的精神来自于伟大的人民。我们一定要在全社会大力弘扬劳模精神、劳动精神，大力宣传劳动模范和其他典型的先进事迹，引导广大人民群众树立辛勤劳动、诚实劳动、创造劳动的理念，让劳动光荣、创造伟大成为铿锵的时代强音，让劳动最光荣、劳动最崇高、劳动最伟大、劳动最美丽蔚然成风。要教育孩子们从小热爱劳动、热爱创造，通过劳动和创造播种希望、收获果实，也通过劳动和创造磨炼意志、提高自己。”①

（2）树立正确人才观，培养宏大的高素质劳动者大军

党的十九大提出，要建设知识型、技能型、创新型劳动者大军，弘扬劳模精神和工匠精神，营造劳动光荣的社会风尚和精益求精的敬业风气。劳动者素质对于一个国家、一个民族的发展至关重要。劳动者的知识和才能积累越多，创造能力就越大。习近平总书记指出，“我们要始终高度重视提高劳动者素质，培养宏大的高素质劳动者大军。劳动者素质对一个国家、一个民族发展至关重要。”②人是生产力中最活跃的要素。走新型工业化道路、建设制造强国，需要全面提升劳动者素质，造就一支有理想守信念、懂技术会创新、敢担当讲奉献的宏大产业工人队伍。要深入实施科教兴国战略、人才强国战略、创新驱动发展战略，把提高职工队伍整体素质作为一项战略任务抓紧抓好，实施职工素质建设工程，推动建设宏大的知识型、技术型、创新型劳动者大军。要深入开展中国特色社会主义理想信念教育，通过教育提高劳动者的综合素质，不仅使劳动者掌握科学技术知识和具有劳动能力，而且也提高了劳动者的文化素养、思想修养、职业道德、心理素质、创新精神、合作意识等品质，通过创新思想政治工作方式方法，打造健康文明、昂扬向上的职工文化，拓展广大职工和劳动者成长成才空间，不断提高思想道德素质和科学文化素质。天下为公、担当道义，是广大劳动者应有的情怀，“广大知识分子、广大劳动群众、广大青年要紧跟时代、肩负使命、锐意进取，把自身的前途命运同国家和民族的前途命运紧

---

① 习近平：《在庆祝“五一”国际劳动节暨表彰全国劳动模范和先进工作者大会上的讲话》，人民出版社，2015，第4-5页。

② 同①，第16页。

紧联系在一起，努力为全面建成小康社会贡献智慧和力量”。[①]以新的精神状态和奋斗姿态开创未来，为决胜全面建成小康社会、夺取新时代中国特色社会主义伟大胜利、实现中华民族伟大复兴的中国梦不懈奋斗，铸就工人阶级新辉煌。

人是生产力中最活跃最根本的要素，一个国家发展能否在全球格局中抢占先机、赢得主动，国民素质特别是广大劳动者素质起着至关重要的作用。无论是“中国制造”，还是“中国创造”，乃至“中国智造”，既需要一支结构优化、素质过硬的产业工人队伍，也需要大规模布局合理、技艺精湛的技能人才，更需要一大批精益求精、追求卓越的大国工匠。我国经济已从高速增长阶段转向高质量发展阶段，不仅需要一大批创新研发人才，还需要一大批掌握绝技绝活、技术精湛的高技能人才。纵观世界，凡制造强国，必然首先是技工大国。建设一支高水平的技能工人队伍，对我国经济转型发展有着至关重要的意义。“人力资本质量”将成为中国迈向制造强国进程中的关键因素。从“人口数量”的优势转向“人口质量”优势，要通过教育和培训等不断提高全体民众和广大劳动者的素质，同时注重培养“工匠精神”，以此来主动适应经济形势的变化和灵活应对全球竞争的挑战。然而，当前我国劳动者素质状况并不乐观：我国拥有产业工人1.4亿人，其中，技术工人7000万人。高级技术工人245万人，仅占技术工人总数的3.5%，与发达国家高级技术工人40%的比例差距很大；工人技师100万人，仅占技术工人总数的1.4%，而发达国家的这一比例为20%；高级技师仅7万多人，仅占技术工人的0.1%。[②]由此可见，我国掌握“高、精、尖”技术的工人比例严重偏低。从一定意义上讲，高素质技术工人短缺是制约我国制造业发展的瓶颈所在，远不能支撑优化现代产业体系的需要，直接导致了我国制造业尚处于大而不强的状态。一个国家的核心竞争力和发展的强大后劲，取决于包括科学素质在内的国民素质的不断提升。全面实施科教兴国战略、人才强国战略和创新驱动发展战略，把经济增长方式转移到依靠科技进步和提高公民素质上来，需要数以千万计具有创新精神和创造能力的

① 习近平：《在知识分子、劳动模范、青年代表座谈会上的讲话》，《人民日报》2016年4月30日第2版。

② 尔肯·阿不都卡德尔：《我国技术工人技能结构现状分析与对策》，《新疆职业大学学报》，2010年第2期。

能工巧匠，更要数以亿计适应现代化要求的高素质劳动人才作为城镇建设和经济社会发展的主体。目前，我国城镇就业人员已经达到3.98亿，但是与西方发达国家相比，城镇劳动者的科学素质水平仍然有待提高，社会教育、成人教育的发展尚不全面和深入，终身教育的机会缺乏，不仅直接影响公民科学素质的水平，也直接影响整个社会生产水平、创新水平和业务水平，成为阻碍中国经济转型升级的障碍。

推动经济转型升级和高质量发展，既要有先进装备作基础，又要有劳动者素质和技能提升作支撑。按照党的十九大精神，建立并推行终身职业技能培训制度，以促进就业创业为目标，面向城乡全体劳动者提供普惠性、均等化、贯穿学习和职业生涯全过程的终身职业技能培训，并将工匠精神、质量意识融入其中，有利于缓解技能人才短缺的结构性矛盾、提高全要素生产率、推动经济迈上中高端。如何提高劳动者素质，推动建设宏大的知识型、技术型和创新型劳动者大军，需要全社会采取行动和措施。主要途径有：一是充分发挥企业主体作用，适应产业升级需求，采取政府补贴培训、企业自主培训、市场化培训等方式，支持企业大规模开展职业技能培训。全面推行新型学徒制度，对企业新招用和转岗人员开展技能培训。二是着力培养高技能人才，重点强化高级技师等培训。教育部、财政部与人力资源和社会保障部要抓紧研究支持企业开展技能培训、加快培养高技能人才的措施。三是对高校毕业生、新生代农民工等重点群体广泛开展就业创业技能培训，促进职业技能培训与学历教育相互衔接。四是健全以职业能力为导向的人才评价、技能等级等制度，制定企业技术工人按技能要素和创新成果贡献参与分配的办法，鼓励凭技能创造财富、增加收入。五是大力发展民办职业技能培训，鼓励企业兴办职业培训机构。六是加大职业技能培训经费保障，建立政府、企业、社会多元投入机制。政府补贴的职业技能培训项目全部向具备资质的职业院校和培训机构开放。七是强化培训质量监管，对职业技能培训公共服务项目实施目录清单管理，完善培训绩效评估体系。用更加优质高效的职业技能培训，打造素质高、创新力强的产业工人队伍。

提高劳动者素质，很重要的是提升劳动者创造性劳动的能力。这种能力至少包括：具有自我自觉创造力，好学上进，技术精湛，自觉从严，一丝不苟。比如，近年来，劳模结构由新中国成立初期的体力劳动实干家，逐步向知识型、科技型、创新型人才方向发展，其中，新型技工的比例在每年劳模评选中都在提高。随着“大众创业、万众创新”和“互联网+”时代的到来，这种趋势会越来越明显。提高劳动者素质，更体现在文明的文化价值观上。高素质的劳动者更显著的标志是德才兼备，如果说自觉创造力、好学上进、技术精湛等素质是“才”的标志，那么，以劳动为荣、爱岗敬业、甘于奉献等素质就是“德”的表现。劳动者素质的提升，是在社会大环境中得以实现的。从大的方面看，一种进步的文化观念和价值标准会促使人类的和谐发展，就会促进人类社会的进步与发展，给人类生存带来希望之光；从现实情况看，在社会倡导一种积极向上、进步的文化观，对人们的价值观引导就会有促进作用。由此可见，提高劳动者素质的终极目标，实质是在弘扬一种文明的文化价值观。提高劳动者素质，要落实习近平总书记的要求，弘扬劳模精神，弘扬劳动精神，弘扬我国工人阶级和广大劳动群众的伟大品格，在全社会进一步形成爱岗敬业、淡泊名利、甘于奉献的伟大精神；树立用诚实劳动创造美好生活的风气，为实现中华民族伟大复兴的中国梦踏实工作，建功立业，让每一个劳动者在劳动中体现自身价值，进而形成进取向上的职业精神，不断提升职业化、专业化水平，社会经济的发展才能获得永不枯竭的精神动力，让劳动者的素质提高变成在社会发展中的自觉行为。

（3）构建和谐劳动关系，改善就业环境，提高劳动者待遇

“在前进道路上，我们要始终坚持人民主体地位，充分调动工人阶级和广大劳动群众的积极性、主动性、创造性。”[①]习近平总书记在庆祝“五一”国际劳动节暨表彰全国劳模和先进工作者大会上做出的这一重要论断，语重心长，含义丰富，既饱含对工人阶级和劳动人民的感情，同时具有极强的现实意义和指导意义。充分调动工人阶级和广大劳动群众的积极性、主动性、创造性，一定要尊重人民首创精神。群众的智慧是无穷的，群众的力量是无限的。改革开放以来，从安徽小岗村村民探索“大包干”到创办经济特区的实践中“杀出一条血路来”，从乡镇企业的异军突起到温州模式、苏南模式等，改革开放进程中许多创举都是从群众中来，最终又到群众中去。今天，改革进入攻坚期、深水区，发展方式面临深刻变革，我们更需要问需于群众，问计于群众，激发蕴

① 习近平：《在庆祝“五一”国际劳动节暨表彰全国劳动模范和先进工作者大会上的讲话》，人民出版社，2015，第11页。

藏于职工群众中的无穷创造活力，凝聚他们的智慧和力量，推动各项事业向前发展。“我们一定要发展社会主义民主，切实保障和不断发展工人阶级和广大劳动群众的民主权利。要坚持党的领导、人民当家作主、依法治国有机统一，坚持工人阶级的国家领导阶级地位，加快推进社会主义民主政治制度化、规范化、程序化，坚持和完善人民代表大会制度，推进协商民主广泛多层制度化发展，促进人民依法、有序、广泛参与管理国家事务和社会事务、管理经济和文化事业。要推进基层民主建设，健全以职工代表大会为基本形式的企事业单位民主管理制度，更加有效地落实职工群众的知情权、参与权、表达权、监督权。要尊重人民首创精神，甘当人民群众小学生，把蕴藏于工人阶级和广大劳动群众中的无穷创造活力焕发出来，把工人阶级和广大劳动群众智慧和力量凝聚到推动各项事业上来。”①国家建设是全体人民共同的事业，国家发展过程也是全体人民共享成果的过程，人民对美好生活的向往，就是我们奋斗的目标，当前形势下，实现好、维护好和发展好最广大人民的根本利益，让改革发展成果更多更公平惠及人民，是我国社会主义制度的根本要求，也是我们党和国家的职责与使命。

习近平总书记指出，努力构建中国特色和谐劳动关系，是坚持中国特色社会主义道路、贯彻中国特色社会主义理论体系、完善中国特色社会主义制度的重要组成部分，其经济、政治和社会意义十分重大而深远。劳动关系是最基本的社会关系之一，劳动关系是否和谐，事关广大职工和企业的切身利益，事关经济发展与社会和谐。在新的历史条件下，努力构建中国特色和谐劳动关系，对于促进经济持续健康发展、建设社会主义和谐社会、增强党的执政基础和巩固党的执政地位具有重要意义。当前，我国经济发展进入新常态，经济下行压力加大，稳增长、调结构、转方式的任务十分繁重，企业面临国际国内的市场竞争日趋激烈。在这种形势下，积极构建和谐劳动关系，协调好企业和劳动者的利益关系，处理好稳增长、调结构、转方式中的劳动关系问题，有利于提升人力资本质量、为企业创新发展提供不竭动力，有利于推动经济结构调整顺利进行、保持经济持续健康发展。

---

① 习近平：《在庆祝“五一”国际劳动节暨表彰全国劳动模范和先进工作者大会上的讲话》，人民出版社，2015，第6页。

二、劳模精神的科学内涵

劳动是文明演进的“血脉”，一部中华民族繁衍生息、文明演进的发展史，就是一部中国各族人民的劳动史。“华夏国之魂魄兮，古今民之肝胆”。从刀耕火种、专事稼穑的农耕时代，到机器生产、商业兴盛的工业文明，再到如今网络发达、互联互通的数字时代，自强不息、追逐梦想的精神，勤劳苦干、辛勤劳动的品格，亘古未变，一脉相承，甚至已成为兴国之魂、民族气质。上至愚公、李冰、鲁班及其所折射的“工匠精神”，近至王进喜、孟泰、邓稼先及其所展现的无私情怀，当下郭明义、王继才及其所弘扬的大爱精神等，已经成为中国人灵魂深处的精神雕塑，那永恒不朽的文化之美，恰是中华民族五千年文明史的精神折射——勤劳坚韧，崇尚劳动。

劳模精神，劳模之所以成为劳模，是他们在平凡岗位上做出不平凡业绩所坚持坚守坚定的基本信念、价值追求、人生境界及其展现出的整体精神风貌。劳模精神作为劳动模范的思想内核、行动指南和精神灯塔，成为推动时代前进的强大精神动力，充分体现了工人阶级先进性的主体地位，彰显了工人阶级的伟大品格，推动了工人阶级的成长进步。“劳动模范身上体现的‘爱岗敬业、争创一流，艰苦奋斗、勇于创新，淡泊名利、甘于奉献’的劳模精神，是伟大时代精神的生动体现。”[①]习近平总书记关于劳模精神的表述，为我们科学理解和大力弘扬劳模精神提供了正确的方向和指导。这需要我们一方面正确理解这一表述中六个词汇的各自含义，又要从整体上把握劳模精神的科学内涵。

2020年，突如其来的新冠肺炎疫情，是中华人民共和国成立以来传播速度最快、感染范围最广、防控难度最大的重大突发公共卫生事件。全国人民在党中央的坚强领导下，万众一心、众志成城，各行各业劳动者夜以继日地奋斗、全力以赴地工作，凝聚起抗击疫魔的强大合力，取得了国内疫情防控形势

① 习近平在知识分子、劳动模范、青年代表座谈会上的讲话（全文）.人民网，2016-04-30，http://cpc.people.com.cn/n1/2016/0430/c64094-28316364.html。

持续向好的成果。从一线医务人员到各个方面参与防控的人员，从社区工作者、环卫工人、快递小哥到生产防疫物资的工人、协同攻关的科技工作者，千千万万劳动群众在关键时刻彰显出担当意识和奉献精神，各自坚守在工作岗位，支撑着社会生产生活的基本运转，汇聚起了战胜疫情的强大力量。正是由于各行各业的奋斗者、建设者、创造者积极投身疫情防控和经济社会秩序恢复各项工作，在各自岗位上守土有责、守土担责、守土尽责，才共同推动全国疫情防控阻击战取得了一个又一个胜利，推动经济社会秩序加快恢复，展现了不畏艰险的英雄本色，书写下可歌可泣的时代篇章。“劳动创造了中华民族，造就了中华民族的辉煌历史，也必将创造出中华民族的光明未来”，经历过抗击疫情的斗争，我们增强了对前行道路上风险挑战的清醒认识。进一步弘扬“爱岗敬业、争创一流，艰苦奋斗、勇于创新，淡泊名利、甘于奉献”的劳模精神，积极投身到各项事业中去，为实现中华民族伟大复兴的中国梦贡献力量。正如习近平总书记给参与“东方红一号”任务的老科学家回信所提到的，不管条件如何变化，自力更生、艰苦奋斗的志气不能丢。越是在这样的特殊时刻，越是需要广大劳动者发扬自力更生、艰苦奋斗的优良传统，秉持勤于劳动、善于创造的优秀品质，点燃亿万人民在新时代劳动创造、拼搏奋斗的满怀豪情，汇聚起各行各业劳动者向着实现中国梦的美好前景进发的时代洪流。

（一）爱岗敬业、争创一流——劳模精神的精神底色

1. 爱岗敬业是职业道德的灵魂

一份职业，一个工作岗位，都是一个人赖以生存和发展的基础保障。同时，一个工作岗位的存在，往往也是人类社会存在和发展的需要。爱岗敬业，爱，是热爱与追求；敬，是内心的自我要求，以及对他人的尊敬和对事业的执敬。爱岗是敬业的基石，敬业是爱岗的升华，爱岗敬业是指人们对待工作和职业的一种责任与态度，热爱与敬畏，其外在表现为吃苦耐劳、任劳任怨、精益求精的宝贵品质。爱岗敬业是职业道德的灵魂，爱岗，就是安心，热爱本职工作；敬业，是爱岗的升华，是对工作的一丝不苟，高质量、创造性地完成工作；奉献，就是给予付出，不计得失，为社会和他人服务。爱岗、敬业、奉

献，是普通而崇高的道德情操。爱岗敬业，作为基本的职业道德，既为个人安身立命奠定基础，也为社会发展进步注入活力。炎炎烈日下坚守岗位的交警，三尺讲台上立德树人的教师，赴汤蹈火逆行而上的消防员……这些，都是在以爱岗敬业温暖社会、奉献国家，他们敬业奉献的，不仅是精湛的专业技能，更是一份沉甸甸的责任心，正是这种一丝不苟的职业态度、不计得失的敬业精神，创造了生活中的美好幸福。

爱岗敬业是最好的爱国奉献。什么是爱国，不同的行业、不同的岗位、不同的人群，会有不同的回答、不同的表现，有的轰轰烈烈、彪炳史册，有的默默无闻、甘于平凡。但无论做什么、在哪里，不管事业怎样、业绩大小，都要坚守岗位干好本职工作，把爱国情怀转化为履职尽责的工作激情，在平凡中书写新时代的不凡。“没有普通劳动者的敬业奉献，就不会有经济总量高速增长的‘中国奇迹’。爱岗敬业，是一种崇高的职业理想，一种较真的职业道德，一种细致的职业作风；就要有一股子干劲、拼劲、闯劲，有一股子‘干一行、爱一行、专一行、精一行’的‘傻劲’。”[①]爱国从来不是空洞的、短暂的、泛泛而谈的，而是具体的、永恒的、实实在在的。新时代弘扬爱国奉献精神，就是始终保持一腔爱国奉献的真挚情怀，立足岗位干好本职工作，在祖国最需要的地方干事创业，在一言一行、点点滴滴中将个人梦想融入中国梦，为群众解决各种困难，做敬业的公务员；为群众提供贴心服务，做敬业的服务员；为群众创造文化精品，做敬业的文化工作者……在平凡的岗位上精心谋事、潜心干事、专心做事，把平凡岗位上每一项工作尽职尽责做好，每一项任务尽善尽美完成，就是在践行爱岗敬业、争创一流的优良传统，也真正做到把爱国之情、报国之志融入祖国改革发展的伟大事业之中，融入中国特色社会主义事业“五位一体”总体布局和“四个全面”战略布局的伟大奋斗之中。

工匠精神是对爱岗敬业最好的诠释。“工匠精神”就是在工作中具备一种执著坚守、精进拼搏、脚踏实地、锲而不舍、开拓创新、乐于奉献、爱岗敬业、精益求精的工作作风。“爱岗敬业”是工匠精神的力量源泉。“爱岗敬业”是中华民族的传统美德，是一份崇高的精神，问渠那得清如许，为有源头活水来，正是爱岗敬业精神激励着一代代工匠匠心筑梦。劳模的本色凸现了“工匠

① 顾朝阳：《有一种标杆，叫劳模精神》，《安徽日报》2015年5月6日。

精神”。各级劳模源于广大劳动大众，在他们当中，有艰苦创业、开拓进取、扭亏为盈的企业负责人及脚踏实地、勤奋劳动的一线工人；有十年如一日、刻苦钻研、不懈努力、攻克艰难，获多项科技成果的技术能手；有立志耕山、开展种养，努力发展农村经济，带领父老乡亲走上共同致富的道路的农村带头人和专业户；有视培养新一代为己任、用爱和智慧塑造健康向上心灵的优秀教师；有兵不血刃、破案如神，严惩刑事犯罪分子、确保一方平安的忠诚卫士；有呵护患者、救死扶伤的医务工作者；有依法行政、呕心沥血、当好群众贴心人的机关干部；有把青春献给国防事业、荣立奇功的军之英才；还有堪称“城市美容师”的环卫工……他们正是各行各业的“工匠”。

弘扬大国工匠精神能够有力推动我国由制造业大国向制造业强国的跃升。目前，我国已成为世界制造业第一大国，但我们也应清醒地认识到，在我国产业发展需要经历的农业输出、低端制造、中高端制造、创新科技中心的四个阶段中，我们仍停留在第二个阶段。我们亟须实现由制造业大国向制造业强国的跃升，而这绝离不开大国工匠精神的坚实支撑。如果把提高科技创新水平、强化工业基础能力、提升信息化与工业化融合水平等视为我国制造业转型升级的“硬件”，那么，一大批产业劳动者身上的大国工匠精神则是必不可少的“软件”，缺少软件支撑的硬件，犹如断弦之弓，发挥不出任何价值。任何科学技术的发展都不能取代劳动者的双手，从制造业大国迈向制造业强国的过程中，需要一大批具备工匠精神的劳动者挥洒热血，他们才是真正的筑梦人。

工匠精神这一精神理念不仅限于企业生产，包括政府机关在内的各行各业，都有如何爱岗敬业、精益求精和提高工作水准的时代课题。培育“工匠精神”具有很强的现实针对性和必要性，这不仅是“中国制造”的需要，也是展示“中国形象”“中国实力”甚至是实现“中国梦”的需要。弘扬劳模工匠精神须传承传统。中华民族具有五千多年的文明史，技艺高超的工匠层出不穷，豪杰辈出，英雄横空，从鲁班雕木成凰到庖丁解牛神技，从墨子探行求规到张衡观天测地，古人凭着精湛的技艺为我们树立了不垂的丰碑。所谓工匠精神，就是每位工匠以自己的工作为豪，对产品精益求精、追求完美；为集体谋利益，视工作为享受。当这种精神成为每个中国人的信仰，那么这种精神也将成为温厚如玉的中国文化的底蕴。

弘扬劳模工匠精神须爱岗敬业。爱岗敬业是一种美德，是对事业、职业应有的态度。“就业须敬业、敬业有事业”，一个人无论从事哪种职业，都必须敬业；一个人只有始终敬业，通过刻苦学习、努力工作，不断实践，增强能力，才可能成就一番事业。一部人类发展史表明，无论是仙人洞遗址的原始陶器，还是当代最为尖端的航天工程，都需要工匠双手才能完成，一旦离开了工匠们的敬业专注、严谨求实、争创一流的创造性劳动，人类的一切奇思妙想都将是空中楼阁不能实现，精益求精的工匠精神不仅是在数量上的打磨和完善，更是一种质量层次上的提升，是一种对卓越的追求。在追求极致和完美的过程中，也必然包含着创新在内，因而，创新也应该是工匠精神的一个重要因素。工匠精神不是保守甚至守旧的代名词，应该与创新创造相联系。在家族代代相传的技艺中，通常每一代传人都不仅是继承上一辈积累起来的经验，而且总是加进自己的某种创新和突破。

我们倡导“工匠精神”，不仅有助于我国制造业的转型升级，有利于我国企业“增品种、提品质、创品牌”，而且还具有重要的精神价值，它与弘扬社会主义核心价值观是完全一致的。工匠精神是一种劳动精神，是一种劳动者的精神，它体现了劳动者，特别是普通劳动者的价值，对于纠正当前一定范围内存在的轻视劳动特别是轻视普通劳动者的不良风气具有重要的意义。现代的大国工匠不再是传统的手工匠人，而是现代大工业中的技术工人，是产业工人的一部分，他们身上体现出来的现代工匠精神，是工人阶级新面貌的体现，因此，培育和倡导工匠精神，可以使全社会认识到工人阶级的先进性，认识到工人创造的精神价值。

2. 争创一流是积极奋发的精神风貌

习近平总书记指出，精神的力量是无穷的。争创一流，体现的是劳模精神中积极奋发、凝心聚力、力争上游、不畏艰难、拼搏奋进、敢为人先的精神风貌。人无精神不立，精神体现思想，反映作风，折射出价值信仰和品格修养，也是竞争力、战斗力、爆发力的源泉。邓小平同志说过：“没有一点闯的精神，没有一点冒的精神，没有一股气呀、劲呀，就走不出一条好路，走不出一条新路，就干不出新的事业。”[①]争创一流作为当代中国劳模精神的灵魂，是一

① 邓小平：《邓小平文选》第3卷，人民出版社，1993，第372页。

种思想意识，是劳模充分发挥主观能动性，创先争优的内生动力。各行各业的劳动模范都是争创一流的典范，他们在工作中注重技术革新和发明创造，提质增效，充分焕发创新创造潜能和活力，用一流的技术、一流的管理、一流的服务，不断超越自我，推动社会生产力水平整体跃升。良好的精神状态，是做好一切工作的重要前提。新时期产业工人的杰出代表许振超，曾是一名普通码头工人，他靠“干就干一流，争就争第一”的精气神，带领团队深入开展比安全质量、比效率、比管理、比作风“四比”活动，创造了让世人赞叹的“振超效率”和“振超精神”。

争创一流是走在时代前列的刻度和标志。人类社会向前发展的重要推动力量，就是追求卓越、争创一流、永不止步地探索的精神。争创一流，不光需要有立足岗位兢兢业业、拼搏进取、精业笃行的工作态度，更要有瞄准世界先进水平、与国际水准对标的视野和格局，要具有“给世界增加价值”的奋斗方向，瞄准前沿，着眼未来。“‘争创一流’就是要树立自信心、提振精气神，以‘敢为人先、追求卓越’的精神状态高起点谋划、高标准定位、高质量落实、高效率推进，做到谋划上胜人一筹、行动上快人一步、措施上硬人一度。”[①]争创一流，是劳模对标“高、精、尖”，实现追求一流功绩的行动目标。争创一流是一种思维方式，是激励劳动者奋勇向前、拼搏进取的保证，也是一种方法手段，是对在中国特色社会主义建设各项事业中表现突出、工作业绩突出的劳动者的肯定和鼓励。劳模身上总是有着争创一流的干劲，只有树立强烈的忧患意识、进取意识和责任意识，破除瞻前顾后、畏首畏尾不作为的消极思想，才能激发出敢为人先、攻坚克难和勇于探索的争创一流劲头。

争创一流是新形势下中国共产党一以贯之的精神风貌。在党组织自身建设方面，党组织对全体党员干部提出了立足本职岗位、争创一流工作业绩、展示一流工作作风的要求。党员先进性与党的先进性息息相关，党的先进性从整体上规定了党员的先进性，必然要求党员具有先进性；党员先进性从个体方面反映着党的先进性，是党的先进性的重要载体。保持共产党员先进性就要立足本职，争创一流。

---

① 《树立竞争意识 实干争创一流》，《楚雄日报（汉）》2018年5月19日。

在新的历史条件下，党的十九大报告提出要培育建设“四个一流”：一是在国防军事上，要“把人民军队建设成为世界一流军队”；二是在经济建设上，要培育一批“具有全球竞争力的世界一流企业”；三是在文化教育上，要“加快一流大学和一流学科建设”，即常说的高校“双一流”建设。综上体现了在中国特色社会主义建设时期，中国共产党人在政治、经济、军事、文化、科技、教育中一以贯之的争创一流的精神风貌，也说明必须要将争创一流、建功立业的意识融入到新时代中国综合国力发展的各个方面，这是时代赋予我们的责任。与此同时，作为党的意识形态重要组成的当代中国劳模精神，也必须具有争创一流的时代内涵，并担当理论灵魂的角色。

3. 守岛英雄王继才——爱岗敬业，就是“择一业终一生”的执着坚守

> 家就是岛，岛就是国，守岛就是卫国。
>
> ——王继才

王继才同志是连云港市灌云县开山岛民兵哨所原所长，全国“时代楷模”，守岛卫国英雄。开山岛位于黄海前哨，距离最近的陆地江苏灌云县燕尾港12海里，战略位置十分重要。王继才从26岁起便以海岛为家、与海水为邻，32年，11600多个日夜，王继才把“我为祖国守海防”作为毕生事业，在这个仅有两个足球场大的小岛上过了20多年没水没电，仅一盏煤油灯、一个煤炭炉、一台收音机的日子，毅然肩负起守卫“黄海前哨”的重任，把人生美好年华无私奉献给国家海防事业。32年来，每个清晨，在这个距离祖国心脏1000公里以外的、仅有两个足球场大的孤岛上，王继才都会和妻子王仕花举行两个人的升旗仪式，风雨无阻，“只有升起五星红旗，才代表开山岛是中国的土地！”这是王继才生前说过的话。多年来，无论是寒风肆虐的冬日、还是酷暑难耐的夏天，升国旗、巡海岛、观天象、护航标，成了王继才夫妇每日在岛上的必修课。正是这份担当，让无人关注的小岛上永远有鲜艳的红旗飘扬，向世人宣示主权和尊严；正是这份责任，让许多重要的海防信息能够在第一时间得到传递，使艰巨的战备执勤任务得以出色完成。因为常年生活在岛上，潮湿导致王继才的胳膊和腿上密密麻麻布满了铜钱大小的白斑，患上湿疹。朋友

图 3-1 守岛英雄王继才（图片来源：中新网）

听说离岛就能祛除病根，便劝他为了自己的身体考虑离岛养病，王继才听罢说："我已与开山岛融成一体，别说几天，就是一分钟我也舍不得离开。"因长期坚守在潮湿阴冷的小岛上，除了湿疹，王继才还患上了严重的风湿性关节炎。夜里病发时，他常被疼醒，只能靠老伴王仕花敲打止疼。

"家就是岛，岛就是国，守岛就是卫国"，在这种强烈信念的支撑下，恶劣的环境、艰苦的生活从没磨灭过王继才坚守孤岛的决心。倾一腔热血唯酬夙愿，守万里海疆不忘初心。2018 年 7 月，默默守岛卫国 32 年的王继才在执勤期间突发疾病，经抢救无效去世，生命定格在 58 岁。他永远地离开了与之朝夕相处的妻子，离开了执着坚守的开山岛，也离开了倾情奉献的海防事业。王继才的一生，是满怀奉献精神的一生。习近平总书记对王继才同志先进事迹作出重要指示，王继才同志守岛卫国 32 年，用无怨无悔的坚守和付出，在平凡的岗位上书写了不平凡的人生华章。我们要大力倡导这种爱国奉献精神，使之成为新时代奋斗者的价值追求。王继才上岛之初，岛上无电无淡水无居民，除了空荡荡的营房就是肆虐的海风。他抱定"守岛就是守家，国安才能家安"的坚定信念，舍小家、顾大家，历经艰难困苦，信念历久弥坚。这种无私忘我、挺身而出、不辞艰险、为国效力的精神，绽放出高尚的人格光辉。

（二）艰苦奋斗、勇于创新——劳模精神的精神核心

1. 艰苦奋斗，保持自强不息的精神风貌

劳动是人之为人的本质特征，是人类社会前进和发展的动力基础，也是历史唯物主义的基本原理之一，而劳动又是人的艰苦奋斗的过程，艰苦奋斗是我国劳动人民的传统美德，是自强不息精神的集中体现，是中华民族精神的重要内容，是中华民族伟大的精神财富。中华民族五千年的历史就是一部艰苦卓绝的奋斗史，无论是上古先民敬仰的神话人物和故事传说，还是“艰难困苦、玉汝于成”“生于忧患、死于安乐”等古人格言也都反映出中华民族是一个艰苦奋斗的民族，蕴含着深厚的崇勤、节约、刻苦等美德。这些美德激励着中国人民崇尚勤劳、厉行节约、刻苦努力、生生不息，铸就了悠久且未曾中断的闪耀世界、傲立东方的中华文明，是中华民族的一种精神力量，更是一种永恒的信仰。坚持艰苦奋斗是我们党在长期的革命和建设历程中形成的优良传统和作风，也是中华人民共和国成立以来一路高歌猛进的重要精神支撑。美国记者斯诺两次到延安和陕北革命根据地采访，看到毛泽东住着简陋的窑洞，周恩来睡的是土炕，彭德怀穿着用缴获的降落伞改制的背心，林伯渠戴着用线绳系着断了腿的眼镜。从这些细小的事情上，斯诺感慨中国共产党人有一种战无不胜的“东方魔力”，断言这是兴国之兆、胜利之本。毛泽东同志在中华人民共和国成立前夕召开的七届二中全会上就告诫全党：“中国的革命是伟大的，但革命以后的道路更长，工作更伟大，更艰苦。这一点现在就必须向党内讲明白，务必使同志们继续地保持谦虚、谨慎、不骄、不躁的作风，务必使同志们继续保持艰苦奋斗的作风。”[①]在中共八届二中全会，毛泽东同志讲话里再次谈到，“现在部队的伙食改善了，已经比专吃酸菜有所不同了。但根本的是我们要提倡艰苦奋斗，艰苦奋斗是我们的政治本色。”[②]回顾中国共产党的百年历史，就是一部艰苦奋斗史，毛泽东同志将其高度概括为“我们的政治本色”。保持艰苦奋

① 毛泽东：《毛泽东选集》第4卷，人民出版社，1991，第1438-1439页。

② 王均伟：《重温毛泽东关于艰苦奋斗的论述》，《求是》2020年第4期。

斗，不仅意味着在物质层面人们的消费水平要在合理的限度内，坚持艰苦朴素，提倡勤俭节约、珍惜劳动的物质财富，自觉克服贪图安逸和追求享受的生活作风，更意味着在精神层面保持着不畏艰难困苦、锐意进取、战胜一切艰难险阻、一往无前、奋发有为的精神状态和为人民利益乐于奉献的行为品质。

“成由勤俭败由奢。”习近平总书记强调，在实现中华民族伟大复兴的新征程上，必然会有艰巨繁重的任务，必然会有艰难险阻甚至惊涛骇浪，特别需要我们发扬艰苦奋斗精神，崇尚艰苦奋斗是中华民族自强不息的精神基因。在逐梦新时代的伟大征程中，大力弘扬红色文化，不断从中汲取矢志不渝、艰苦奋斗的精神动力，具有重大而深远的意义。幸福不是坐而论道，更不是坐享其成，要获得幸福，必须要经历筚路蓝缕、手胼足胝的奋斗。甚至从某种意义上看，奋斗目标越是远大，奋斗的过程便愈是困难重重、艰苦漫长，这是历史和现实都反复证明了的真理。正如习近平总书记所言：“我们的事业成功都是经过艰辛探索、艰苦奋斗取得的。想一帆风顺推进我们的事业，想顺顺当当实现我们的奋斗目标，那是不可能的。”[①]在2018年春节团拜会上的讲话中，习近平总书记系统论述了奋斗的艰辛性、长期性和曲折性，并号召人民为了实现奋斗目标排除万难、无私奉献、勇于牺牲。他说：“奋斗是艰辛的，艰难困苦、玉汝于成，没有艰辛就不是真正的奋斗，我们要勇于在艰苦奋斗中净化灵魂、磨砺意志、坚定信念。奋斗是长期的，前人栽树、后人乘凉，伟大事业需要几代人、十几代人、几十代人持续奋斗。奋斗是曲折的，‘为有牺牲多壮志，敢教日月换新天’，要奋斗就会有牺牲，我们要始终发扬大无畏精神和无私奉献精神。”[②]这一系列论述为我们正确认识奋斗的本质特征、审视自身的奋斗实践提供了价值引领和行动指导。

1957年11月17日，毛泽东在莫斯科大学，面对我国留学苏联的数千名学子，发表了“希望寄托在你们身上”的著名讲话，“你们青年人好像是早晨八九点钟的太阳，希望寄托在你们身上。”[③]留学生们高喊“为祖国奋斗五十年”

---

① 习近平：《习近平谈治国理政》，外文出版社，2014，第402页。

② 习近平：《在2018年春节团拜会上的讲话》，《人民日报》2018年2月14日。

③ 欧美同学会纪念毛泽东同志“希望寄托在你们身上”讲话发表60周年. 中国网，2017-11-16，http://news.china.com.cn/txt/2017-11/16/content_41902412.htm。

的口号来回应，场面激动人心，半个多世纪过去了，“为祖国奋斗五十年”的使命落到当代青年肩上，继承和发扬老一辈的光荣传统，大力发扬艰苦奋斗精神，成为新时期青年人义不容辞的责任。青年兴则国家兴，青年强则国家强，青年有希望，未来的发展就有希望，作为社会主义事业的建设者和接班人的青年更应积极弘扬艰苦奋斗精神。新时代中国青年要始终保持艰苦奋斗的前进姿态，坚定理想信念，练就过硬本领，投身强国伟业，在实现中华民族伟大复兴中国梦的新长征路上奋勇搏击。新时代属于每一个人，每一个人都是新时代的见证者、开创者、建设者，奋斗不是少数人或部分人的孤单旅程，而应是全体人民的共同经历。只有将无数个人的奋斗汇聚起来，才能够日益靠近民族复兴的伟大目标。新时代赋予艰苦奋斗新内涵，既有恒定的价值内核，也有鲜明的时代特色，要求我们在思想上要锐意进取，在学习上要永不止步，在工作上要不断探索，在生活上要朴实无华。艰苦奋斗不是守旧过时的代名词，经济发展了、生活条件好了，并不意味着提倡艰苦奋斗、勤俭节约就是“古板迂腐”，无论时代如何发展，只要人类改造自然和社会的活动不止息，艰苦奋斗的精神就永不过时。实现中华民族伟大复兴是十分伟大而艰巨的事业，需要全体中华儿女众志成城、万众一心，把一切力量都凝聚起来，把一切积极因素都调动起来，为了共同的目标不懈奋斗。同时，团结奋斗不仅为共同理想的实现积聚力量，也为个人的发展奠定坚实的基础，只要我们紧密团结，万众一心，为实现共同梦想而奋斗，实现梦想的力量就无比强大，我们每个人为实现自己梦想的努力就拥有广阔的空间。

党的十八大以来，习近平总书记多次发表过关于坚持艰苦奋斗作风的论述，他强调指出，“抓改进工作作风，各项工作都很重要，但最根本的是要坚持和发扬艰苦奋斗精神……能不能坚守艰苦奋斗精神，是事关党和人民事业兴衰成败的大事”。[①]艰苦奋斗是我们党治国理政的法宝，是我们通向并实现幸福的沧桑大道。正如习近平总书记所指出的那样，“幸福都是奋斗出来的。”“奋斗本身就是一种幸福。只有奋斗的人生才称得上幸福的人生。奋斗是艰辛的，

---

① 习近平：《更加科学有效地防治腐败 坚定不移把反腐倡廉建设引向深入》，《人民日报》2013年1月23日。

艰难困苦、玉汝于成，没有艰辛就不是真正的奋斗。”[①]社会主义是干出来的，新时代也是干出来的。艰苦奋斗是中国共产党的政治优势、政治本色、光荣传统和制胜法宝，中国共产党作为马克思主义政党和无产阶级政党，推崇劳动、倡导艰苦奋斗、尊重劳动者、肯定劳模功绩、弘扬劳模精神，具有艰苦奋斗本色政党所弘扬的当代中国劳模精神，必然要具备艰苦奋斗的品格和本色。当代中国劳模在党的领导和教诲下，在艰苦奋斗中净化灵魂、磨砺意志、坚定信念，淋漓尽致地诠释着劳模精神的艰苦奋斗内涵。

2. 勇于创新，以求新求变的勇气再攀高峰

创新，是一个民族进步的灵魂，是事业发展的不竭动力。创新是人类特有的活动，是人的存在方式，“自然界没有制造出任何机器，没有制造出机车、铁路、电报、自动走锭精纺机等等。它们是人的产业劳动的产物，是转化为人的意识驾驭自然的器官或者是在自然界实现人的意志的器官的自然物质。它们是人的手创造出来的人脑的器官；是对象化的知识力量。”[②]“任何一种不是天然存在的物质财富要素，总是必须通过某种专门的、使特殊的自然物质适合于特殊的人类需要的，有目的的生产活动创造出来。”[③]创新是人类特有的认识能力和实践能力，一个民族、一个国家要想走在时代的前列，就一刻也不能没有理论思维、一刻也不能停止理论和实践创新。创新，是当代中国最鲜明的特征。新中国成立70多年来，中国共产党人一方面汲取了马克思恩格斯列宁的科技创新思想，又在不同的时代背景下，结合中国客观实际，发展了科技创新思想。以毛泽东为代表的中国共产党人提出“向科学进军”的口号，自然科学是人们争取自由的一种武装。邓小平经过潜心钻研，针砭时弊地为知识分子正名，在党的十一届三中全会后提出要“尊重知识，尊重人才”。面对改革开放的伟大实践，邓小平与时俱进地明确提出了“科学技术是第一生产力”的论断。邓小平指出：“中国要发展，离不开科学……实现人类的希望离不开科

① 《习近平给中国劳动关系学院劳模本科班学员的回信》，《人民日报》2018年5月1日。

② 马克思、恩格斯：《马克思恩格斯选集》第2卷，人民出版社，2012，第784-785页。

③ 马克思、恩格斯：《马克思恩格斯文集》第5卷，人民出版社，2009，第58页。

学，第三世界摆脱贫困离不开科学，维护世界和平也离不开科学”。[①]“科学技术是第一生产力”这个论断适应了改革开放的时代潮流，被后来历届领导人沿用，在中国特色社会主义建设中迸发出无比的力量。党的十八大以来，习近平总书记继承和发展了党的历代中央领导集体的“科技创新”思想，从全面建设社会主义现代化国家为科技创新树立明确目标、全面深化改革为科技创新提供动力源泉、全面依法治国为科技创新提供制度保障、全面从严治党为科技创新提供核心力量，“惟创新者进，惟创新者强，惟创新者胜”。我们党在领导人民从站起来、富起来到强起来的历史性飞跃中，发扬创新精神，不断完善中国特色社会主义制度，取得了令人瞩目的成就，在新的历史方位下，发扬敢为人先的创新精神，为创新中国建设汇聚磅礴动力，具有特殊而重要的意义。

创新精神是指具有能够综合运用已有的知识、信息、技能和方法，提出新方法、新观点的思维能力和进行发明创造、改革、革新的意志、信心、勇气和智慧。创新精神是劳动模范的优秀品质，显示了劳动模范的创造力，敢为人先，在人群中脱颖而出。“一个党，一个国家，一个民族，如果一切从本本出发，思想僵化，迷信盛行，那它就不能前进，它的生机就停止了。”[②]坚守在各行各业的劳动模范努力创新、甘于奉献，实现着自己的人生价值。在他们身上体现出的爱岗敬业、争创一流，艰苦奋斗、勇于创新，淡泊名利、甘于奉献的劳模精神，成为改革开放的时代精神。我们要“培养造就一大批具有国际水平的战略科技人才、科技领军人才、青年科技人才和高水平创新团队”，建设一支又一支“知识型、技能型、创新型劳动者大军，为创新创造提供雄厚的人力资源保障”。[③]“中国要强盛、要复兴，就一定要大力发展科学技术，努力成为世界主要科学中心和创新高地。我们比历史上任何时期都更接近中华民族伟大复兴的目标，我们比历史上任何时期都更需要建设世界科技强国！”[④]创新的内涵很广泛，包括了一切可供资源配置的创新活动，这些活动可能与技术有直接

---

① 邓小平：《邓小平文选》第3卷，人民出版社，1993，第183-184页。

② 邓小平：《邓小平文选》第2卷，人民出版社，1994，第143页。

③ 习近平：《用干劲、闯劲、钻劲鼓舞更多人争做新时代的奋斗者——习近平给中国劳动关系学院劳模本科班学员重要回信学习研讨会发言摘登》，《光明日报》2018年5月10日。

④ 《习近平在中国科学院第十九次院士大会、中国工程院第十四次院士大会上的讲话》，《人民日报》2018年5月29日。

关系，如技术创新、产品创新，也可能与技术不发生直接关系，如观念创新、思路创新、制度创新、管理创新、能力创新等。习近平总书记指出："只有聆听时代的声音，回应时代的呼唤，才能把握历史的脉络，找出发展规律，推动创新"。[①]在他看来，推动创新发展，就是要准确把握时代的课题，保持伟大创造精神与时俱进的品格。

当代中国劳模充分发挥先锋模范作用，不断钻研科学技术，全面提升勇于创新的本领，锐意进取、勇于创新、不断增强善于创造的能力，结合实际运用互联网技术和信息化手段推动工作不断取得新成效，在自主技术研发、提升产品品质、改进管理模式等方面都取得了突出业绩，为中国特色社会主义现代化发展建设作出了突出贡献。除了与时俱进的特质外，勇于创新也是中华民族创造精神的根本特性。

一直以来，习近平总书记都极为提倡发扬民族创造精神，勇于创新。对此，他从科技、文艺等领域具体进行了阐释。首先在科学技术领域。在中华民族几千年的历史长河中，民族创造精神孕育出了"四大发明"等伟大科技成果，这些都深刻影响着人类文明的进程。中华民族几千年"发明创造的科技成果"正是中华民族勇于创新的精神特质的体现。科技创新成果是国之重器、国之利器，必须发扬中华民族在科技领域勇于创新、敢于创新的创造精神，推进科学技术的发展，使中国成为世界主要科技创新高地，从而实现国家强盛，民族复兴。其次在文艺领域。创新是文艺的生命，文艺创作本身就是一个勇于创新、不断创造的过程。从古至今中华民族从诗经楚辞到唐诗宋词，创作出了无数伟大文艺作品。这些文艺创作都是内容与形式的深度交融创新，是中华民族勇于创新的精神的切实反映。习近平总书记指出："优秀的文艺作品反映了一个民族文化创造创新能力"。强调要推动民族文化创新发展就要充分发扬勇于创新的民族创造精神，提高文艺创作的精神动力，努力为中华民族乃至人类文明贡献不朽的作品。需要注意的是，习近平总书记所阐释的民族创造精神中勇于创新的精神特质并不是盲目的，而是在"大胆设想"的同时"小心求证"。在习近平总书记看来，中华民族"敢为天下先"的创造精神并非只是大胆地闯和试，而是在讲策略，注意方法基础上的水到渠成。

---

① 习近平:《在哲学社会科学工作座谈会上的讲话》,《人民日报》2016年5月19日。

创新的具体表现形式是多种多样的，创新的动力是需要，创新的目的则是应用，“创新精神是人特有的能力，创新精神是人特有的精神。动物只能被动适应环境的变化，而人则从不满足于大自然的赐予，他要改造世界、创造出新的环境来满足自己的需要。人类发展史就是一部人类创新史，创新精神就是在这种创新的历史中，内化为人的精神素质，积淀为人类的文化遗传”①。创新是以新思维、新发明和新描述为特征的一种概念化过程。创新的本质是突破，创新活动的核心是“新”。创新精神是人们在日常劳动活动中产生的一种劳动精神，正是在这种精神的激励下，人的潜能被无限激发，从而创造出更高的活动效率、更好的生产能力。我们的劳动模范正是秉持着这种精神，通过一代又一代的努力，开拓进取、锐意创新创造，为国家创造了巨大的财富，推动着社会的发展和进步，为从劳动密集型企业转化为技术密集型企业，为“中国制造”升级为“中国创造”“中国智造”作出自己应有的贡献。

3. 齐嵩宇——解决车身焊接缺陷世界难题的“金牌工人”

科技成果转化为现实生产力，始终离不开一线工人的双手。在制造强国的建设过程中，我们更应该力量与智慧并用，以新型技术工人的形象擦亮中国品牌。

——齐嵩宇

齐嵩宇（1974—），男，汉族，中共党员，全国五一劳动奖章获得者、吉林省劳动模范，现任一汽红旗分公司制造技术科维修班长，国家科学技术进步奖获得者，享受国务院政府特殊津贴，全国劳模。他研制的“电阻点焊工艺自动监控技术”项目，解决了轿车白车身焊接过程中的质量监控和检测这一项世界难题，他的设计成果累计为一汽集团直接节省900多万元。2014年，中华人民共和国人力资源和社会保障部授予齐嵩宇中华技能大奖，2015年他获得全国劳动模范荣誉称号，被评为吉林省第十三届全国人民代表大会代表。

1994年，齐嵩宇进入生产红旗轿车的中国一汽工作，在那之后的20多年岁月里，他一直奋斗在一汽的基层岗位上，“从我第一天成为一名产业工人

① 吕俊杰：《论创新精神》，《首都师范大学学报》，2004年第6期。

起，我就想把自己的技能练到最佳，再将自己的技能广而传之。我的初心就是将产品质量做到最棒。”他这样说道。齐嵩宇有一个外号叫“面条齐”，他经常在维修间加班学习，为了解决吃饭问题，他经常在维修间里煮面条凑合一顿饭，凑合的次数多了，同事就经常打趣他叫“面条齐”。这样没日没夜地苦练技术，换来的是技艺的突飞猛进。当谈到他如何从技术工人变身成“创新能手”时，齐嵩宇却坦言，是一次工作上的失误成就了现在的一切。

2002年，因工作调整，齐嵩宇被调到焊接车间担任一名电焊工，这份工作压力很大，对体力要求也很高，常常稍有不慎就会出现漏焊事故。在一次焊接操作中，齐嵩宇负责的汽车因出现4个点漏焊，导致工人们花费一天时间去查找、弥补。带着愧疚，齐嵩宇开始思考如何从根本上解决漏焊问题。轿车白车身焊接过程中的质量监控和检测属于世界难题，车身由6000多个电阻点焊焊接而成，世界各国的汽车制造企业都无法确保出厂的汽车焊接质量，一旦汽车在使用的过程中暴露出焊接的质量问题，只能通过将车辆召回的方式进行返厂修复，“虽然漏焊是一项世界性的技术和质量管理难题，但当时我就想，能不能研发出一种监控设备，改变这种单纯靠人眼来检查的传统方法。”一个大胆的想法在齐嵩宇的脑海中闪现，这个想法提出来后立即得到了车间领导的认可和支持。为了研发监控设备，齐嵩宇及其同事经过无数轮调试，3个月后，一种新型的漏焊监控仪——“电子漏焊监控器”被研制了出来，解决了汽车行业漏焊难检测的问题，直到现在，这项技术还在生产线上普遍应用着。齐嵩宇凭借电焊监控仪项目一举拿下了2004年度的首届全国职工技术创新成果奖，此后，国内外参观团纷纷来一汽厂“取经”。4次漏焊事件敲开了齐嵩宇发明创造的大门，至此之后，他一方面主动到大学进修学习电子仪器等相关知识和理论，提升专业素养，另一方面，他结合生产过程中暴露出来的问题，充分利用车间这一实践舞台，不断地实验和论证，改进和完善自己的发明，相继又研发出电阻压力焊接质量自动检测技术、弧焊质量评判技术等，其中齐嵩宇研制成功的“电力拖动机构远程监控技术”填补了国内5项空白，真正实现了电力拖动机构运行生产的自动化、电子化、数字化的全方位监测，提高了设备运行的稳定性，大幅度降低了企业的运营成本。

齐嵩宇在自己的工作岗位上刻苦钻研，为了更好地服务于车间和广大员工，他向经验丰富的师傅虚心学习，边学边干，很快由一名普通的技术工人逐渐成长为一名知识型员工。为了能让大家掌握更多的操作技术，2004年，他撰写了286份《设备点检文件》，将自己9年多来在工作中总结的经验与大家共享，带领车间员工达到共同进步的目的。他自进入工作岗位后，始终保持创新精神，承担起红旗复兴的责任，将“红旗复兴梦”与自己的梦想紧紧相连，凭借高超的技术及所掌握的理论知识在实践中解决了大量生产中的技术难题，以精湛的技艺为红旗轿车的辉煌作出了突出贡献。“我想让更多一线工人明白，维修工不是维换工，要潜心钻研自己的技术领域，做个有思想有研究的技术能手。”齐嵩宇说。从一名普通工人到被称为“中国当代发明家”“金牌工人”，齐嵩宇始终扎根车间一线，在他的身上展现出了当代中国产业工人立足岗位、刻苦钻研、不断创新的崇高境界，新时代给予工人更大的成长空间，同时也赋予工人更多使命，科技成果要转化为现实生产力，需要千千万万个齐嵩宇式的劳动模范。“只有在自己工作的技术领域潜心钻研，做个有思想有研究的技术能手，才配得上这个奋进的时代。”齐嵩宇如是说。

图3-2 “金牌工人”齐嵩宇（图片来源：新浪网）

（三）淡泊名利、甘于奉献——劳模精神的精神境界

淡泊名利、甘于奉献是中华民族精神的重要组成部分，也是做人的崇高境界。我们干事创业，就要有这种淡泊名利、甘于奉献的精神。无论贫富贵贱、穷达逆顺，都要始终保持定力、坚守初心，克服急功近利的浮躁，远离追名逐利的彷徨，不谋一己之得失，而忧事业之兴衰；无论从事什么工作，都要始终做到吃苦在前、享受在后，勤奋敬业、任劳任怨，勇于创新、敢于担当，脚踏

实地干出一番事业，成就有价值的人生。

1. 淡泊名利锤炼高尚品格

名利观是指人们对名利问题的根本看法和基本观点，属于价值观的范畴，也是一种人生观，淡泊名利是无产阶级名利观的重要内容，是中国共产党人的精神追求。劳动模范几年、十几年、甚至几十年如一日地在平凡的工作岗位，默默耕耘、奋斗不息，身上体现出来的淡泊名利的崇高精神，反映出了当代中国劳模的一种境界。刘少奇曾说："为了国家和人民的利益不怕自己吃亏的人，才是高尚的、有道德的、脱离了低级趣味的人，才是真有理想，能够站得住脚、能够得到人民信任的人。"①在这个充满欲望与诱惑的社会，人们的价值观也是多元化的，我们宣传淡泊名利，不是要求广大群众不要名、不要利，而是我们要的名首先应该是勤政廉洁、淡泊自守、创先争优之名，我们要的利首先应该是国家之利、集体之利、人民福利，只有不受名缰利锁的羁绊，对祖国的满腔热血、对理想信念的坚守、对事业的无限热爱，才是引领社会风尚不可或缺的正能量。一个人的能力有大小、职业有不同、职位有高低，但只要切实把人民利益放在首位，坚持把实现个人追求与实现党和国家的奋斗目标、人民利益紧密联系起来，不为狭隘私心所扰，不为浮华名利所累，不为低俗物欲所惑，就是淡泊名利的典范。

淡泊名利是中国劳动模范固有的精神境界，是劳模精神所传达的道德价值。中国的劳动模范从登上中国历史舞台起，就拥有着"淡泊名利"的精神境界。革命战争时期，无论是苏区政府还是边区政府的劳动英雄都将自己的利益与民族解放融为一体，他们主动捐出自己的粮食等物资支援前线，为抗日战争胜利提供了物资保证。在那个物质极度匮乏的年代，多数老百姓都挣扎在吃不饱饭的边缘，拿出钱物赠与他人是极为难能可贵的。但是劳模群体率先垂范，怀着感恩共产党之心，舍弃了自己的"利"，将辛劳换来的劳动成果支援了革命，可谓是重义轻利、淡漠名利的先锋模范。

掏粪工人、共和国首批劳模时传祥，受到毛泽东、周恩来、刘少奇等党和国家领导人的接见，头顶光环的时传祥没有因此骄傲自大，也没有因此去炫耀

---

① 刘少奇：《刘少奇选集》下卷，人民出版社，1985，第293页.

和以此去交换什么。

全国劳动模范、全国道德模范袁隆平，也是淡泊名利的榜样。袁隆平把全部精力都放在了研究杂交水稻上，放在了解决中国人的吃饭问题上，并且把杂交水稻的专利权无私地捐赠给了国家。喂饱了8亿中国人的科学家袁隆平，仍然身穿35元的衣服，泡在水田里默默耕耘。2004年度感动中国致袁隆平的颁奖词写到——袁隆平：“他是一位真正的耕耘者。当他还是一个乡村教师的时候，已经具有颠覆世界权威的胆识；当他名满天下的时候，却仍然只是专注于田畴，淡泊名利，一介农夫，播撒智慧，收获富足。他毕生的梦想，就是让所有的人远离饥饿。”2008年，袁隆平在回应当年落选中科院院士一事上说道，“我努力并不是为了当院士，当时我的态度是如此，现在依然如此。……我当选美国科学院外籍院士也是人家推选的，我的目的不在于院士不院士。我是搞超级杂交水稻的，我的目的就在于能够不断出新成果，为粮食安全作出贡献，那就是我最大的安慰。”[①]劳模袁隆平让我们感动的、令我们尊重和推崇的，除了敬业奉献的情操和爱国爱民的情怀，还有他淡泊名利、宁静致远的精神境界。

全国劳模、中国石油天然气勘探开发公司海外非洲项目副总地质师、中国石油集团公司高级技术专家苏永地，被誉为“石油神探”，能在数万平方公里的非洲油藏区，准确定位油井的位置，成功率达到80%，然而，这位“神探”却是出了名的“见了工作抢着干，遇到名利躲着跑”的人。苏永地虽然在国内外业界名气很大，拥有大量的创新成果，但在与同事合作的众多成果中，鲜有把自己的名字放在首位。2000年底，中国石油以独资形式正式介入非洲项目F区的开发。由于这里地质条件复杂，属世界级难题地区，苏永地再一次主动做起探区地震资料解释和成图重担。从此，每天晚上，当尼罗河西头的夕阳落尽，苏永地便步行两公里到F区驻地。在他无声的带动下，其他项目的中方技术人员也都默默地加入到这段征程中。天不负人，F区的勘探获得了突破，相关的科研成果也获得了中国石油集团公司科技进步一等奖。成果申报时，苏永地坚持将自己的名字排在大家后面。他说，F区的成功是团队努力的结果。熟悉苏永地的一位高层人士感叹：“苏永地是一个真正谦虚、真正淡泊

---

① 《袁隆平回应落选中科院院士》，《北京农业》，2008年第11期。

名利的人。”苏永地对自己的人生定位，是“科技报国，技术争光，淡泊名利”。谈起荣誉，苏永地腼腆地说：“我只做了我应该做的，祖国给我的荣誉太多了。”

正确的名利观会影响和铸就高品位和高格调的人，新时代，我们仍然必须要倡导劳模保持的本来就具有的安贫乐道、甘于寂寞、淡泊自守、不求闻达的豁达态度，学习继承老一辈劳模体现的谨守本分、淡泊名利的精神境界，弘扬当代中国劳模精神。

2. 甘于奉献是劳模精神最鲜明的标识

无私奉献，是中华民族最宝贵的精神财富，是中华民族始终屹立于世界民族之林的根本保证。奉献精神，是指为了维护社会集体利益或他人利益，个人能够自觉让渡、舍弃自身利益的一种高尚品格，是对个人利益与集体利益关系的完美诠释。我们的党自诞生之日起，就把奉献鲜明地写在自己的旗帜上，党的全部奋斗史、发展史也就是一部奉献史。中华民族是一个崇尚奉献的民族。在几千年的历史长河中，中国人民守望相助、勇于付出，留下了许多关于奉献的经典传说故事。我国古代神话传说很多与奉献有关。女娲补天，讲的是女娲面对人类灾难，挺身而出、补天救世的传说；大禹治水，讲的是大禹三过家门而不入，舍小家为大家，用数年时间在华夏大地驯服洪水的经历；愚公移山，讲的是愚公决心子子孙孙挖山开路、最后感天动地的故事。这些传说故事，都饱含牺牲小我、成就大我的奉献精神，几千年来人人皆知，深深扎根在中国人的心底。历史上的英雄故事很多与奉献有关。林则徐抵御外侮，苟利国家生死以，岂因祸福避趋之……这些感人故事不胜枚举，塑造了一个个英雄人物，撑起了一代又一代的民族脊梁。文学中的经典名句很多与奉献有关。李商隐的“春蚕到死丝方尽，蜡炬成灰泪始干”；范仲淹的“先天下之忧而忧，后天下之乐而乐”；文天祥的“人生自古谁无死，留取丹心照汗青”；陶行知的“捧着一颗心来，不带半根草去”……这些经典名句，从不同侧面表达了人们对奉献的赞美。

我们党作为马克思主义政党，是世界上最讲奉献精神、最有奉献精神的先进政党。马克思、恩格斯在《共产党宣言》中指出，“过去的一切运动都是少数人的或为少数人谋利益的运动，无产阶级的运动是绝大多数人的、为绝大多数人谋利益的独立的运动。”[①]我们党从一诞生，就明确自己是中国工人阶级的先锋队，坚持全心全意为人民服务的根本宗旨，以实现共产主义为最高理想和远大目标。这些质的规定性，决定奉献是我们党的精神底色。党章明确规定，共产党员必须“坚持党和人民的利益高于一切，个人利益服从党和人民的利益，吃苦在前，享受在后，克己奉公，多做贡献”。入党誓词明确提出：“为共产主义奋斗终身，随时准备为党和人民牺牲一切，永不叛党。”这说明，共产党员讲奉献不是可有可无的选择，而是必须履行的义务。我们党的百年历史，就是一部为中国革命、建设、改革赤诚奉献的历史。我们党除了工人阶级和最广大人民群众的利益，从来没有自己特殊的利益。在长期的奋斗实践中，我们党创立形成的井冈山精神、长征精神、延安精神、西柏坡精神、铁人精神、“两弹一星”精神、抗震救灾精神、载人航天精神等一系列伟大精神，无一不包含着奉献。我们党的队伍中所涌现的刘胡兰、江竹筠、董存瑞、邱少云、雷锋、王进喜、焦裕禄、孔繁森、甘祖昌、谷文昌、杨善洲、沈浩、郭明义、邹碧华、南仁东等一大批英雄模范，也无一不体现着奉献。

劳模群体以奉献为精神标识，在工作和生活中着眼当前、立足岗位、热爱劳动，从眼前正在做的事情做起，保质保量地完成自己的本职工作；胸怀大志，不为身外之物所累，不横攀竖比、患得患失，不挑肥拣瘦、拈轻怕重，脚踏实地朝着既定目标不懈努力；励精图治，发愤图强，始终保持旺盛的工作激情和健康向上的良好心态；甘于奉献、不谋私利，乐于付出、不求回报，用最坚定的信念、最执着的精神、最寻常的举动，在平凡的工作中做出不平凡的功绩；在奉献中创造价值，在奉献中实现人生价值，在奉献中收获尊敬与爱戴。能奉献、乐奉献、求奉献已成为劳模的思想自觉和行动自觉，甘于奉献是劳模的底色担当，是劳模精神内涵中抹不去的底色。奉献与索取是一对矛盾，也是人生价值的两个不同坐标，奉献，是以为他人和社会谋幸福作为人生的基点，以奉献为最大乐趣，个人的幸福在奉献中得以实现。索取，则是所思所想、所作所为都是为了满足个人私欲，在处理个人与他人、个人与社会的关系时，一切着眼于满足自己。奉献是一种美德，奉献没有休止符，我们这个拥有14亿人口的发展中大国，要在2035年基本实现现代化，在本世纪中叶全面建成社

① 马克思、恩格斯：《马克思恩格斯文集》第2卷，人民出版社，2009，第42页。

会主义现代化强国，这在中华民族发展史上、在世界社会主义发展史上、在人类社会发展史上都将是伟大的奇迹。这个蓝图不是凭空描绘的，更不是说说而已的，而是必须朝着既定目标不断奋勇前进，一步一个脚印去努力实现的。由于经济社会快速发展积累了不少矛盾和问题，由于面对复杂的国际环境，我们民族复兴的进程越是接近目标越是艰难，正所谓“行百里者半九十”。我们在前进的道路上，还要继续跨越许多“雪山”“草地”，还要继续征服许多“娄山关”“腊子口”。在这个过程中，流汗是经常的，流血也是难免的，到了关键时刻还可能要献身。艰苦奋斗流汗也好，冲锋陷阵流血也好，舍生忘死献身也好，说到底就是要奉献，“为有牺牲多壮志，敢教日月换新天”！

3. 黄大年——时代楷模，大国重器

人的生命相对历史的长河不过是短暂的一现，随波逐流只能是枉自一生，若能做一朵小小的浪花奔腾，呼啸加入献身者的滚滚洪流中推动历史向前发展，我觉得这才是一生中最值得骄傲和自豪的事情。

——黄大年

图 3-3 时代楷模黄大年（图片来源：新浪网）

黄大年（1958 年 8 月 28 日—2017 年 1 月 8 日），男，汉族，广西南宁人，国际知名战略科学家，中国著名的地球物理学家。2009 年 12 月，黄大年放弃了在英国优厚的待遇，怀着一腔爱国热情返回祖国，出任吉林大学地球探测科学与技术学院教授。七年时间，他带领团队在航空地球物理领域取得一系列成就。2017 年 1 月 8 日，黄大年同志因病不幸去世，年仅 58 岁。习近平总书记对黄大年同志先进事迹作出重要指示，黄大年同志秉持科技报国理想，把为祖国富强、民族振兴、人民幸福贡献力量作为毕生追求，为我国教育科研事业作出了突出贡献，他的先进事迹感人肺腑。习近平总书记强调，我们要以黄大年同志为榜样，学习他心有大我、至诚报国的爱国情怀，学习他教书育人、敢为人先的敬

业精神，学习他淡泊名利、甘于奉献的高尚情操，把爱国之情、报国之志融入祖国改革发展的伟大事业之中、融入人民创造历史的伟大奋斗之中，从自己做起，从本职岗位做起，为实现“两个一百年”奋斗目标、实现中华民族伟大复兴的中国梦贡献智慧和力量。

1988年1月黄大年加入中国共产党，他在入党志愿书中写道：人的生命相对历史的长河不过是短暂的一现，随波逐流只能是枉自一生，若能做一朵小小的浪花奔腾，呼啸加入献身者的滚滚洪流中推动历史向前发展，我觉得这才是一生中最值得骄傲和自豪的事情。1977年国家恢复高考，黄大年以优异的成绩考入长春地质学院（现吉林大学朝阳校区），从此与地球物理结下了一生的缘分。“振兴中华，乃我辈之责!”他在大学同学毕业纪念册上的留言就已表明了爱国报国的心志。1992年，黄大年获得“中英友好奖学金项目”的全额资助，赴英国攻读博士学位，出国前，黄大年坚定地对同学说：“我一定会把国外的先进技术带回来。”2009年12月24日，黄大年放弃了在英国剑桥ARKEX地球物理公司的优厚待遇，毅然回国参与到国家尖端行业的研究中去，回到母校——出任吉林大学地球探测科学与技术学院全职教授，开始为我国的航空地球物理事业耕耘、播种。作为享誉海内外的卓越科学家，黄大年关注的不仅仅是当下的科研，而是祖国未来30年、50年在航空地球物理领域要达到的目标——巡天探地潜海，向深地深海深空进军。回国后，他夜以继日、忘我地工作，成为了同事、学生眼中的“拼命黄郎”。他用实际行动诠释了心系祖国的爱国之情、强国之志、报国之行。七年间，黄大年带领400多名科学家创造了多项“中国第一”，为我国“巡天探地潜海”填补多项技术空白。以他所负责的第九项目“深部探测关键仪器装备研制与实验”的结题为标志，中国“深部探测技术与实验研究”项目5年的成绩超过了过去50年，深部探测能力已达到国际一流水平，局部处于国际领先地位……可此时谁又能想到，他的生命已进入倒计时，2017年1月8日不幸因病去世，年仅58岁。

“作别康河的水草，归来做祖国的栋梁，天妒英才，你就在这七年中争分夺秒，透支自己，也要让人生发光，地质宫五楼的灯，源自前辈的薪传，永不熄灭。”这是中央电视台“感动中国”2017年度人物颁奖典礼上，为黄大年发布的颁奖词。斯人已逝，黄大年虽已离世，但精神从未走远。“大年精神”必将幻化为一盏明灯，点亮信仰之光，照亮报国之路，激励我们千万仁人志士始终保持干事创业、开拓进取的精气神，在决胜全面小康、实现“两个一百年”奋斗目标、实现中华民族伟大复兴的中国梦的时代进程中贡献智慧和力量。

三、劳模精神的内在特征

劳动模范是优秀劳动者的典型代表，劳模精神激励了千千万万普通劳动者坚守信念、立足岗位、开拓创新、建功立业。劳动模范，不仅仅是一种荣誉，是全国人民的学习标兵，更是社会主导价值观的体现，其身上体现了国家意志。深入考察劳模精神的内在特征，清晰阐释劳模精神的内在逻辑，准确判断劳模和劳模精神研究的学术方位，对于解读劳模本质、探究劳模品格、宣传劳模价值和弘扬践行劳模精神，具有重要的理论价值和重大的实践意义。当代中国劳模精神以马克思主义及其马克思主义中国化理论成果为指导，源起于马克思主义劳动观，以解放和发展生产力为出发点，以为实现社会主义和共产主义提供精神动力为落脚点，以协调人与人、人与社会、人与自然的关系为着力点，充分发挥凝聚导向、教育感召、激励引领的功能，在个人发展、社会治理和国家政治中起到了积极作用。

（一）民族性与先进性

“长期以来，广大劳模以平凡的劳动创造了不平凡的业绩，铸就了‘爱岗敬业、争创一流，艰苦奋斗、勇于创新，淡泊名利、甘于奉献’的劳模精神，丰富了民族精神和时代精神的内涵，是我们极为宝贵的精神财富。”[①]任何时代的劳模都是时代先锋和民族楷模，中国劳模精神具有民族性和先进性的双重维度，集中体现了民族精神和时代精神的核心要素。在中国革命、建设、改革的各个历史时期，我国工人阶级都具有走在前列、勇挑重担的光荣传统，我国工人运动都同党的中心任务紧密联系在一起。劳模表彰制度的形成不是偶然的，

① 习近平：《在同全国劳动模范代表座谈时的讲话》，《人民日报》2013年4月29日。

是由中国共产党的性质所决定、应中国革命形势之需而产生的。同时，它也深受中国传统文化中旌表制度的影响。土地革命时期，中国共产党为了调动干部、群众的革命积极性，解决苏区面临的种种困难，提出了表彰英模的主张，“褒扬的是参加‘革命竞赛’、积极‘优红拥军’的模范”。抗战时期，为打破国民党的经济封锁，中共中央决定开展表彰劳动英雄运动，以调动群众自力更生、发展生产的劳动热情。新中国成立后，面对巩固政权和恢复经济的艰巨任务，具有凝聚人心、调动人民群众劳动热情和生产积极性的劳模表彰活动，愈发受到了全党和全社会的重视。各领域、各行业不断地开展不同层次的劳模评选，活动形式和内容更加丰富多样，其感召力和影响力也更加强烈。

中华人民共和国自成立以来，共进行了15次全国范围劳模表彰，总计表彰劳模先进个人超过3万人次，逐渐形成中国特色的劳模评选制度。1950年，新中国第一次评选全国劳动模范，主要对象来自工业、农业和军队等行业，通过表彰、宣传这些劳动模范，引领中国人民投入到社会主义建设。毛泽东出席了劳模表彰大会，接见、宴请劳模代表，并与他们合影留念。在1950年首次全国性的劳模表彰大会上，毛泽东代表中共中央致贺词。讲话中，毛泽东对劳模给予了明确定位：你们是全中华民族的模范人物，是推动各方面人民事业胜利前进的骨干，是人民政府的可靠支柱和人民政府联系广大群众的桥梁。这是继1945年毛泽东对劳模的“三个作用”即带头作用、骨干作用、桥梁作用的继承与发展。这种定位不仅为评选劳模、培养劳模、发挥劳模作用指明了前进方向，而且也给劳模和以劳模为榜样的人们以极大的鼓舞和鞭策，劳动模范辛勤劳动、诚实劳动、创造性劳动的身影，每一项辉煌成就取得的背后，都凝聚着劳模创新创造的劳动价值，劳模的生产生活实践是中国劳模精神永葆活力的重要源泉。改革开放前后，中国出现了劳模表彰第二次高潮，两年多时间举办了5次全国劳模表彰大会。党的十一届三中全会召开，使党和国家工作重心逐渐向经济建设转移，“生产力”标准成为当时劳模评选主要标准。在明确“知识分子是工人阶级的一部分”之后，以“杂交水稻之父”袁隆平、数学家陈景润等为代表的知识分子和科研人员占劳模队伍比例不断扩大。随着中国改革开放不断深入，劳模表彰的评选方式更加科学民主、标准更加合理、范围更加广泛，中国劳模评选表彰进入常态化、制度化。特别是从1995年开始，固定为每5年召开一次全国劳动模范和先进工作者表彰大会，劳模表彰的名称、频次、人数等趋于稳定。劳动模范作为工人阶级的优秀代表，是时代的引领者，在工作生活中发挥了先锋和排头兵作用，他们以辛勤劳动、诚实劳动和创造性劳动，持续推动着社会进步、国家发展和民族复兴。劳模表彰在发动群众、联系群众、为群众服务中，彰显了党的群众路线的丰富内涵，同时它也是社会主义道德观念和价值取向的重要载体。近年来，中国经济社会发生巨大变化，新行业、新业态不断出现，知识型、技能型、创新型人才受到关注，在2015年举行的全国劳模评选中，专科及以上学历劳模占比达75.8%，理财规划师、农艺师等新职业、新称谓开始出现。回顾中华人民共和国成立70年来，最初的劳模主要是具有熟练操作技能、良好生产能力的“老黄牛式”技术工人，劳模精神内涵为“艰苦奋斗、自力更生、无私奉献”。改革开放初期的劳模更强调其对生产力发展的促进。进入常态化、制度化时期后，劳模逐渐具有“知识型、创新型、技能型、管理型”等特点，中国特色社会主义进入新时代，已描绘了建设社会主义现代化强国美好蓝图的中国，更加注重弘扬劳模精神。党的十九大报告提出，要建设知识型、技能型、创新型劳动者大军，弘扬劳模精神和工匠精神，营造劳动光荣的社会风尚和精益求精的敬业风气。劳模精神在变化中被赋予不同时代元素，中国劳模始终是推动社会前行的“精神力量”。70年来，劳模的结构不断变化、队伍不断壮大的背后，是劳动内涵的不断拓展，劳动理念的日益革新，劳模精神作为一种文化精神，不是一潭死水、一成不变的，而是一脉清泉活水，是鲜活生动、运动发展的实践存在，是随着党的总任务、国家社会经济形势的变迁而不断演变发展的。劳模精神作为劳动模范的思想内核、行动指南和精神灯塔，成为推动时代前进的强大精神动力，充分体现了工人阶级先进性的主体地位，彰显了工人阶级的伟大品格，推动了工人阶级的成长进步。

（二）政治性与群众性

习近平总书记强调：“人民是历史的创造者，是推动我国经济社会发展的基本力量和基本依靠。推进‘四个全面’战略布局，必须充分调动广大人民群众的积极性、主动性、创造性。”[①]劳模精神的内涵即体现出国家和民族的价值观念和道德水准，是国家综合国力的本质要素，深深地熔铸成国家或民族的生命力、创造力和凝聚力。弘扬劳模精神主要目的是实施政治引领和政治导向，寻求政治沟通和政治认同。劳模精神是中国共产党意识形态领域建设的重点，劳模的选树和劳模精神的构建是中国共产党的一种社会动员方式，劳模来源于以无产阶级为代表的人民群众，党和国家通过对劳模的塑造和宣传，让人民群众对劳模产生认同，并用劳模精神凝聚人民群众的共识，进而引导人民群众的行动，所以我们说劳模精神是具有政治性和群众性的特点的。

劳模精神的内在价值和意义在于引领和带动社会的发展，形成良好的社会发展氛围，体现出人在社会中的一种本质能力，当代中国劳模精神的政治性，主要体现在党和国家对劳模精神的构建上。在国务院1989年以来的关于召开全国劳动模范和先进工作者表彰大会的通知中均指出：“评选、表彰全国劳动模范和先进工作者是我国各族人民政治生活中的一件大事。”所谓政治性就是一个政党以政治权力为核心开展各种社会活动，来达到自己某种政治目的的一种性质属性。人是社会存在物，现实的人是在一定社会关系中从事实际活动的人。个人生命表现“即使不采取共同的、其他人一起完成的生命表现这种直接形式，也是社会生活的表现和确证”，“甚至当我从事科学之类的活动，即从事一种我只是在很少情况下才能同别人直接交往的活动的时候，我也是社会的”[②]，劳模精神的政治性，正是因为在以劳动为基础的生产和生活中，人与人之间形成了一定的社会关系，而劳动模范对所结成的社会关系里的人即群众的行为和思想起到了引领和示范的作用，劳模精神来自人民也要回归人民，只有深入人心和深入生活的劳模精神，才能鼓舞人、影响人。劳动模范是各个历史时期的“标杆人物”，具有鲜明的政治特色和时代责任。中国特色社会主义的建设、“两个一百年”奋斗目标和中华民族伟大复兴中国梦的实现，需要一个影响广泛、规模庞大的劳模群体。党和国家通过评选表彰宣传劳模，搭建一个在改革开放伟大历史进程中的动员框架，用劳模事迹、劳模精神来培养人民

---

① 《习近平在庆祝“五一”国际劳动节暨表彰全国劳动模范和先进工作者大会上的讲话》，《人民日报》2015年4月29日。

② 马克思、恩格斯：《马克思恩格斯文集》第1卷，人民出版社，2009，第188页。

群众积极的劳动观，塑造人民群众正确的人生观、世界观和价值观，因此能够成为劳动模范，他们的政治素质必须是过硬的，符合党的培养社会主义建设者和接班人的标准，必须能够弘扬正气新风，促进社会形成良好的环境。除外，劳动模范还必须具备能够承担党和国家在当下重点建设方面的能力和素质，他们身上所体现出来的奋发有为、锐意进取、无私奉献、爱岗敬业、奋斗拼搏，体现出民族的自信、智慧和勇气，建设中华民族的精神家园。当代中国劳模精神的政治性，还体现在党和国家用意识形态话语对劳模精神进行塑造宣传。党的十八大以来，党和国家塑造宣传劳模时使用了“劳动模范始终是我国工人阶级中一个闪光的群体，享有崇高声誉，备受人民尊敬”，“为国家和人民建立了杰出功勋”，“民族的精英、人民的楷模”[①]等具有鲜明政治色彩的词汇和语句。劳模精神也上升为民族精神和中国精神的重要组成部分，党的十九大报告也提出要弘扬劳模精神，将弘扬劳模精神融入到新时代中国特色社会主义建设中。

在党的历史上，毛泽东等老一辈革命家不仅将马克思主义与中国实际相结合创建了群众路线，而且总结出劳模表彰等实践群众路线的组织形式和工作方法，通过典型示范的作用，发动群众、联系群众，教育党员、端正党风，落实了党全心全意为人民服务的宗旨。1950年9月召开的全国工农兵劳动模范代表会议，是在中华人民共和国开国第一个国庆纪念日前夕召开的，在这个特殊的历史时刻召开意义重大，在中国劳模史上树立了一座丰碑，影响了一代又一代的中国劳动人民，影响了一代又一代的中国劳模。毛泽东在全国劳模会上代表中共中央致词，称赞劳动模范“是推动各方面人民事业胜利前进的骨干，是人民政府的可靠支柱和人民政府联系广大群众的桥梁”。毛泽东高瞻远瞩，对劳动模范的巨大作用进行了高度概括，即骨干作用、支柱作用、桥梁作用。把劳动模范看作党和群众之间的桥梁，因为他们本身即是群众中的一分子，了解实际情况，能够把人民群众的呼声带上来；同时他们在群众中又有很高的威信，思想觉悟高于普通群众，能够把党的路线和政策传达下去。因此，劳模表彰是实践群众路线的一条工作策略，它突显了人民群众至高的社会地位和权力，促进了领导干部与普通群众的直接联系，加快了全党、全民意志的统一，有益于营造出干群同心、众志成城的良好社会氛围。

---

① 习近平：《在同全国劳动模范代表座谈时的讲话》，《人民日报》2013年4月29日。

习近平总书记曾指出，要进一步弘扬劳模精神，以工人阶级的先进思想和模范行为引领社会新风，要进一步发挥工人阶级主力军作用，以工人阶级的卓越智慧和巨大力量推进科学发展，要进一步维护人民群众的各项权益，以更加扎实有效的措施促进社会和谐。劳模来源于人民，是从人民中走出来的，是劳动人民的卓越代表，弘扬劳模精神就是赞美劳模，就是歌颂劳动者，就是相信人民、依靠人民、一切为了人民，就是为人民群众谋利益，就是为满足人民对日益增长美好生活需要的生动体现。马克思曾说：“人类的天性本来就是这样的：人们只有为了同时代人的完美、为他们的幸福而工作，才能使自己也达到完美。”[①]劳动模范通过劳动为社会、为人民服务，树立为人民服务的人生观，在为同代人的美好生活而工作和奋斗，也是在为整个社会的幸福而奉献和服务他人。在新时代中国特色社会主义的伟大实践中，必须强化当代中国劳模精神的导向引领作用，这有利于培育树立共产主义远大理想和中国特色社会主义共同理想；有利于培养树立个人发展与国家进步、个人发展与民族前途命运紧密相联的人生价值观；有利于激发通过满足广大劳动人民的根本利益和实现人民对美好生活的向往而产生的感召力、推动力；有利于统一思想，凝聚坚持并加强党的政治领导、坚持中国特色社会主义、坚持改革开放、坚持以人民为中心的共识，有利于教育党员干部和人民群众为崇高的理想和目标而拼搏奋斗，凝聚起全体中华儿女同心共筑中国梦的磅礴力量。

（三）实践性与发展性

社会实践决定社会意识，社会意识的发展依赖于社会实践的发展。劳模精神的孕育、成长和发展，是与中国共产党领导的中国革命、社会主义建设和改革开放伟大实践紧密联系在一起的。中华人民共和国成立初期，工人阶级和劳动群众成为国家的主人，为完成社会主义改造，进行社会主义工业化建设，广大劳动者以主人翁的姿态，满怀报效国家的劳动激情，参与到社会劳动生产中去，在各个行业、各个岗位涌现出众多的劳动模范和先进工作者，特别是工业和农业领域，出现了许多令人钦佩和令人振奋的劳模事迹。改革开放以后，我

---

① 马克思、恩格斯：《马克思恩格斯全集》第40卷，人民出版社，1982，第7页。

国进入社会主义建设新时期，围绕以经济建设为中心的指导方针，广大劳动群众满怀劳动热情，积极投身于改革开放的伟大实践中去。全体劳动者在中国共产党的领导下，通过自己的劳动创造，为中国的经济社会发展汇聚了强大的正能量。实践表明，劳模精神是全体劳动者劳动实践的产物和结晶，中国革命、建设和改革开放的实践是全体劳动者的劳动载体，是劳模精神生长的沃土，构成了劳模精神的现实基础。

劳模精神是以现实劳动为立论基础的，以马克思主义劳动观为理论灵魂的，以中国化的马克思主义劳动思想为理论依据的，以中国革命与建设实践作为现实基础的，以劳模群体的生产生活实践为活力源头的一种社会价值观。可以说，劳模精神不只是思想领域的问题，更应该属于实践范畴。马克思主义认为，人们的想象、思维、精神交往在这里还是人们物质行动的直接产物。表现在某一民族的政治、法律、道德、宗教、形而上学等的语言中的精神生产也是这样。也就是说，人的意识是人类社会实践活动的产物，精神生产出来的东西同样也是。当代中国劳模精神作为一种精神文化，其本质也必然是实践性的。当代中国劳模精神的生成并不是无源之水，是人们在具体的劳动实践中凝结生成，随着人们的物质生活和社会实践的变革而变化发展。当代中国劳模精神还受中国革命、建设和改革开放实践的涵养。这不仅体现了理论与实践的统一，还体现出历史逻辑与时代逻辑的统一。一方面，毛泽东、邓小平、江泽民、胡锦涛、习近平等各届党和国家领导人，在领导中国人民进行革命、建设和改革的伟大实践中，继承、创新发展了马克思主义劳动观，总结和升华了不同历史阶段我国开展革命、建设和改革的劳动实践理论，鲜红的中国化马克思主义劳动思想为当代中国劳模精神的形成发展注入了中国特色的理论源泉。另一方面，中国革命、建设和改革的实践是当代中国劳模精神生长的良田沃土，是当代中国劳模精神形成发展的现实基础。劳模群体的生产生活实践是当代中国劳模精神的活力源头。劳模精神反映的是当代中国劳模群体的整体精神风貌，在中国特色社会主义建设和改革开放的过程中，无论何时各地都有劳模辛勤劳动、诚实劳动、创造性劳动的身影，每一项辉煌成就取得的背后，都凝聚着劳模创新创造的劳动价值，劳模的生产生活实践是当代中国劳模精神永葆活力的重要源泉。

习近平总书记在全国教育大会上强调，要把劳动教育纳入社会主义建设者和接班人的总体要求，教育引导学生崇尚劳动、尊重劳动，懂得劳动最光荣、劳动最崇高、劳动最伟大、劳动最美丽的道理，长大后能够辛勤劳动、诚实劳动、创造性劳动；必须建构劳动教育的目标内容体系、教学实施体系和保障体系，全面落实“五育并举”的教育方针，组织好形式多样的劳动实践。我们一定要充分认识到，加强青少年学生劳动教育是一个关乎人才培养和国家发展的战略性课题，对促进青少年学生全面发展、国民综合素质提升以及培养担当民族复兴大任的时代新人，都具有重大意义。马克思主义关于“人的全面发展理论”提出，劳动改变了世界，也改变了人自身。劳动总是在一定的社会中进行的，个人不是孤立的劳动，个人的全面发展仍然要在社会劳动和社会实践中获得。可见，所谓人的全面发展，是包括劳动能力、才能、兴趣、志向、道德品质等在内的综合发展。把生产劳动同智育和体育相结合，不仅是提高社会生产的一种方法，而且是造就全面发展的人的唯一方法。这一科学论断，充分说明了劳动教育对于人才培养的重要性。

劳动认知是开展劳动教育的认识基础，通过劳动教育使学生能够正确认识和理解劳动创造人、创造财富、创造世界、创造美好生活的思想，懂得劳动最光荣、劳动最崇高、劳动最伟大、劳动最美丽的道理。劳动情感，是开展劳动教育的内在动力，通过劳动教育及其实践，养成崇尚劳动、尊重劳动、珍惜劳动成果的情感。劳动技能，通过劳动教育使学生掌握与其年龄相适应的，满足自身生存、生活和适应经济社会发展需要的能力。劳动习惯，是个体在劳动实践中躬身践履，劳其筋骨、苦其心志，逐步积累并内化而成的一种自觉的行为方式，通过劳动教育养成热爱劳动、自觉劳动、辛勤劳动、诚实劳动、创造性劳动等良好习惯。劳动精神，这是实现中华民族伟大复兴中国梦的强大动力，是劳动教育的价值引领和最高目标，通过劳动教育形成勤劳智慧、艰苦奋斗、创新实干、奉献社会等劳动精神。我们要教育引导广大青少年投身劳动实践中去，在劳动中增长才干和磨炼意志，在劳动中锻炼身体，强健体魄；在劳动中发展智力，促进思维；在劳动中享受乐趣，感受生活的美。一个热爱劳动的人必然是一个不怕苦、不怕累的人，做事勤快，兢兢业业；一个热爱劳动的人，能在劳动中学会思考，学会解决问题，开发智力、提升能力；一个热爱劳动的人，不会被风雪、严寒所吓倒，身体得到锻炼，体魄自然增强；一个热爱劳动的人，能在劳动中发现美、追求美、创造美。

当代中国劳模精神是在科学内涵与具体特征上体现的当代性，是中国劳模精神发展进程中的一部分，同样具有发展性的特征，也会因时而进，不断创新发展的。我国劳模最早在中央苏区开展的劳动竞赛中产生，劳模精神主要体现“革命性”特征；中华人民共和国成立后的最初十年间，劳模是“硬骨头”和“老黄牛”的形象，劳模精神体现典型“建设性”特征，以时传祥、郝建秀、王崇伦、赵梦桃、张秉贵、王进喜为代表的一大批普通劳动者，他们在平凡的工作岗位上以不平凡的主人翁责任感和艰苦创业精神，以他们高尚的忘我的劳动热情和无私奉献精神赢得了社会的尊重，成为激励全国人民的楷模。的确，在他们的身上体现的是一种工人阶级的力量，是一种工人阶级的意志，他们获得的劳动模范称号不是靠“评”出来的，而是靠自己干出来的……榜样的力量是无穷的。改革开放后，劳模是“千里马”似的人才形象，劳模精神体现“技能性”特征，“科学技术是第一生产力”的论断使中国迎来了科学的春天，中国的科技界涌现出了一大批以陈景润、蒋筑英、罗健夫、彭加木等为代表的知识精英。居于六平方米斗室的陈景润，借助一盏昏暗的煤油灯、一张床板、一支笔、六麻袋的草稿纸……是的，正是由于这批震撼中外科学界的优秀人物的事迹，唤起了几代人的科学梦和强国梦，激励了数以千万计的知识分子，在科学技术界迅速形成了为国争光、攀登科学高峰的热潮，中国的科学事业为此而获得了飞速的发展。

党的十八大以来，劳模是“知识型、技能型、创新创造型”劳动者的化身，劳模精神体现“创新性”特征，随着社会主义精神文明建设的发展、深入，各行各业涌现出了一大批先进典型和英雄模范，向“典型”学习的浪潮又响彻神州大地，如党的高级干部牛玉儒、公安干部任长霞、基层干部周国知、高级知识分子马祖光、普通劳动者许振超、现任网易联席CEO丁磊……群星灿烂、目不暇接，充分反映了中华民族的民族志气和当代文明。劳模精神不断适应社会发展需要，使自身符合时代的潮流，随着社会的发展，人们对什么是劳动模范亦有了更为明确的标准，以下的一些新的评价标准慢慢地潜入了人们的头脑之中：具有优秀的职业道德和爱岗敬业精神，并在自己的本职岗位上作出了重大贡献；具有一般人不能及的实干精神，诚实无私、踏实肯干，人格品格高尚、完美；在自己行业、领域、部门中产生重大影响，并能成为“一群人”或“一代人”学习的榜样；在他们身上体现出一种强烈的开拓创新和锐意进取精神；具有强烈的爱国意识和高度主人翁责任感；能为社会留下巨大的物质财富和精神财富；不求私欲名利，只求付出和奉献。当代中国劳模精神的发展性不仅体现在劳模精神的“变化”上，也体现在劳模精神的“不变”上。无论时代怎么变迁，内涵如何丰富，外延如何扩展，劳模精神具有的“创新创造意识、奋斗争先品质、敬业奉献精神”的基本内涵不变，劳模精神的实践本质也是不变的。

（四）“时代楷模”——黄文秀

我是从贫困大山里走出来的孩子，得到过党和政府的资助和培养，希望将来能为祖国和家乡贡献自己的一份力量。

——黄文秀

黄文秀（1989—2019），女，中共党员，广西壮族自治区百色市田阳区巴别乡德爱村多柳屯人。黄文秀出生在一个农民家庭，家境贫寒，自立自强的黄文秀从小努力上进，立志到外地求学，接受更优质的教育，品学兼优的她从家乡农村一路考入北京师范大学。2016年，黄文秀从北京师范大学硕士毕业后考取了选调生，回到家乡——广西百色，投身基层扶贫事业。“她本有很多选择。”昔日导师郝海燕说，“以她的能力，留京或出国都没问题。”但是她志不在此。出生于广西农村的黄文秀，求学过程中，依靠党和国家的扶贫资助才得以完成学业。学成回报这片土地，帮助更多像自己一样的困难群众，是她的心愿。她曾对自己的老师说：“我是从贫困大山里走出来的孩子，得到过党和政府的资助和培养，希望将来能为祖国和家乡贡献自己的一份力量。”在一次次的选择中，黄文秀始终遵从自己的内心，自己的初心，回归家乡，建设家乡。她想要当那个“走出去”并“回来”的人。

2018年3月，黄文秀主动来到广西壮族自治区百色市乐业县新化镇百坭村担任驻村第一书记。百坭村是一个深度贫困村，石山林立，山路蜿蜒陡峭，基础设施薄弱，全村11个自然屯散落在大山深处，有几个屯离村委10公里以上，最远的达13公里。在她到任之初，百坭村交通不便、产业不强、脱贫任重，472户2067人中，还有107户473人未脱贫，贫困发生率为22.88%。初来乍到，乡亲们对这位年轻的“女娃娃”并不信任，都说她是来村里“镀镀金”的。为了更好打开局面，黄文秀直接住在村里，主动帮村民扫院子、干农活、种油茶、摘果子，一边干活一边唠家常。她花2个月时间遍访了全村的贫困户，绘制百坭村“贫困户分布图”，把每一户的住址、家庭情况、致贫原因等，都详细标注出来。村民们渐渐发现，这个新来的年轻的女书记不仅学说当地话，还主动与大家同劳动、聊家常，不带丝毫娇气，很快就都喜欢上了她，把她当成了自家人，“你这个丫头，还真是‘难缠’得很哩。”黄文秀用守初心、担使命的实际行动，赢得了百姓信赖，赢得了群众支持。想致富，先修路。百坭村有5个屯交通困难，虽然多年前通了砂石路，但连年雨水冲刷，路面已破损不堪，雨季陡峭路段连摩托车都无法通过，严重影响群众出行，制约产业发展。黄文秀看在眼里急在心里，她带着村支“两委”班子熬夜做方案、拿对策，及时向有关部门申请，积极筹措资金硬化了1.5公里通屯路，安装了47盏路灯，修建了4个蓄水池，逐步改善了百坭村生产生活条件。

不到一年的时间，黄文秀带领全村通过易地扶贫搬迁脱贫18户56人，教育脱贫28户152人，发展生产脱贫42户209人，共计88户417人，贫困发生率从22.88%降至2.71%；村级集体经济收入达6.38万元，实现翻倍增收。她坚持扶贫与扶志相结合，注重乡风文明建设，成立“乡村振兴、青年作为”小志愿者服务队，开展村规民约吟诵比赛和文明家庭评选活动。百坭村获得百色市2018年度“乡风文明”红旗村荣誉称号。

2019年入夏以来，百色各地连降暴雨，黄文秀带领村里的干部群众四处查看灾情，组织汇总受灾情况、帮助慰问受灾群众。2019年6月16日晚，黄文秀从百色返回驻村点的路上突遇山洪不幸牺牲，献出了年仅30岁的宝贵生命。阳光、开朗、积极、爱笑，身上总是洋溢着一种热情阳光的感染力，是黄文秀留给亲人、朋友和同事的印象。可谁曾想到，黄文秀的身后是一个父母长年身患疾病、尚处在脱贫巩固期的家庭。即便经济条件再困难，在校期间黄文秀仍然拒绝学校给予的补助，参加工作后她还经常拿出自己的工资，慰问资助村里的孤寡老人和留守儿童。父亲连做两次大手术，她没有向组织提任何要求，甚至婉言谢绝同事自发组织的募捐活动。

“一个人，燃尽了青春，把爱与希望种在无数人心中……你赋予的力量，再艰难的道路，我们继续着征程……”这首在广西百色市被传唱着的名为《力量》的歌是百色市一位村民为哀悼因公殉职的黄文秀所作。2019年7月1日，中共中央宣传部追授黄文秀“时代楷模”称号。习近平总书记对黄文秀同志先进事迹作出重要指示：“黄文秀同志研究生毕业后，放弃大城市的工作机会，毅然回到家乡，在脱贫攻坚第一线倾情投入、奉献自我，用美好青春诠释了共产党人的初心使命，谱写了新时代的青春之歌。广大党员干部和青年同志要以黄文秀同志为榜样，不忘初心、牢记使命，勇于担当、甘于奉献，在新时代的长征路上做出新的更大贡献。”[①]7月17日，中华全国总工会授予黄文秀同志全国五一劳动奖章。9月，荣获第七届全国道德模范“全国敬业奉献模范”。9月25日，被授予“最美奋斗者”荣誉称号。10月，被追授为“全国优秀共产党员”称号。11月，入选感动中国2019候选人物，给她的颁奖辞是这样写的：有些人从山里走了，就不再回来，你从城里回来，却再没有离开。来的时候惴惴，怕自己不够勇敢，走的时候匆匆，留下最美的韶华。百色的大山，你是最美的朝霞，脱贫的战场，你是醒目的黄花。

图3-5 “时代楷模”黄文秀（图片来源：新华网）

① 习近平对黄文秀同志先进事迹作出重要指示（全文）. 人民网，2019-07-01，http://politics.people.com.cn/n1/2019/0701/c1024-31206100.html。

第四章

04

劳模精神，点亮“中国梦”

“锦绣河山美如画，祖国建设跨骏马。我当个石油工人多荣耀，头戴铝盔走天涯……”提到劳模，相信很多人脑海中浮现出的第一个名字就是王进喜。那个年代涌现出来的倪志福、郝建秀、时传祥、张秉贵，等等，他们带动了一代人，他们的精神激励和影响了一个时代。2017年习近平总书记在“7·26”讲话中提出，党的十八大以来，是党和国家发展进程中很不平凡的5年，要把握人民群众对美好生活的向往，决胜全面建成小康社会，为实现中华民族伟大复兴的中国梦不懈奋斗。每一个劳动者的人生梦想，汇聚在一起就是宏伟的中国梦。中国梦的实现，不是空谈出来的，靠的是千千万万来自各行各业的人民群众挥洒汗水，一砖一瓦，胼手胝足，实干出来的。艰苦奋斗，建设新家园，这是社会主义建设时期劳模精神的主旋律。伫立于时代潮头，现实奋斗，勤勉创造，是“中国梦”的追随者，更是“中国梦”的缔造者，他们是“有梦、追梦、圆梦”的励志中国人。“新时代是奋斗者的时代”，这是习近平总书记对全体中国人投身于民族复兴大业建设的最有力的动员、最动听的号召和最振奋人心的激励。用奋斗者的姿态，昂首阔步走在把党的十九大描绘的国家发展蓝图变为现实的新的长征路上，频频建功立业。劳动模范在本职工作岗位上业精于勤，不嬉戏于空想、不荒废于虚声，一步一个脚印，全力拼搏奋斗，奋斗是新时代劳动者最美的姿态。

人民创造历史，劳动开创未来。劳动是推动人类社会进步的根本力量。从1921年中国共产党建立至今的百年来，工人阶级和广大劳动人民群众紧跟着党的前进步伐，积极投身革命、建设、改革的时代洪流，为实现国家独立和人民解放、国家富强和人民幸福作出了不可磨灭的历史性贡献。一路走来，“中国奇迹”的创造、“中国震撼”的交响，无不凝聚着广大劳动者的智慧和汗水。追梦需要勇气，圆梦需要行动。实现国家富强、民族振兴、人民幸福的中国梦，是中华民族近代以来最伟大的梦想。在追梦的路上，需要全国人民共同付出艰苦的努力。全国各族人民要诚实劳动、开拓创新，以实干兴邦，以实干圆梦。

习近平总书记指出，我们要始终弘扬劳模精神、劳动精神，为中国经济社会发展汇聚强大正能量。在我们社会主义国家，一切劳动，无论是体力劳动还是脑力劳动，都值得尊重和鼓励；一切创造，无论是个人创造还是集体创造，也都值得尊重和鼓励。我们一定要在全社会大力弘扬劳模精神、劳动精神，让劳动最光荣、劳动最崇高、劳动最伟大、劳动最美丽蔚然成风。以“全国劳模”为学习榜样，用民族复兴的共同理想凝聚干事业的磅礴伟力。在习近平新时代中国特色社会主义思想的指引下，共赴新征程、贡献新作为、共创新佳绩。中华大家庭，每一个劳动者应该坚定“当好主人翁、建功新时代”的信念，以昂扬的精神状态和奋斗者的姿态，忘我工作。为决胜全面建成小康社会、夺取新时代中国特色社会主义伟大胜利、实现中华民族伟大复兴的中国梦而不懈奋斗，在各自的工作岗位上铸就新辉煌。人间万事出艰辛。越是美好的未来，越需要我们付出艰辛努力。涵养崇尚劳动的社会氛围，为保障劳动者权益创造更好制度环境，就能让广大劳动者把奋斗热情投入到经济建设中，激发亿万人民辛勤劳动、诚实劳动的豪情，为全面建成小康社会奠定坚实基础。

一、共产主义的信仰引领

信仰是人们的一种高级的精神活动；有了信仰，人们就有了精神的寄托，就有了行动的指南。作家周国平曾经说过：“信仰，就是相信人生中有一种东西，它比自己的生命重要得多，甚至是人生中最重要的东西，值得为之活着，必要时也值得为之献身。这种东西必定是高于我们的日常生活的，像日月星辰一样在我们头顶照耀，我们相信它并且仰望它，所以称作信仰。”

（一）信仰的力量

在人类历史的长河中，500年前《乌托邦》作为社会主义代表作的问世，标志着社会主义作为人类理想社会制度一直是人类不懈努力追求的方向。

一个幽灵，共产主义的幽灵，在欧洲游荡……《共产党宣言》这种如临其境、如闻其声的描叙，为我们刻画了两个意气风发、抱负远大的青年雕像。这就是马克思主义的创始人、德国知识青年的先锋，时年30岁的马克思和比他小两岁的恩格斯。共产主义学说是由马克思和恩格斯创立的无产阶级的思想体系。马克思主义尽管诞生于19世纪，但没有停留在19世纪；它虽然产生于欧洲，却传遍全世界。不论是敌视者的攻击和诽谤，还是误解者的质疑和责难，或者是教条主义者的分割和扭曲，都遮挡不住它真理的耀眼光芒。在国际共产主义运动史上，马克思主义从影响无产阶级的众多思潮之一逐渐发展成为占主导地位的行动指南。马克思主义和共产主义成为包括中国共产党人在内的全世界共产党人的共同信仰。

在人类思想史上，没有任何一种理论像马克思主义这样对人类文明进步产生如此广泛而深远的影响，且迄今依然具有强大生命力。历史和现实都证明，马克思主义的科学理论历久弥真、历久弥新。这一学说，在正确认识自然界、人类社会和思维发展客观规律的基础上，揭示了资本主义生产方式的固有矛盾，证明了资本主义必然灭亡，社会主义必然胜利这一不可逆转的历史发展趋势，指出了无产阶级解放运动的性质、条件和在全世界建立共产主义制度的美好前景，是人类历史最进步、最革命、最合理的科学学说。习近平总书记曾经这样说过："共产主义决不是'土豆烧牛肉'那么简单，不可能唾手可得、一蹴而就，但我们不能因为实现共产主义理想是一个漫长的过程，就认为那是虚无缥缈的海市蜃楼，就不去做一个忠诚的共产党员。革命理想高于天。实现共产主义是我们共产党人的最高理想，而这个最高理想是需要一代又一代人接力奋斗的。"[①]《共产党宣言》作为科学共产主义的第一个纲领性文献的发表，一开始就明确指出："现在是共产党人向全世界公开说明自己的观点、自己的目的、自己的意图并且拿党自己的宣言来反驳关于共产主义幽灵的神话的时候了。"[②]共产主义是人类历史上最科学、最进步、最美好的社会理想，马克思主义在继承人类文明成果的基础上，科学地论证了共产主义必然胜利的历史必然性，摒弃共产主义目标，就是摒弃马克思主义，会使共产党人迷失历史前进的方向和奋斗目标。

从1848年到现在，170多年过去了，世界已经发生了而且仍在发生着令人难以想象的大变化、新变化，但是中国共产党人始终坚持共产主义的理想和追求，正如习近平总书记在党的十九大报告中指出的："中国共产党一经成立，就把实现共产主义作为党的最高理想和最终目标，义无反顾肩负起实现中华民族伟大复兴的历史使命，团结带领人民进行了艰苦卓绝的斗争，谱写了气吞山河的壮丽史诗。"[③]马克思主义认为，社会主义代替资本主义并最终过渡到共产主义，是资本主义社会生产力与生产关系、经济基础与上层建筑矛盾运动的必然结果，这是不以人的主观意志为转移的客观规律。共产主义是建立在对人类社会发展规律的正确认识上的科学理想，是人类社会最伟大、最壮丽的事业，需要几代人、十几代人甚至几十代人长期不懈的努力，虽然漫长、遥远，但不是空的，也不是虚幻的。有些人对共产主义理想抱怀疑态度，共产主义"渺茫论"和"乌托邦论"在一段时间流行。持这些观点的人认为，共产主义是遥远

---

① 习近平：《做焦裕禄式的县委书记》，中央文献出版社，2015，第5页。

② 马克思、恩格斯：《马克思恩格斯文集》第2卷，人民出版社，2009，第30页。

③ 习近平：《决胜全面建成小康社会 夺取新时代中国特色社会主义伟大胜利——在中国共产党第十九次全国代表大会上的报告》，《人民日报》2017年10月19日。

未来的事情。我们既不能幻想在某个阶段共产主义社会会突然降临，犯“急躁病”，也不能把共产主义社会理解为无需努力工作、无需奋斗就能无限满足各种需要的社会，这种共产主义当然是乌托邦，因为它根本不可能存在。

列宁在《国家与革命》中曾经批判过这种“乌托邦论”。他说：“从资产阶级的观点看来，很容易把这样的社会制度说成是‘纯粹的乌托邦’，并冷嘲热讽地说社会主义者许诺每个人都有权利向社会领取任何数量的巧克力糖、汽车、钢琴等等，而对每个公民的劳动不加任何监督……没有一个社会主义者想到过要‘许诺’共产主义高级发展阶段的到来，而伟大的社会主义者在预见这个阶段将会到来时所设想的前提，既不是现在的劳动生产率，也不是现在的庸人，这种庸人正如波米亚洛夫斯基作品中的神学校学生一样，很会‘无缘无故地’糟蹋社会财富的储存和提出不能实现的要求。”[①]正如习近平总书记指出的那样，我们现在做的是社会主义初级阶段的事情，但不能忘记初衷，不能忘记我们的最高奋斗目标，不能因为实现共产主义理想是一个漫长的过程就认为那是虚无缥缈的海市蜃楼。共产主义最高理想是中国共产党人的精神支柱和政治灵魂，共产党员必须坚持共产主义理想，为实现共产主义奋斗终身。

从人类历史发展规律来看，共产主义社会一定能够实现。但是，共产主义社会不会在某个早晨一觉醒来就出现，其实现需要撸起袖子实干、苦干。从这个意义讲，实现共产主义的目标不是许诺，不是坐等，而是一个具有连续性的运动过程，是共产主义因素不断增长的过程。因此，马克思说：“共产主义对我们来说不是应当确立的状况，不是现实应当与之相适应的理想。我们所称为共产主义的是那种消灭现存状况的现实的运动。”[②]理想离不开信念，以信念为支撑；信念依靠理想，以理想来引领。共产主义理想是共产党员的奋斗目标，坚定的信念是支撑我们向着崇高理想奋进的动力与勇气。

战争年代，无数革命先烈之所以能够赴汤蹈火、视死如归，为的就是一个崇高理想，靠的就是为实现这个理想而矢志奋斗的信念。革命先驱李大钊面对绞刑架发出，深信共产主义在世界、在中国，必然要得到光荣的胜利的豪迈誓言；革命烈士夏明翰临刑前挥笔写就了“砍头不要紧，只要主义真，杀了夏明

① 列宁：《列宁选集》第3卷，人民出版社，2012，第198页。
② 马克思、恩格斯：《马克思恩格斯文集》第1卷，人民出版社，2009，第539页。

翰，还有后来人”的千古绝唱；爱国志士方志敏英勇就义前慷慨陈词，“敌人只能砍下我们的头颅，决不能动摇我们的信仰！因为我们信仰的主义，乃是宇宙的真理”，这些豪言壮语，无不诠释着共产主义事业的伟大和壮丽。“大道之行也，天下为公。”实现共产主义远大理想，需要一代又一代共产党人的不懈努力，这是历史的接力，也是信念的传递。革命先烈们坚信的理想代表社会进步，一定会变为现实。一个人有了坚定的理想信念，就能使自己的行动具有主动性和积极性。

在前苏联和东欧剧变、社会主义运动出现暂时低潮的情况下，确实有一些党员干部特别是领导干部，信仰缺失，精神迷茫。有的认为马克思主义已经过时、共产主义虚无缥缈，精神空虚，意志薄弱，不信真理信金钱，不信马列信鬼神。理想的滑坡是最致命的滑坡，信念的动摇是最危险的动摇。共产主义必胜，但绝不会速胜；共产主义是长期的，但绝不是遥遥无期的。“天行健，君子以自强不息。地势坤，君子以厚德载物。”虽然中国还将长期处于社会主义初级阶段，但中国共产党领导的中国特色社会主义，已经席地而来，浩浩荡荡，正坚定地向着共产主义的终极目标迈进。邓小平同志曾说过：“我们多年奋斗就是为了共产主义，我们的信念理想就是要搞共产主义。在我们最困难的时期，共产主义的理想是我们的精神支柱，多少人牺牲就是为了实现这个理想。”①中国革命、建设、改革的伟大实践，都是党带领人民为实现共产主义远大理想和中国特色社会主义共同理想而奋斗，脚步从未停止，攀登从未退缩。“千磨万击还坚劲，任尔东西南北风”，我们党是为理想而生、为信仰而行的党。习近平总书记指出：“坚持不忘初心、继续前进，就要牢记我们党从成立起就把为共产主义、社会主义而奋斗确定为自己的纲领，坚定共产主义远大理想和中国特色社会主义共同理想，不断把为崇高理想奋斗的伟大实践推向前进。”②一代代共产党人在开创和推动中国特色社会主义的艰辛探索中始终贯穿着一条红线，那就是坚信共产主义一定能够实现的美好理想和强大信念。40多年的改革开放，我们党始终坚持共产主义远大理想和中国特色社会主义共同

---

① 邓小平：《邓小平文选》第3卷，人民出版社，1993，第137页。

② 《庆祝中国共产党成立95周年大会在京隆重举行 习近平发表重要讲话》，《人民日报》2016年7月2日。

理想，在用伟大实践检验中国特色社会主义道路正确性的同时，也检验了马克思恩格斯提出的关于全人类解放的学说的真理性，而把这种真理性与价值性、理论性与实践性有机统一起来的最新理论成果和集中体现，就是形成、发展并在实践中不断运用的习近平新时代中国特色社会主义思想。

法国哲学家萨特曾说过：“世界上有两样东西是亘古不变的，一是高悬在我们头顶上的日月星辰，一是深藏在每个人心底的高贵信仰。”我们越是对浩瀚自然有所认知，就越发感受到人类自身的渺小和无助；我们越是对精神宇宙有所了解，就越发感受到人类自身的高贵和伟大。人的高贵之处在于，虽然宇宙在空间上囊括并吞没了我，但在思想和信仰上，我却囊括了整个宇宙。在此意义上我们说，信仰是人的精神之“钙”，是“人类的精神火炬”和“生命的终极意义”。信仰是大海航行的灯塔，信念是破浪前进的引擎，信心是迎风蓄力的风帆，信仰是一团火，她点燃了我们沸腾的热血；信仰是一面旗帜，她召唤着我们勇敢前行；作为深层次的精神导向和精神支柱，信仰影响着人们的实践活动和精神生活。信仰问题既关系到人格的培养，也关系到社会的稳定和发展。信仰价值的关键在于它的“支柱”作用。信仰支柱体现着人生价值的可靠落实，其最根本的意义就是能够赋予短暂人生以永恒的意义。这种精神可以说是人生价值的追求，人生价值的实现决不能离开社会的进步与文明发展的要求。信仰也包含着信仰者对未来美好理想的追求。有信仰的人，会为自己的信仰调动自身的一切力量，集中到既定的目标上，其知识、能力、内心世界都会得到充实和提高，从而推动个人及社会的发展。

（二）与信仰对话

信仰造就榜样，榜样引领时代。中国梦是国家梦、民族梦，也是每个中华儿女的梦。在追梦新时代，奋进新征程的进程中，中华大地涌现出了许许多多在平凡岗位上书写忠诚，用无悔的奉献诠释人生价值的模范人物。推动历史滚滚向前的，也正是具有不竭之力的亿万劳动者，平凡的劳动者，创造了财富、成就了时代。劳动模范是时代的先锋、民族的楷模，劳动模范正是因为有共产主义的信仰，就有了确定的价值和明确的人生目标。确定一种信仰，实际是为自己树立了奋斗的价值目标。为信仰而奋斗，就是为人生的最高价值而奋斗，为共产主义信仰而奋斗，就是共产主义者所追求的最高价值目标。

劳动模范所传承的共产主义信仰体现的是劳模精神，象征的是一种奋斗和锐意进取的态度。每个时代所推举出的劳模，都代表着这个时代的先进生产力和积极力量。他们是推动发展的实践者，更是成就梦想的实干家。丰富和拓展了中国精神内涵，充分展现了我国新时代工人阶级和劳动群众的高度自信，已成为社会主义核心价值体系的重要组成部分。契科夫曾说过，“信仰是精神的劳动；动物是没有信仰的，野蛮人和原始人有的只是恐怖和疑惑。只有高尚的组织体，才能达到信仰。”学习劳模，要学习他们身上闪耀的信仰光彩。人间万事出艰辛。越是美好的未来，越需要我们付出艰苦努力。

盘点这些劳模，他们身上有一个共同点，那就是穿越眼前的迷雾，相信并为“美好的未来”而奋斗。择一事，终一生，是劳模身上最鲜明的烙印，是他们的“匠心”之魂。有全国劳模、时代楷模天津电力抢修工人张黎明，无数次沿着电力线路“遛达”，闭上眼睛能说出他负责的线路沿途有多少个高压塔、多少根电线杆；有深耕高端数控机床研发、“代表中国冲击世界一流”的女设计师盖立亚；还有秉持“第一次就把事情做好”、平均年龄只有32岁的动车组装班。这些择一事就终一生的劳模恰是把自己的事业作为信仰坚守，作为信仰锻造，在“初心”与“匠心”的一体淬炼中脱颖而出，实现了自我价值，并散发出巨大的精神感召力和行动示范力。没有哪代人的青春是容易的，在时代的发展画卷中刻画出更多兢兢业业的身影，定格下更多神采奕奕的面庞。重温他们的故事，想想这些平凡人何以把不可能变为可能，心底就有“相信”，眼中便有光彩，走过风雨看到彩虹，用劳动与奋斗为中华民族伟大复兴贡献力量。

人民有信仰，国家有力量，民族有希望。历史车轮滚滚向前，时代潮流浩浩荡荡。纵然产业结构变化、社会分工细化，不会改变劳动是创造价值的唯一源泉。正如习近平总书记所指出的，人世间的美好梦想，只有通过诚实劳动才能实现。劳动的内涵在更新，劳模的标准在“进阶”。“爱岗敬业、争创一流，艰苦奋斗、勇于创新，淡泊名利、甘于奉献”的劳模精神始终是不变的秘笈。现在，“70后”“80后”以及“90后”成为社会劳动的主体，他们在凭借自己的智慧和毅力创造价值的同时，更要懂得用劳模精神激发创新动力，要学习劳模，做服务社会的先锋。学习劳模，要学习他们身上闪耀的信仰光彩；学习劳模，要学习他们实干苦干的劲头；在劳动的摸爬滚打中增长才干，在层层历练中积累经验，用知重负重、攻坚克难的实际行动诠释对党的忠诚、对人民的赤诚。

初心在方寸，咫尺在匠心。工匠精神，是一种信仰，更是一种传承。工匠精神本质上是对劳动的尊重，尤其是对劳动中的专注精神、执着精神、精益求精精神的尊重，是从物的现代化向人的现代化转变的需要。中华手工艺创作过程包含了各种传统儒释道的文化概念，创作精神博大精深，而工匠精神就是其中一个相当重要的组成部分。我们的手工艺之所以能够一代又一代地矗立在世界的巅峰，正是因为历代的工匠们都具备了这种可贵的、卓越的工匠精神。“工匠精神”，宽泛而言，是指对工作、事业的精益求精的态度，是把工作或一件事情、一门手艺当作信仰的追求。它并不局限于制造领域或手艺行当，而关键在“精神”二字。在渔猎农耕时代，工匠们殚精竭虑、不断追求的手工技艺，主要就体现在农耕用具、祭祀礼器和艺术品的制作上，这一件件巧夺天工的作品，正是人类不同族群文化的审美理念和信仰本质的最佳体现，虔诚与敬畏的工匠精神的来源就在于此。手工劳作中的品质诉求，那种坚韧，那种耐心，那种一丝不苟，那种忽略了“价格”而专注于“价值”的孜孜以求，都是信仰力量的推动，在这些鬼斧神工的制作工艺背后，所透漏出的是信仰与虔诚气息。

我们强调的工匠精神，更多的就是指这种在信仰驱动下，对技艺无比虔诚的价值内核的传承弘扬。在2015年央视播放的《大国工匠》系列专题片里，没有领导，没有专家，只有在生产一线的工人或“当代匠人”，然而没有他们，就没有火箭上天；没有他们，就没有高铁面世，他们用实际行动坚守心中永恒的信仰。

（三）全国劳动模范张明富——把劳动精神当信仰，山旮旯里的追梦人

张明富，全国劳动模范、梦润集团董事长、大坎村党总支第一书记，也是“中国农民工返乡下乡创业第一人”。张明富相信读书能改变命运，17岁的时候以优异的成绩考上高中。天有不测风云，就在这一年，张明富的爷爷干农活时出了意外，悲痛过度的奶奶也随之过世。他母亲因身患重病，手术后丧失了劳动能力，为了帮助家里减轻困难，张明富只得痛苦辍学。“那时，每天想的都是如何赚钱，让家里人吃饱饭。”张明富说，为给母亲看病，他到附近建筑

工地挖土、拉车，还到市场上做生意……改革春风初起，沿海地区经济大开发的利好消息不断通过广播“吹”进村里，张明富感到这是个好机遇。1980年3月，张明富带着两把油漆刷子，踏上南下广东的行程。在广东，手艺人不愁没活干。一晃十年，张明富从普通油漆工成长为广东顺德一家具厂的技术骨干，每月3000元工资，这让张明富开阔了视野，增长了见识。在1991年有了6万元存款后，他选择返回家乡做贸易。许多老乡不解，出山打工赚钱的路是张明富带着大家一起闯出来的，当时张明富一个月可以赚3000多元，相当于当时遵义市一名技术工人一年的工资，为什么要从“热土”返回“山间”？

张明富想的还是家乡。每年春节回家，总有村里的老人跟他谈村里发展困难的事，要么是想修条路，要么是想通上水。在老人们眼里，张明富是见过世面有出息的人，张明富自己也感觉，对家乡有一份不同的责任。“改革开放的冲击太大了，到处都是机会，但那时在村里几乎感受不到。”“我衣食无忧了，可老家并没有起色。很多人还跟当年的自己一样，忍受着贫困。”“大坎村与外面相比，落差太大了。”彼时的张明富有了一个心愿：“一定要让老家的乡亲们像沿海地区的农民一样过上富裕的日子。”他相信，改革开放大潮中涌现的机会在沿海地区有，在西部山区也应该有。他自己也清楚，回到村里办厂创业，是选择了一条继续靠双手双脚打拼的艰苦路，“在城里修厂房办厂，哪怕不赚钱，土地增值都很大，轻轻松松当老板，但在村里创业，每一块砖每一分钱的投入都面临贬值的风险。”张明富说，“回到村里伟大的理想每天都可能被残酷的现实终结。”返乡后的张明富到遵义市火车站做副食品批发生意，做市场调查、寻进货渠道，还用“分期付款”的方式解决流动资金不足的难题……凭着在外闯荡多年锻炼的经济头脑，他成为当地小有名气的批发老板，5年时间，积攒300万元。当时，遵义城区商品房每平方米价格大约为七八百元，如果在城区买套大房子，全家人进城生活，自然可以衣食无忧。但是掘到人生第一桶金的张明富作了一个大胆的决定——回乡开化妆品厂。张明富创建贵州梦润化妆品厂，填补了贵州没有高档日用化妆品厂的空白。“在农村开办化妆品厂，之前没有一个人相信，当大家都用上了梦润的产品时，才觉得这事真能成。”张明富说。一步一步稳扎稳打，贵州梦润化妆品厂良性发展，走上轨道。2008年，梦润洗发露被评为“贵州名牌产品”。

化妆品厂“顺风顺水”之时，张明富又“疯”了。“听说我要养鹌鹑，大家都说我憨，前面那么多人都亏了，我还往里跳。”张明富说。鹌鹑养殖原本是团泽镇的一项支柱产业，因经营不善整个产业已濒临崩溃。2004年，团泽镇一位干部找到张明富，希望他这个能人能够站出来，重振当地鹌鹑产业。通过市场调查，张明富认为仅靠养殖是没有出路，但搞深加工，向产业化发展，就有希望。2005年，张明富接过这个“烂摊子”，建立贵州梦润鹌鹑有限公司，随后又组建梦润农民专业合作社，11户村民入股当了“股东”。

经过20多年的勤劳苦干，张明富创办的梦润鹌鹑有限公司不仅年产值数千万，而且带动了当地8000多名农民走上致富路。用自己的辛勤劳动和智慧，帮助建设家乡，实现劳动创造财富，劳动创造中国。他是第一个走出大山的“南飞雁”，也是第一个返乡创业的模范带头人，“全国欠发达省份的广大农村，与遵义农村的情况基本相似，青壮年劳动力离家外出，人才流失严重，广袤的农村正悄然凋敝，土地荒芜、儿童留守、老人空巢……如果有更多优秀的打工者返乡创业，带动老百姓一同致富，使农村重焕生机，那变化会更快更大。”2007年除夕夜，带着对乡村发展的急迫心情，张明富提笔给时任国务院总理温家宝写了一封信，提出几点建议：第一，政府发挥主导作用，引导农村富余劳动力为家乡未来新农村建设而打工，做学习型的打工者和回乡创业者；第二，建立覆盖农村的信息服务网络，减少劳动力盲目流动，降低劳动力转移成本；第三，国务院制定鼓励农民工回乡创业政策，帮助农民工解决创业过程中的困难，增强他们回乡创业的信心，带动农民群众就近增收致富。接到来自黔北遵义农村的发展“渴望”，2007年3月14日，时任总理温家宝在信件上批复：“鼓励农民工回乡创业对于农村经济、社会发展具有重要意义，政府应予鼓励和支持，张明富同志的建议值得重视。”

2011年6月，张明富又根据大量调研情况，“上书”时任国务院副总理李克强，建议“充分利用各种媒体对农民工群体加强党的政策宣传教育，使他们树立正确的人生观和社会主义核心价值观；积极引导、鼓励外出务工的优秀党员回农村创业，为村级党组织输入新鲜血液，夯实党在农村的执政基础。”不久，这封信得到李克强的批示肯定：“来信所提建议值得重视。”创业的脚步不停，对于未来的发展，张明富也有了更多思考。张明富当选为大坎村党总支书记，新的身份有新的使命。他提出“商业企业强村，绿色生态立村，康养旅游旺村”的发展战略思路，要将大坎村打造成“贵州山区第一村”。张明富的实干精神也激励、影响着村里的年轻一代，许多外出的大坎村人开始返乡创业。“张书记的创业精神一直激励着我，是我学习的榜样。创业之初，还是张书记为我担保，贷款2万元，不然我起步是很困难的。”该村堰沟组村民杨涛与人合伙在遵义市新蒲新区建了两家医院，受到张明富的影响，他计划回大砍村建一个康养产业中心，为家乡的发展尽一份力。“在张书记的建议下，我在村里开了个农庄，日子越来越好。”村民姚健华之前常年在外打工，前些年回乡经营农庄，现在每月有三四万元的收入。“开业之初，张书记免费给我提供原材料，还给予了5000元的现金支持。”他说，这让他相当感动。传递接力棒，后辈“入乡”。“我父亲返乡下乡创业，带领村民脱贫致富，深深影响了我。”张丽鉉说。2008年，张丽鉉考上贵州财经大学经济学专业，是村里为数不多的女大学生。大学毕业后她又到中国人民大学进修哲学课程，2013年，张丽鉉成功拿到澳大利亚一所大学的录取通知书，一家人都为她感到自豪，就在她做好出国准备，回大坎村与家人告别时，张明富的日常工作深深地触动了她，也就此改变了她的命运。她毅然放弃出国留学的机会，返乡和父亲一起创业，致力改变家乡贫穷落后的面貌。2018年7月1日，在父亲鼓励下，她给习近平总书记写信，把她的经历和她对振兴乡村的建议进行了详细汇报。张明富父女用行动诠释了信仰的力量，时代在变，但情怀不变，信仰不变。

图4-1 “山旮旯里的追梦人”张明富（图片来源：新华网）

二、中华文明的文化投射

浩瀚苍穹，蔚蓝天空，孕育了华夏五千年古老璀璨的历史与文明。文明是人类社会发展的产物，是人类社会向更高阶段发展的方向，是千年文化的内化积淀，是优良美德的外显实践，更是人类创造性劳动的结晶。中华民族凭借自己源远流长的文明屹立于世界的东方，中华优秀传统文化赋予中华民族强大的生命力。中华优秀传统文化成为中国特色社会主义文化的思想源泉，成为中华民族共有精神家园的重要支撑，成为新时代鼓舞中国人民奋勇前进的强大动能。纵观中国社会发展的历史图景，我们不应忘记始终工作在中国社会建设前沿的劳动者群像，当代中国劳模精神深受中华传统文化影响，凝练了中华传统美德的精华，完美诠释了中华民族的价值观，是民族精神的重要内容，是时代精神的又一发展，为中华民族伟大复兴的中国梦提供精神支持和动力保障。劳动模范人物以忘我的激情为中国各领域的持续发展奉献了生命的光和热，他们的创造性劳动以及从中呈现的精神境界具有世界历史意义和深远的文化价值。

（一）辛勤劳动的实干精神

辛勤劳动是中华民族千百年来的行为倡导和传统美德，中华民族是世界上最勤劳的民族之一。史前时代，就有诸多歌颂勤劳的神话，因勤劳能干而被尧封赏土地的后稷、因争取更多劳动时间而追逐太阳的夸父、因解救人类于漫长黑夜而辛勤钻木取火的燧人等，无一不在勉励人们要勤劳勇敢、自强不息。自古以来，对劳动的肯定和赞美都是中华传统文化的重要内容，《古今药石 · 续自警篇》中写道：“民生在勤，勤则不匮，是勤可以免饥寒也。”意思是人们的生计在于勤劳，勤劳就不会缺乏衣服与食物，勤劳能够让人避免饥饿与寒冷。《大戴礼 · 武王践阼 · 履屦铭》中写道：“慎之劳，则富。”强调的是财富和劳动的关系。正是依靠着辛勤劳动人们生产和积累了大量的物质和精神财富，支撑起个人、家庭和国家的发展成长。中华民族几千年来虽然历经艰难曲折，但是始终屹立在世界的东方，首先靠的就是热爱劳动这个传家宝。勤劳是古代人民创造生活和文明的基本力量和重要内核，中华儿女自强不息，劳动创造了生活、创造了灿烂文化，在劳动中培养了互助和团结精神。勤劳是新时代接续奋斗的重要品格和精神力量，习近平总书记指出，“今日中国，正面临近代以来最好的发展时期，也正处于世界百年未有之大变局，仍需我们凭着勤劳、智慧、勇气，以信仰、信念、信心铸就精神的力量。”[①]勤劳是创造一切物质财富和精神财富的源泉，也是人类一切美德的根本，最光荣、最崇高、最伟大、最美丽。重新呼唤人们逐渐淡忘的勤俭，对于中国特色社会主义建设，实现中国梦，具有强烈的时代意义。

习近平总书记于2018年9月在全国教育大会上明确指出：“在党的坚强领导下，全面贯彻党的教育方针，坚持马克思主义指导地位，坚持中国特色社会主义教育发展道路，坚持社会主义办学方向，立足基本国情，遵循教育规律，坚持改革创新，以凝聚人心、完善人格、开发人力、培育人才、造福人民为工作目标，培养德智体美劳全面发展的社会主义建设者和接班人，加快推进教育现代化、建设教育强国、办好人民满意的教育。”[②]将劳动教育纳入新时代“培养什么人”这一“教育首要问题”的总体要求之中，把劳动教育的地位和意义提到了前所未有的高度，这是新时代党的教育方针的丰富发展，更是新时代弘扬劳动精神、倡导劳动教育思想的集中体现，是对马克思主义教育思想的继承发展。随着经济发展，物质生活丰裕，一些人劳动观念出现了偏差甚至扭曲，比如，投机暴富的病态心理，好逸恶劳的“啃老”观念等。特别是一些家庭灌输错误劳动观念更让孩子产生价值偏差：觉得孩子太小，与劳动无关，把劳动当负担，怕影响孩子学习。劳动观念偏差、劳动技能低下，把劳动与劳累、痛苦联系起来，视之为休闲和享乐的对立面，对青少年的影响是深远的。很多年轻人走入社会后适应期很长，劳动技能缺乏已经成为一个普遍的社会问题。这些社会问题不容忽视，需要加强劳动教育，树立劳动最光荣、奋斗最幸福的劳动价值观。实现中华民族伟大复兴，要靠人们的辛勤劳动。一切有利于社会建

---

① 《习近平出席中央外事工作会议并发表重要讲话》，《人民日报》2018年6月24日。

② 《习近平在全国教育大会上强调：坚持中国特色社会主义教育发展道路 培养德智体美劳全面发展的社会主义建设者和接班人》，《人民日报》2018年9月11日。

设的诚实自觉的劳动，都是高尚的、光荣的。

中国的大厦是靠一砖一瓦砌成的，人民的幸福是靠一点一滴创造得来的。正是因为劳动创造，我们拥有了历史的辉煌；也正是因为劳动创造，我们拥有了今天的成就。弘扬、学习劳模精神，最关键的是要弘扬劳模的社会美德，劳动创造的德与美在任何时代都具有强大生命力。社会发展和科技进步，虽然劳动方式、劳动内容在不断改变，从“手提肩扛”，到今天的“宇宙飞船”，但是劳模之德、劳模之精神却坚如磐石，新老劳模身上吃苦耐劳、爱岗敬业等劳模精神美德不仅使我们中华传统美德得到了生动的诠释，更让我们在新时代践行社会主义核心价值观有了努力的方向。他们为时代为民族不断努力、开拓进取，社会主义国家广大劳动者的主人翁意识愈加强劲。学习劳模精神，需要的就是劳模一样的社会责任心和历史使命感。劳动没有贵贱之分，有的只是劳动之德的集聚差异。三百六十行，行行出状元，劳模既是各行各业技能状元，也是任劳任怨、美德品行的出彩！

（二）自强不息的奋斗精神

自强不息的精神是中华民族的传统美德。与世界上其他民族相比，中华民族具有很强的独立性和自主性，以及富有与这种独立性与自主性相联系的自强不息的进取精神。一个民族的精神状态决定了其能否繁荣和兴旺。正是中华传统文化中自强不息的进取精神，激励着中国人民铸造了中华民族往日的辉煌。自强不息、厚德载物的思想，支撑着中华民族生生不息的精神力量。几千年来，中华民族以自强不息的精神历经磨难，艰苦奋斗，创造了伟大的东方文明，屹立于世界民族之林。在无数优秀炎黄子孙的人生轨迹中，都鲜明地印刻着矢志不渝，刻苦勤奋，拼搏向上，自立自强的精神品质。“天行健，君子以自强不息。”汉代典籍《礼记》中也讲到：“知困者，然后能自强也。”自强不息精神是维系中华民族生存与发展的主要精神支柱之一。

在中国历史上，自强不息的精神，在我们民族危难之际，总是成为激励人们起来进行斗争的强大精神力量。鸦片战争以来，由于英法俄日德等列强的经济掠夺、政治讹诈和军事占领，近代中华民族危机日益加剧。中国人能不能从西方列强的奴役和压迫下解放出来，关系到整个中华民族的生存。所以，救亡图存是近代中国社会最突出的主题，这一主题规定了特定历史时期中华民族精神之自强不息的主旨，无数志士仁人为了维护国家统一和民族团结，鞠躬尽瘁。社会主义革命和建设时期形成的“红色精神”，都是中华民族以国家富强、民族复兴为旗帜，以抵制帝国主义的封锁和颠覆为目的，是在建设社会主义现代工业、农业、国防，发展社会主义科技文化和教育事业中形成的。这个时期的“红色精神”继续传承了自强不息的精神品质，在党的领导下，各条战线捷报频传，涌现了许多先进集体和英模人物。他们最基本的形象特征是：热爱祖国、热爱集体、忠于职守、奋发进取、埋头苦干、钻研业务、技术革新、吃苦耐劳、助人为乐、廉洁奉公、团结协作。他们不仅是物质财富的创造者，也是精神财富的创造者，是中华民族精神的创新者。正是他们的模范行为，才创造了“北大荒”“大庆油田”“红旗渠”的奇迹，才有了“两弹一星”“航天载人”的领先技术，才有了战胜自然灾害的全民空前大动员，才有了学习雷锋的一个又一个高潮，才有了许多维护党的光辉形象的“焦裕禄式”领导干部。也正是这种自强不息的精神，凝聚、增强了民族的向心力，哺育了中华民族的自立精神和反抗精神，以及中华一体、国家一统的精神。

1978年12月党的十一届三中全会的召开，标志着改革开放正式开始。在邓小平同志的带领下，中国正式走上改革开放的道路，中国共产党人和中国人民以一往无前的进取精神和波澜壮阔的创新实践，谱写了中华民族自强不息、顽强奋进的壮丽史诗，中国人民的面貌、社会主义中国的面貌、中国共产党的面貌发生了历史性变化，取得了举世瞩目的巨大成就。劳模精神是我们时代的宝贵财富，是激励全国各族人民应对各种机遇和挑战，团结奋斗、勇往直前的强大精神力量。中华民族虽历经风雨沧桑，但总能克服困难，不断前进。它的历史、它的文明从来就没有中断过。中华民族之所以能够历经劫难而奋发图强，展现出强大的活力和生机，其支撑点是自强不息的进取精神、艰苦奋斗的自立精神。自强不息是我们民族几千年来熔铸成的民族精神，正是这种精神，使中华民族历经沧桑而不衰，经磨难而更强，豪迈地自立于世界民族之林。

劳动模范是民族的精英、人民的楷模。长期以来，广大劳模以平凡的劳动创造了不平凡的业绩，铸就了令人钦佩的劳模精神。党的十八大以来，习近平总书记多次接见劳动模范和先进工作者，也多次倡导弘扬劳模精神。劳动模范身上体现出来的顽强拼搏自强不息的崇高品格，代表着时代的价值观、道德观和精神风貌，体现了我们伟大的民族能够与时俱进、开拓创新的精神风貌。在中国共产党领导人民进行社会主义建设实践的各个时期，涌现了大批的劳动楷模，他们用自己的辛勤劳动在平凡的岗位上创造出不平凡的业绩，成为全社会学习的道德榜样。习近平总书记曾指出：“人民创造历史，劳动开创未来。劳动是推动人类社会进步的根本力量。”[①]“必须牢固树立劳动最光荣、劳动最崇高、劳动最伟大、劳动最美丽的观念，让全体人民进一步焕发劳动热情、释放创造潜能，通过劳动创造更加美好的生活。”[②]劳模精神是我们时代的宝贵财富，是激励全国各族人民应对各种机遇和挑战，团结奋斗、勇往直前的强大精神力量。

（三）公而忘私的民族情怀

古往今来，无数仁人志士为了民族的解放、国家的兴亡，以“先天下之忧而忧，后天下之乐而乐”的家国情怀，以“国家兴亡，匹夫有责”的责任担当，以“苟利国家生死以，岂因祸福避趋之”的民族气节，奋勇战斗，义无反顾，抛头颅，洒热血；有的为了大家舍小家，服从国家需要，远离父母和亲人，赴国难，戍边疆；有的当集体的利益处于危险之际，挺身而出，赴汤蹈火；……这一切，都是公而忘私的生动体现。

在春秋时期，晋国有一个叫南阳的地方一直缺少一个地方官，当时的国君晋平公就想让别人给他推荐一个合适的人选。一天，晋平公就问他的大臣祁黄羊：“南阳现在缺少一个县官，你觉得，我应该派谁去填补这个空缺比较合适呢?”祁黄羊听了后，毫不迟疑地回答说：“大王应该派解狐去，他为人公正，一定能够胜任这个职务的。”晋平公听后，非常吃惊地问他：“解狐不是你的仇人吗?你为什么会推荐你的仇人呢?”祁黄羊微笑着回答：“大王，您只是问臣有什么人可以胜任南阳的地方官，您并没有问我谁是我的仇人呀，解狐是我的

---

① 习近平在乌鲁木齐接见劳动模范和先进工作者、先进人物代表向全国广大劳动者致以“五一”节问候（全文）. 新华网，2014-05-01，http://www.xinhuanet.com/politics/2014-05/01/c_1110495130.htm。

② 《习近平在同全国劳动模范代表座谈时的讲话》，《人民日报》2013年4月29日。

仇人，但我和他只是私人恩怨，您问的是公事，论公事，我确实觉得解狐能够担当这个重任啊。”晋平公听了祁黄羊一席话，觉得他说得很有道理，也觉得解狐的确很有才华，于是，就派解狐到南阳去上任了。解狐到南阳以后，果然很有治理的才能，他为那里的老百姓办了许多好事，人们都称颂他。过了一段时间，晋国又有一个职位有空缺。于是，晋平公又去问祁黄羊说：“现在朝廷里缺少一个掌管军事的官，你认为，谁能够胜任这个职位呢?”祁黄羊又毫不犹豫地说：“祁午可以胜任这个职位。”晋平公又吃惊起来了，问道：“祁午不是你的儿子吗?你怎么推荐你的儿子，难道就不怕别人对你说三道四吗?”祁黄羊又面露微笑地回答道：“大王，您只是问我谁可以胜任这个官位，而我恰恰觉得祁午可以胜任呀，所以我就推荐了他；您并没有问我祁午是不是我的儿子呀?我不能因为祁午是我的儿子，而向您推荐一位不适合这个职位的人呀。”晋平公听后，仍旧觉得祁黄羊说得有道理，于是就派了祁午去做这个官。祁午当上了这个官以后，果然非常尽职尽责，为老百姓办了许多好事，很受百姓们的欢迎与爱戴。孔子听说这个故事后，对祁黄羊的做法非常推崇。他说：“祁黄羊做得太好了，他推荐贤才，完全是以人的才能为标准，不因为别人是自己的仇人，而故意不推荐他；也不因为那人是自己的儿子，怕人议论，而不推荐他。像祁黄羊这样的人，才是真正的‘国而忘家，公而忘私’啊!”

在我国传统文化里，像这种“国而忘家，公而忘私”的行为还有许多，它不仅仅体现在举贤任能上，还存在于生活的方方面面。人最难摆脱私欲，倘若一个人能走出自我利益的藩篱，自觉将自己的事业融入国家需要、人民福祉、大众利益中去，那么他就是一个高尚的人。雷锋在日记中写道：“我觉得一个真正的革命者，他是大公无私的，所作所为，都是对人民有益的，他的责任是没有边的……”肩负新使命、踏上新征程，亟待我们激荡新气象、奉献新作为。立党为公、忠诚为民的奉献精神，从来都不是空泛的、抽象的。“如果你是一滴水，你是否滋润了一寸土地？如果你是一线阳光，你是否照亮了一分黑暗？如果你是一粒粮食，你是否哺育了有用的生命？如果你是一颗最小的螺丝钉，你是否永远地坚守着你生活的岗位?”公而忘私的本质是无私奉献，这种精神在实际行动中的体现多种多样。

有的人把全部智慧心血献给社会主义现代化建设事业，像钱学森等“两弹一星”的功臣们；有的人把全部精力献给为人民服务的事业，像雷锋、郭明义等。他们的先进事迹不同，但有一点是共同的，这就是他们都具有一种为党和人民的事业无私奉献的伟大情怀和崇高精神。党的十八大以来历史性成就和变革的背后，正是这种“计利当计天下利”的奉献精神，无数劳动模范的默默担当与付出，不仅形成了推动中国前进的强大动力，也带动着全社会良好风气的形成和发展。实现富强民主文明和谐美丽的现代化强国目标，解决发展不平衡不充分的问题，需要豪情万丈的干劲，更离不开点点滴滴的付出。人民警察用生命守护万家灯火，让中国被外媒评价为最有安全感的国度，这是奉献；大国工匠日夜攻关、奋战一线，使“中国创造”一次次惊艳世界，这是奉献；无数快递小哥穿梭于广袤的城乡，用汗水浇灌着数字经济的参天大树，这也是奉献。劳模精神是民族精神的重要组成部分。一方面，劳模精神是民族精神核心要素的集中体现。劳模精神既体现了以爱国主义为核心的团结统一、爱好和平、勤劳勇敢、崇德尚礼、公而忘私的民族情怀，又体现了知行合一、自立自强的人生追求。另一方面，劳模精神是民族精神创新发展的重要推动力量。劳模精神始终与时俱进，创新丰富了民族精神。一代又一代劳模，用自己的辛勤劳动、诚实劳动和创造性劳动，为民族精神注入新能量，不断丰富着民族精神的博大内涵。

三、劳模精神在新时代背景下的永恒魅力

“如果我们选择了最能为人类福利而劳动的职业，那么，重担就不能把我们压倒，因为这是为大家而献身：那时我们所感到的就不是可怜的、有限的、自私的乐趣，我们的幸福将属于千百万人，我们的事业将默默地、但是永恒发挥作用地存在下去，而面对我们的骨灰，高尚的人们将洒下热泪。”[①]劳动是社会发展之根本，是个人生活的必需，有益的劳动对于个人和社会不可缺少。劳模精神是工人阶级伟大品格的具体体现，生动诠释了社会主义核心价值观，丰富了民族精神、时代精神的内涵，是我们时代极为宝贵的精神财富。

---

① 马克思、恩格斯：《马克思恩格斯全集》第40卷，人民出版社，1982，第7页。

（一）激发新时代劳模精神的内生动力

"大厦之成，非一木之材也；大海之润，非一流之归也"。打造一支奋发有为、素质过硬的劳模队伍，在把劳模"组织"起来、"凝聚"起来的同时，如何把劳模"培养"起来，努力营造有利于劳动者成长成才的氛围，打造一支高素质、高水平的劳动者队伍，激发其内生动力和活力，是新时代弘扬劳模精神、传承劳模精神价值的重要基础。

构建新时代和谐劳动关系。劳动关系是生产关系的重要组成部分，是最基本、最重要的社会关系之一。2011年，全国构建和谐劳动关系先进表彰暨经验交流会在北京举行，习近平总书记在会见与会代表时指出："构建和谐劳动关系，是建设社会主义和谐社会的重要基础，是增强党的执政基础、巩固党的执政地位的必然要求，是坚持中国特色社会主义道路、贯彻中国特色社会主义理论体系、完善中国特色社会主义制度的重要组成部分，其经济、政治、社会意义十分重大而深远。各级党委和政府要进一步提高认识、强化责任，把构建和谐劳动关系作为一项重要而紧迫的政治任务抓实抓好。"[①]劳动关系是否和谐，事关广大职工和企业的切身利益，事关经济发展与社会和谐。党的十八大明确提出构建和谐劳动关系，2015年，《中共中央 国务院关于构建和谐劳动关系的意见》全面贯彻党的十八大和十八届二中、三中、四中全会精神，在新的历史条件下，努力构建中国特色和谐劳动关系，是加强和创新社会治理、保障和改善民生的重要内容，是经济持续健康发展的重要保证。

健全相关法律法规，建立劳动者权益保障制度，以法治维护劳动者权益。2015年4月28日，习近平总书记在庆祝"五一"国际劳动节暨表彰全国劳动模范和先进工作者大会上指出："要依法保障职工基本权益，健全劳动关系协调机制，及时正确处理劳动关系矛盾纠纷。我国工人阶级和广大劳动群众要发扬识大体、顾大局的光荣传统，正确认识和对待改革发展过程中利益关系和利益格局的调整，正确处理个人利益和集体利益、局部利益和全局利益、眼前利益和

---

① 《全国构建和谐劳动关系先进表彰暨经验交流会在京举行 习近平会见与会代表并讲话》，《思想政治工作研究》，2011（9）。

长远利益的关系，树立法治观念，增强法律意识，自觉维护社会和谐稳定。”[①]改革开放以来，随着社会主义市场经济的发展，我国的劳动关系发生了深刻的变化。以公有制为主体、多种所有制经济共同发展格局的形成和公有制企业的改革，使劳动关系多样化、复杂化，用工制度的改革和劳动力市场的形成，使劳动关系市场化、契约化。同时，面对新时代以来我国劳动关系发展形势所带来的新变化新趋势以及出现的新问题新挑战，中国特色和谐劳动关系应该坚持以人为本，把解决广大职工最关心最直接最现实的利益问题，切实维护他们的经济权益、政治权益、文化权益、社会权益，作为根本出发点和落脚点。加强党的领导，“各级党委要统揽全局，把握方向，及时研究和解决劳动关系中的重大问题，把党政力量、群团力量、企业力量、社会力量统一起来，发挥人大监督、政协民主监督作用。各级政府要把构建和谐劳动关系纳入当地经济社会发展规划和政府目标责任考核体系，切实担负起定政策、做部署、抓落实的责任。加强企业党组织和基层工会、团组织、企业代表组织建设。”[②]发展和谐劳动关系是一项庞大的社会系统工程，建设和谐劳动关系，必须走法治之路，必须坚持以人为本，具体围绕劳动用工、工资福利、人事关系、社会保障、劳动保护与监察、劳动争议处理等劳动关系具体事项的主要法律法规上下功夫，从政策完善、法律规范、体制变革和观念变化上做文章，以法治维护劳动者权益。

让劳动者实现体面劳动和全面发展。体面劳动是指，通过促进就业、加强社会保障、维护劳动者基本权益，以及开展政府、企业组织和工会三方的协商对话，来保证广大劳动者在自由、公正、安全和有尊严的条件下工作。如何让劳动者实现体面劳动、全面发展，不仅是一个实践问题，更是一个理论问题。2013年4月28日，习近平总书记在同全国劳动模范代表座谈时谈到，全社会都要贯彻尊重劳动、尊重知识、尊重人才、尊重创造的重大方针，维护和发展劳动者的利益，保障劳动者的权利。要坚持社会公平正义，排除阻碍劳动者参与发展、分享发展的障碍，努力让劳动者实现体面劳动、全面发展。改革开放以来，经过40多年的快速发展，我国经济建设取得了巨大成就，经济总量位居世

---

① 《习近平在庆祝“五一”国际劳动节暨表彰全国劳动模范和先进工作者大会上的讲话》，《人民日报》2015年4月29日。

② 《中共中央 国务院关于构建和谐劳动关系的意见》，《人民日报》2015年4月9日。

界第二位，人们的生活水平实现了质的飞跃，对于我国劳动者来说，其利益诉求也日益多元和多样，实现劳动者的体面劳动和全面发展，改善劳动者的劳动条件、劳动收入、社会保护和生活质量，充分体现国家情系劳动人民的崇高立场和对劳动者基本权利的尊重。和谐劳动关系的构建，不仅需要理论层面的创新、理念层面的指导，还需要制度层面的构建和实践层面的探索。营造和谐的劳动关系需要统筹协调政府、企业和职工的关系，习近平总书记指出："要坚持促进企业发展和维护职工权益相统一，同时调动劳动关系主体双方的积极性、主动性，推动企业和职工群众协商共事、机制共建、效益共创、利益共享；要从不同类型企业的实际出发，把构建和谐劳动关系必须遵循的总的共同要求与具体的具有差异性的措施结合起来，统筹兼顾、分类指导，既整体推进，又突出重点、突破难点。"[①]随着社会的发展和进步，劳动不再仅仅是个人的谋生需求，而且越来越体现出劳动者愉悦的心情和价值感与尊严感，乃至个体精神上的满足和社会的普遍认可度。努力让广大劳动者实现体面劳动，共享发展成果，对于发展和谐劳动关系，调动广大劳动人民的积极性和创造性，具有十分重要的意义。

充分发挥工会组织在劳动关系中的重要作用。工会是工人阶级的群众性组织，作为以最先进的工人阶级为阶级基础的群众组织，是中国共产党联系职工群众的桥梁和纽带，也是全体职工群众利益的代表者与维护者。《中华人民共和国工会法》（简称《工会法》）于1992年4月3日第七届全国人民代表大会第五次会议通过。新《工会法》的出台，正是在适应了建立社会主义市场经济体制发展要求背景下，有利于充分发挥工会作为党和政府联系职工群众的桥梁纽带作用，对建立稳定和谐的劳动关系、稳定大局，具有十分重要的意义。2013年4月，习近平总书记在同全国劳动模范代表座谈时指出，"中国工会是中国共产党领导的工人阶级群众组织，是党联系职工群众的桥梁和纽带，是社会主义国家政权的重要社会支柱。中国特色社会主义工会发展道路是中国特色社会主义道路的重要组成部分，深刻反映了中国工会的性质和特点，是工会组织和工会工作始终沿着正确方向前进的重要保证。时代在发展，事业在创新，工会工作也要发展、也要创新。要顺应时代要求、适应社会变化，善于创造科学有效的工作方法，让职工群众真正感受到工会是'职工之家'，工会干部是

① 《习近平出席全国构建和谐劳动关系先进表彰会并讲话》，《人民日报》2011年8月16日。

最可信赖的‘娘家人’。要把竭诚为职工群众服务作为工会一切工作的出发点和落脚点，全心全意为广大职工群众服务，认真倾听职工群众呼声，维护好广大职工群众包括农民工合法权益，扎扎实实为职工群众做好事、办实事、解难事，不断促进社会主义和谐劳动关系。”[①]在新时代背景下，应当充分发挥工会的参与职能，代表和组织职工参与国家和社会事务管理，参与企业、事业单位民主管理，实施民主监督；充分发挥工会的维护职能，全力维护职工的合法权益是工会的基本职责；充分发挥工会的建设职能，从工人阶级的长远利益出发，引导广大职工群众参加建设和改革，努力完成经济和社会发展任务，积极推动社会经济效益和生产力的提高；充分发挥工会的教育职能，工会教育职能包括思想政治教育和文化技术教育，劳动者要在激烈的市场竞争中取胜，要有效地维护自己的合法权益，就必须有较高的素质。这就需要学习，接受教育。因此，工会为了更好地维护职工合法权益，就必须履行好教育这一职能。工会对于构建和谐的劳动关系，协调企业经营者和劳动者之间权利义务关系具有重要作用，也是企业构建和谐劳动关系的有力推动者。

（二）提高新时代劳动者的整体素质

随着中国的经济体制由计划经济向市场经济，以及由单一经济向多元化经济的转制，中国的劳动关系发生了巨大的变化，在这些变化中，提高我国劳动者的整体素质至关重要也势在必行。推动经济转型升级和高质量发展，既要有先进装备作基础，又要有劳动者素质和技能提升作支撑。

从国家层面来看，提高劳动者整体素质，有利于增强民族凝聚力，助力实现全面建成社会主义现代化强国。我国是世界上人力资源最丰富的国家，但由于劳动力整体素质不高，人力资源的潜力还没有转化为现实优势。培养高素质人才，全面提升劳动者工作能力和水平，已经成为事关我国经济发展后劲和增强国际竞争力的一项重大而紧迫的任务。李克强主持召开国务院常务会议时指出，按照党的十九大精神，建立并推行终身职业技能培训制度，以促进就业创

① 中共中央文献研究室：《习近平关于社会主义政治建设论述摘编》，中央文献出版社，2017，第97页。

业为目标，面向城乡全体劳动者提供普惠性、均等化、贯穿学习和职业生涯全过程的终身职业技能培训，并将工匠精神、质量意识融入其中，有利于缓解技能人才短缺的结构性矛盾、提高全要素生产率、推动经济迈上中高端。如何提高劳动者素质，推动建设宏大的知识型、技术型和创新型劳动者大军，需要全社会采取行动和措施。主要途径有：一是充分发挥企业主体作用，适应产业升级需求，采取政府补贴培训、企业自主培训、市场化培训等方式，支持企业大规模开展职业技能培训。全面推行新型学徒制度，对企业新招用和转岗人员开展技能培训。二是着力培养高技能人才，重点强化高级技师等培训。教育部、财政部与人力资源和社会保障部要抓紧研究支持企业开展技能培训、加快培养高技能人才的措施。三是对高校毕业生、新生代农民工等重点群体广泛开展就业创业技能培训，促进职业技能培训与学历教育相互衔接。四是健全以职业能力为导向的人才评价、技能等级等制度，制定企业技术工人按技能要素和创新成果贡献参与分配的办法，鼓励凭技能创造财富、增加收入。五是大力发展民办职业技能培训，鼓励企业兴办职业培训机构。六是加大职业技能培训经费保障，建立政府、企业、社会多元投入机制。政府补贴的职业技能培训项目全部向具备资质的职业院校和培训机构开放。七是强化培训质量监管，对职业技能培训公共服务项目实施目录清单管理，完善培训绩效评估体系。用更加优质高效的职业技能培训，打造素质高、创新力强的产业工人队伍。提高劳动者整体素质，是发展先进生产力和先进文化的有效载体，是落实科教兴国战略和人才强国战略的重要举措，必将推进广大劳动者科学文化素质的全面提高。

从社会层面来看，提高劳动者整体素质，助推经济健康发展和文化繁荣。近年来，劳模结构由新中国成立初期的体力劳动实干家，逐步向知识型、科技型、创新型人才方向发展，其中，新型技工的比例在每年劳模评选中都在提高。随着“大众创业、万众创新”和“互联网+”时代的到来，这种趋势会越来越明显。提高劳动者素质，更体现在文明的文化价值观上。高素质的劳动者更显著的标志是德才兼备，如果说自觉创造力、好学上进、技术精湛等素质是“才”的标志，那么，以劳动为荣、爱岗敬业、甘于奉献等素质就是“德”的表现。劳动者素质的提升，是在社会大环境中得以实现的。从大的方面看，一种进步的文化观念和价值标准会促使人类的和谐发展和文明，就会促进人类社会的进步与发展，给人类生存带来希望之光；从现实情况看，在社会倡导一种积极向上、进步的文化观，对人们的价值观引导就会有促进作用。由此可见，提高劳动者素质的终极目标，实质是在弘扬一种文明的文化价值观。提高劳动者素质，要落实习近平总书记的要求，弘扬劳模精神，弘扬劳动精神，弘扬我国工人阶级和广大劳动群众的伟大品格，在全社会进一步形成爱岗敬业、淡泊名利、甘于奉献的伟大精神；树立用诚实劳动创造美好生活的风气，为实现中华民族伟大复兴的中国梦踏实工作，建功立业，让每一个劳动者在劳动中体现自身价值，进而形成进取向上的职业精神，不断提升职业化、专业化水平，社会经济的发展才能获得永不枯竭的精神动力，让劳动者的素质提高变成在社会发展中的自觉行为。

从个人层面看，提高劳动者整体素质，有助于自我价值的实现。职业发展是个人发展的前提，只有妥善处理好个人与职业发展的关系，使之协调发展，才能最大化地实现个人价值，达到个人发展的目的。人的价值在自己的劳动中体现出来，才更加有意义。作为劳动者，主动地获取信息，改变行为以适应环境与自我成长的要求。在对新知识、新技术、新技能、新思想、新行为和新资格的获得与发展提升工作和经验的体验。劳动推动社会进步，实干才能成就梦想。劳动模范是民族的精英、国家的栋梁、社会的中坚，他们身上涌动着创造、创新、创业激情，并以炽热的报国情怀、精湛的专业技能在各自岗位上建功立业，托举起了一个国家、一个民族的梦想。劳模精神则是一个民族的精神象征，社会发展的精神力量。通过劳动创造更加美好生活，梦想大厦才会一砖一瓦地坚实筑牢。长期以来，无数劳动模范以执着的热血奋斗，书写了劳动的光荣，弘扬劳模精神，每一位劳动者都应勤奋做事、勤勉为人，通过劳动书写无悔的奋斗人生、幸福人生。劳模精神是劳模的实干精神，劳模通过实干改变自己的命运，实现人生的价值。广大劳动者应该树立社会主义劳动观念，劳动不仅仅是谋生的手段，还应该是奉献社会、创造和谐和促进文明的重要途径。以广大劳动模范为典范和榜样，在本行业、本职业中做到业务熟练程度、技术水平、单位时间内的工作量等方面达到本单位、本行业最高标准，时刻保持“本领恐慌”“知识危机”，勤奋学习，正确设定自己的人生目标，运用科学的方法，采取有效的行动。用行动书写初心，用平凡造就伟大，坚持把实践锻炼作为自身成长、能力提高的重要途径，不断积累经验，增长才干，不断强化思想理论武装，苦干实干，砥砺奋进，成为助推社会高质量发展的“能工巧匠”

"行家里手"。

（三）发挥新时代榜样示范引领作用

劳模精神是社会主义核心价值观的生动诠释，是时代精神的生动体现，也是民族精神的重要组成部分。中国人民从站起来、富起来，再到强起来，离不开精神的力量，其中劳模精神是重要组成部分。党的十八大以来，尤其是党的十九大以来，中国在各个方面都取得了巨大成就。这些成就的取得离不开劳动者的辛勤劳动和创造，是劳模精神的一种转化。劳模精神代表了新时代中国特色社会主义的价值取向，符合新时代中国特色社会主义文化建设的根本要求。按照马克思唯物史观的理论逻辑和中国特色社会主义发展的历史逻辑，劳动模范应当备受尊重，劳模精神也应当成为一种广受追崇的文化。

劳模精神是培育社会主义核心价值观的重要支点。习近平总书记指出："把培育和弘扬社会主义核心价值观作为凝魂聚气、强基固本的基础工程"。[①] 劳模精神已经成为弘扬社会主义核心价值观的重要抓手和关键支点。学习和实践劳模精神，在一定意义上说，就是培育和践行社会主义核心价值观。社会主义核心价值观要"接地气"，在切实发挥作用的过程中，离不开劳动模范的示范、引领。这种引领超越时空、超越地域、超越职业、超越年龄。因此，我们在新时代弘扬劳模精神，在一定意义上来说就是在生产生活中培育社会主义核心价值观。劳动模范实践劳模精神，通过劳动实践，将社会主义核心价值观从理论和知识形态转化成为可以感知、体会、触摸的现实生活，实现社会主义核心价值观的生活化，展示其时代魅力。

当前，有些人对劳动模范的印象还停留在"出大力、流大汗"，认为在信息时代、智能革命的背景下不需要劳模精神。然而这些观点只看到了劳动手段、劳动方式的变迁，没有看到凝结在劳动中的永恒不变的劳模精神——爱岗敬业、争创一流，艰苦奋斗、勇于创新，淡泊名利、甘于奉献，这种精神永不过时。劳模精神体现着普通劳动者日常生产、生活、生命、生态的价值认同。

---

① 习近平：把培育和弘扬社会主义核心价值观作为凝魂聚气强基固本的基础工程（全文）. 人民网，2014-02-25，http://politics.people.com.cn/n/2014/0225/c70731-24463167.html。

这种价值认同最质朴、最真实、最生动。培育和弘扬新时代的劳模精神，关系到我们坚持和发展中国特色社会主义是否一以贯之的问题，关系到党和人民群众的关系问题。正如习近平总书记所说：“劳动，是共产党人保持政治本色的重要途径，是共产党人保持政治肌体健康的重要手段，也是共产党人发扬优良作风、自觉抵御‘四风’的重要保障。”[①]

新时代实现“两个一百年”奋斗目标需要弘扬劳模精神。从全面建成小康社会到基本实现现代化，再到全面建成社会主义现代化强国，归根到底要靠辛勤劳动、诚实劳动、科学劳动。我们要在全社会大力弘扬劳动光荣、知识崇高、人才宝贵、创造伟大的时代新风，促使全体社会成员弘扬劳模精神，推动全社会热爱劳动、投身劳动、爱岗敬业，为改革开放和社会主义现代化建设贡献智慧和力量。新时代社会主要矛盾的解决需要弘扬劳模精神。中国特色社会主义进入新时代，我国社会主要矛盾已经转化为人民日益增长的美好生活需要和不平衡不充分的发展之间的矛盾。解决好发展不平衡不充分问题，要大力提升发展质量和效益，更好地推动人的全面发展、社会的全面进步。这个任务相当艰巨，没有劳动，没有劳模精神，是不可想象的。因此必须坚定理想信念、脚踏实地、艰苦奋斗。新时代实现人生的幸福需要弘扬劳模精神。中国人民是具有伟大奋斗精神的人民，中国人民自古就明白，世界上没有坐享其成的好事，要幸福就要奋斗。今天，中国人民拥有的一切，都凝聚着中国人的聪明才智，浸透着中国人的辛勤汗水，蕴含着中国人的巨大牺牲。梦想属于每一个人，只要有志气有闯劲，通过辛勤劳动，普通劳动者也可以在宽广舞台上展示自己的人生价值，拥有实现人生幸福的机会。

今天，我们比历史上任何时期都更接近、更有信心和能力实现中华民族伟大复兴的目标。伟大的事业需要伟大的精神，伟大的精神来自伟大的人民。新的伟大征程离不开劳动人民的辛勤劳动，离不开社会对劳动精神、劳模精神、先进事迹的弘扬。因此，全社会都要贯彻尊重劳动、尊重知识、尊重人才、尊重创造的重大方针。

---

① 习近平在乌鲁木齐接见劳动模范和先进工作者、先进人物代表向全国广大劳动者致以“五一”节问候（全文）. 新华网，2014-05-01，http://www.xinhuanet.com/politics/2014-05/01/c_1110495130.htm。

四、完善个体涵育模式，构建弘扬新时代劳模精神的育人体系

劳模精神、劳动精神、工匠精神与伟大创造精神、伟大奋斗精神、伟大团结精神、伟大梦想精神具有同向性和一致性，是对以爱国主义为核心的民族精神和以改革创新为核心的时代精神的继承和发展。从整体上把握学习劳模精神的方法论，在党的正确领导下，发扬劳模自身的精神本质内涵，坚持服务人民的无私奉献精神，坚持爱岗敬业的“螺丝钉”精神，坚持艰苦奋斗的创业精神，将劳模精神转化为我国工人阶级和广大劳动群众自觉向劳模看齐，学先进赶先进的精神自觉。

（一）着力打造“劳模品牌”，让劳模精神深入人心

品牌不仅是一种符号结构，一种产品的象征，更是企业、产品、社会的文化形态的综合反映和体现。习近平总书记指出，“劳动模范要珍惜荣誉、谦虚谨慎、再接再厉，不断在新的起点上为党和人民创造更大业绩。”[①]在现代经济发展中，让劳模可亲、可敬、可信，鲜活地走进人民群众在劳动创造美好生活中，让劳模精神成为时代的品牌，无疑有着非同凡响的标杆作用。中国特色社会主义进入新时代以来，我国经历了经济社会深刻转型与重大变革，经历着经济增长速度换挡期、产业结构调整阵痛期和前期刺激政策消化期，在这样的背景和时间节点下，面临着诸多的问题和挑战。人是生产力中最活跃最根本的要素，一个国家发展能否在全球格局中抢占先机、赢得主动，国民素质特别是广大劳动者素质起着至关重要的作用。无论是“中国制造”，还是“中国创造”，乃至“中国智造”，既需要一支结构优化、素质过硬的产业工人队伍，也需要大规模布局合理、技艺精湛的技能人才，更需要一大批精益求精、追求卓越的

① 《习近平在知识分子、劳动模范、青年代表座谈会上的讲话》，《人民日报》2016年4月30日。

大国工匠。我国经济已从高速增长阶段转向高质量发展阶段，不仅需要一大批创新研发人才，还需要一大批掌握绝技绝活、技术精湛的高技能人才。纵观世界，凡制造强国，必然首先是技工大国。建设一支高水平的技能工人队伍，对我国经济转型发展有着至关重要的意义。“人力资本质量”将成为中国迈向制造强国进程中的关键因素。着力打造劳模品牌，一旦劳模形象被社会公众认可，就会形成强大的品牌力量，产生出巨大的物质效应和社会效应，“劳模创新工作室”就是最大的劳模品牌效应。全国总工会在《关于进一步深化劳模和工匠人才创新工作室创建工作的意见》中提出，要最大限度实现创新工作室示范引领、集智创新、协同攻关、传承技能、培育精神等功能，团结和动员广大职工积极投身群众性创新实践，加快形成人人敢创新、人人会创新、人人善创新的良好局面，打造一支规模宏大、技能精湛、素质优良、结构合理的技术工人队伍。“劳模创新工作室”充分发挥领衔育人的榜样示范作用，带领广大职工向知识型、技能型、创新型人才转变，不断提高产业工人队伍素质，促进企业发展，推动国家经济不断发展，弘扬劳模精神，让劳模精神成为时代的品牌。

（二）发挥“劳模文化”效应，让劳模精神从历史走向未来

文化是品牌塑造的根本因素，品牌蕴含着深厚的文化传统和价值取向。一个国家，一个民族，最深远、最久远、最具生命力的东西是历经千百年积淀下来的文化。劳模文化作为一种精神力量，能转化为物质力量，唤起广大群众的心理认同感、民族自豪感和历史责任感，丰富人的精神世界，增强人的精神力量。精心选树培育劳模先进群体，劳模是广大职工群众的杰出代表，是时代的旗帜。我们评选劳模、宣传典型，其目的是要倡导人们学习劳模、尊重劳模、关爱劳模、崇尚劳模、争当劳模。劳模选树的质量关系劳模的形象。劳模选树工作公开、公平和公正，才能使选树出的劳模具有感染力和感召力。坚持面向基层、面向一线、面向普通劳动者，评选表扬多行业、多层次的劳模、工匠、五一劳动奖、首席技师等，充分体现劳动价值、技能价值和创造价值。完善劳模评选推荐制度，实现自下而上逐级评选方式和公开化、民主化、系统化、科学化评选程序。把弘扬劳模精神、劳动精神、工匠精神体现到精神文明创建、精神文化产品创作生产传播全过程，坚持举办“劳模讲坛”、评选“最美劳动

者”、唱响“劳动者之歌”等活动，建设劳模纪念馆、劳模事迹展示馆、劳模墙等场所，营造尊重、崇尚、学习、争当劳模浓厚氛围，进一步激发广大职工群众劳动热情和创造活力。全体劳动者用实干提升“劳模精神”的传播力、引导力、影响力。在实现中华民族伟大复兴中国梦的征程上，“全国劳模”和普通劳动者共画同心圆，用劳模精神之光将“中国梦”照进现实。学习劳模，不仅学其“样”，更要传其“神”。让他们的精神“神采飞扬”，从而使全社会掀起争做“劳动模范”的高潮，用“最美”的力量建设“最美”事业。

（三）培厚“工匠精神”的土壤，传承劳模精神

在古代，木匠们可以不用一个铆钉就将木材建造成坚实稳固的房屋，凭借的是高超的技艺和对高品质的要求。这也说明，我们的祖辈，已经拥有工匠精神，匠心筑梦，大国崛起，随着时代进步和社会发展，曾经的一些老手艺因与现代生活不相适应而逐渐消失，但是工匠精神却传承下来，永不过时，在新的发展征程上，我们更需要发扬工匠精神。在技术时代背景下，仍需要继承和弘扬“工匠精神”，方能实现由“中国制造”到“中国智造”的华丽转身。“工匠精神”作为一种社会文化精神，是伴随人类社会劳动实践产生的，是对人们特定劳动行为的反映和评价。工匠精神是人们在长期的物质生产过程中形成的一种职业素养和职业品质，是中华民族五千多年历史文化在生产生活中的积淀。我们身边总有一些人，他们执着、坚守，对自己的工作和产品精雕细琢，他们拥有精益求精的匠心。胸怀匠心、摒除匠气，需要蓄积敢于创新的闯劲。拥抱创新，才能推动技艺发展，不断开掘新的道路。在受表彰的全国劳动模范和先进工作者当中，许多人就是工匠精神的践行者，让工匠精神深入人心，还要进一步讲好他们的“工匠故事”，用他们的事迹和精神激励着更多劳动者特别是青年人走技能成才、技能报国之路，争做高技能人才和大国工匠。讲好“工匠故事”，能让人们从大国工匠身上感受到劳动的光荣、精神的魅力。以此为契机，培厚工匠精神土壤，在全社会大力弘扬工匠精神，必将推动工人阶级和广大劳动群众用实干成就梦想。时代发展需要大国工匠，站在实现“两个一百年”奋斗目标的历史交汇点上，全社会都要大力弘扬工匠精神，让崇尚工匠精神的理念深入人心。

第五章 05

劳模精神，超越现实的诘难

从劳模诞生以来，劳模精神一直是鼓舞中国劳动人民砥砺前行的重要精神力量。习近平总书记在党的十九大报告中指出：“人民是历史的创造者，是决定党和国家前途命运的根本力量。”[①]人民群众用劳动创造了人类历史，人民是真正的英雄。革命战争时期，劳模当先锋、起表率，促进生产、支援前线，为革命的胜利和中华人民共和国的成立作出了巨大贡献。中华人民共和国成立初期，劳模不怕苦、不怕累，甘当老黄牛、不计个人得失，保证和巩固了社会主义胜利果实。有些人受此影响，认为只有最基层、最普通的工人和农民才能当劳模，就认为出大力、流大汗、肯奉献、能牺牲的老黄牛精神才是劳模精神。

在一项共有6784人参加的问卷调查中，其调查结果也能够说明这一问题：您认为“劳动模范”最应该具备的特征是什么？51%的人选择了“吃苦耐劳，无私奉献”；34%的人选择“在工作岗位上成绩优异”；10%的人选择了“有社会影响

① 习近平：《决胜全面建成小康社会 夺取新时代中国特色社会主义伟大胜利——在中国共产党第十九次全国代表大会上的报告》，《人民日报》2017年10月19日。

力”；5%的选择了其他。看来，人们还是认为劳模的形象是吃苦耐劳，并且不求回报的。将劳模精神固化，一说到劳模，马上会有人想到“铁人”王进喜，想到掏粪工人时传祥，想到工作在辛苦一线任劳任怨的“老黄牛”的身影。国务院发布的《关于做好2005年全国劳动模范和先进工作者推荐评选工作的通知》，给新时期劳模予以全新的界定：“在改革开放、经济建设和各项社会事业发展中作出突出贡献的工人、农民、科教人员、企业管理人员、机关工作人员及其他社会各阶层人员”。各行各业都需要劳模，党的十九大报告指出，建设知识型、技能型、创新型劳动者大军，弘扬劳模精神和工匠精神，营造劳动光荣的社会风尚和精益求精的敬业风气。随着社会的快速发展，我们不仅需要体力劳动者，也需要知识分子、公务员、企业家……随着改革开放的深入，中国的科技水平越来越高，科技促进了社会经济取得了超乎想象的发展，也改变了人民的物质生活水平，一些人将幸福生活的获得归功于科技的发展。在改革开放和市场经济条件下，拜金主义、享乐主义、娱乐至死等不良风气有所滋生和蔓延，一些人的世界观、人生观、价值观发生扭曲，许多人追逐不劳而获，梦想一夜暴富。特别是互联网、大数据给人们生产生活方式带来的变化，让一些人产生了劳模精神失灵、无用的错觉，劳模和劳模精神遭遇冷落、受到嘲讽，甚至被历史虚无主义诋毁。时代的发展、科技的进步，还带来社会分工的变化与细化，产生了许多新行业、新工种，尤其是脑力劳动者数量的增多和社会价值的提高，使一些人对劳动概念模糊，认为劳模精神有泛化和被边缘化的倾向。劳模精神作为中华民族的精神瑰宝，具有穿越历史、国家及民族和阶层的永恒价值，是中国特色社会主义新时代的宝贵精神坐标，已经成为中国共产党治国理政的重要精神文化资源，彰显不朽的时代精神。但目前，仍有部分人质疑和责难雷锋精神，导致一定程度上劳模精神遭摧残、劳模形象遭扭曲、学习劳模遭嘲讽……这些现象都影响着当代中国劳模精神的弘扬，影响着当代中国劳模精神发挥应有的作用。

一、劳模精神的“是”与“非”

1889年7月，由恩格斯领导的第二国际在巴黎举行代表大会。会议通过决议，把5月1日这一天定为国际劳动节。“五一”国际劳动节是全世界工人阶级和劳动群众的盛大节日。中央人民政府政务院于1949年12月做出决定，将5月1日确定为劳动节。1989年后，国务院基本上每5年表彰一次全国劳动模范和先进工作者。通过表彰劳模和弘扬劳模精神，团结带领工人阶级和广大劳动群众为民族独立、人民解放、国家富强和人民幸福而奋斗。无论在革命、建设和改革开放时期，劳动模范是民族精英和人民楷模；劳模精神是中国精神的重要内容和社会主义精神文明的显著标志。特别是中国特色社会主义进入新时代以来，在实现民族复兴中国梦的历史进程中，更加需要一以贯之地弘扬劳模精神和工匠精神、坚定不移地在全社会营造劳动光荣、劳动幸福的氛围和社会风气，有利于达成社会共识，画出最大的同心圆。

（一）劳模精神“过时论”与“无用论”

劳模精神“过时论”，片面化了劳模精神的时代价值。提到劳模、劳模精神，很多人认为，劳模是在共和国最困苦的时期，在科技和生产力水平相对落后，体力劳动的需要大于脑力劳动，工作环境艰苦和劳动待遇低下的社会发展的特定时期人为树立和制造出来的政治偶像，劳模精神是计划经济时期的精神产物，号召人们学习劳模不怕苦累、不怕牺牲、百折不挠、艰苦奋斗、无私奉献，是发挥了激励人、鼓舞人的作用的。随着经济发展和时代变迁，劳模精神在社会主义市场经济体制下已经“英雄无用武之地”了。诚然，“老黄牛”形象的劳模所在的年代已经离我们渐行渐远，劳模形象中某些具有浓厚时代属性的部分也应回归历史，对于劳模精神的认识与解读、宣传与实践需要与新的历史条件相契合，融入新的时代内容。但是对于把两种经济体制下的劳模精神完全割裂开来的观点和做法，违背了马克思主义唯物史观的基本原理和观点，曲解了经济基础与经济体制和上层建筑的辩证关系，并将其之间的矛盾性简单生硬地理解为线性决定关系，继而宣扬劳模精神已然退出了时代的舞台。

劳模精神“无用论”观点。有人认为，劳模精神所倡导的价值观念在现实的社会中已然失去了存在的土壤，在当今时代，大数据和智能革命的历史发展背景下，我们的工作、学习和生活环境已经发生了翻天覆地的变化。如今的社会，人们普遍重视脑力劳动而轻视体力劳动，而劳模精神是计划经济产物，已经不再适合当今的时代发展要求，所以当前，没有必要再讨论和弘扬劳模精神了。当前一些人的“只有向钱看，才能向前看”观点，弱化了劳模精神的道德价值。诚然，资本能够带来剩余价值、实现自我增值，资本逻辑运用于社会主义初级阶段是保证经济发展的必要动作，某种程度上激发了人们自主生产的积极性，客观上促进了社会生产力的大力发展，但面对资本逻辑的内在困局，要批判地扬弃资本逻辑引发的现代性后果。要在资本逻辑必须充分为中国特色社会主义服务的前提下，让一切的劳动、知识和资本等激发潜在动力，让改革开放发展的硕果更多地惠及广大人民。劳模精神是社会主义经济体制下的精神成果，是对社会主义物质生产关系的精神回应。在以社会主义公有制为主体，多种所有制经济共同发展的基本经济制度下，构筑中国精神、中国价值和中国力量的强大精神支撑。劳模精神作为至善至美的精神符号，始终与时代前进的潮流同频同步，精神永存。

一束光，可以照亮一片夜空。一名劳模，就是一面旗帜。2020年春节，一场突如其来的新冠肺炎疫情让大家猝不及防。广大党员干部、医护人员等奋战在防控疫情斗争第一线；各行各业的劳动者坚守岗位，为防控疫情提供保障，为万家团圆提供守护。全国各条战线的劳动模范也纷纷“逆行”走上了抗“疫”一线，充分发挥了先进典型的模范带头作用，让“劳模精神”在疫情防控这个特殊战场上再度得到诠释。每一个普通的人都可以做出一番不普通的事业；每一个普通的岗位都能成就一个不普通的信念；每一个时代都会有一种先进的精神；这种精神源于我们身边每一个身份普通、岗位平凡、业绩突出的劳动者，这种精神成为了推动社会前进的源动力，引领着无数人不懈创新，勤勉开拓，这就是劳模精神。劳模是劳动者的模范和榜样，是社会遴选出的最好的、鼓励人们仿效的劳动者。在国家建设中，劳模是各行各业的杰出代表，在他们的身上体现着社会对某一类劳动方式、劳动精神的最高评价。从“晴天一身汗，雨天一身泥”到“知识型、创新型、智慧型”，几十年来，每个时代，都有一种劳模的特征和精神，劳模的结构在变、形象在变、工作方式在变，但不变的是他们执著于事业、不断超越的热情和爱岗敬业、甘于奉献的精神。习近平总书记曾指出：“我们要在全社会大力弘扬劳动精神，提倡通过诚实劳动来实现人生的梦想、改变自己的命运。”[①]学习劳模活动历史的回响，是立足现在与面向未来不忘初心的坚守与超越，是对劳模精神“过时论”最有力的回击。

（二）劳模精神“特例论”与“功利论”

劳模精神“特例论”对立化了劳模精神的大众形象。在对劳模精神的种种质疑中，有一种论调由来已久，那就是劳模精神“特例论”，持有这种观点的人认为，劳模精神即属于劳动模范自己特有的精神，具有普通广大人民群众无法学习、无法效仿以及无法超越的性质，同样，劳模精神则是由劳动模范所构建出来的理想化了的价值体系，在现实中不具有可操作性。实则不然，从劳模精神的历史逻辑、生成结构以及思想实质来看，劳模精神是时代的精神坐标，而不仅仅是属于某个特定历史时期的精神产物，劳模精神代表的是广大劳动群众共同精神信仰和追求，具有广泛性和普遍性。这种精神扎根于社会主义广袤大地、来源于广大群众伟大实践，代表了广大群众的人民属性，正如习近平总书记所指出的，“雷锋、郭明义、罗阳身上所具有的信念的能量、大爱的胸怀、忘我的精神、进取的锐气，正是我们民族精神的最好写照，他们都是我们的‘民族的脊梁’”[②]劳模精神是先进性与广泛性、崇高性与平凡性、个体性与群众性的融合与统一。

劳模精神“功利论”污名化了劳动模范的功劳与奉献。社会上很多人对于劳动模范评选制度和奖励机制存在误解和误读，他们认为，单纯地弘扬劳模精神是对劳模本人行为的肯定与激励，对其他人民群众则是一种道德教化的示范，而如果将劳模精神与过多的奖励，尤其是与物质利益关联在一起，则是一

① 《习近平习近平在知识分子、劳动模范、青年代表座谈会上的讲话》，《人民日报》2016年4月30日。

② 《雷锋精神：在平凡中成就不平凡》，《光明日报》2020年9月16日。

种功利的、物化的劳模精神。他们还认为，在这种奖励的“刺激”下，人们会刻意将自己包装成符合政治上规定的劳动模范要求，进而以投机行为争取个人获利，把劳模精神杜撰成是一种具有功利性的、道德化的教化工具，人人争当劳动模范、弘扬劳模精神，只是为了获得相应的物质或非物质奖励，带有功利性的目的和动机。

无论是“特例论”还是“功利论”，都是用个人主义与利己主义的错误思想在污名化劳模精神。

劳动模范，是适应国家和时代的发展而产生的，他们以对祖国、对事业无限忠诚的赤子之心，在自己岗位上辛勤劳动，以超出常人几倍甚至几十倍的努力，为国家、民族、社会创造了巨大的经济效益和社会效益，为中华民族、为中国工人阶级积累了宝贵的精神财富，激励了一代又一代的人民，去奋发图强，无私奉献。劳模精神是我们的重要精神力量。中国人民从站起来、富起来，再到强起来，离不开精神力量，其中劳模精神是重要组成部分。党的十八大尤其是党的十九大以来，中国各个方面都取得巨大成就，离不开劳动者的辛勤努力和创造。针对当前所谓劳模精神“过时论”“特例论”等错误观点，有些人对劳动模范的印象还停留在“出大力、流大汗”，认为在信息时代、智能革命的背景下不需要劳模精神。这只看到了劳动手段、劳动方式的变迁，没有看到凝结在劳动中的永恒不变的劳模精神——爱岗敬业、争创一流，艰苦奋斗、勇于创新，淡泊名利、甘于奉献。“这种精神永不过时”，必须旗帜鲜明地弘扬劳模精神。在新时代弘扬劳模精神，在一定意义上就是培育社会主义核心价值观。劳动者通过实践劳模精神，将社会主义核心价值观从理论和知识形态转化成为可以感知、体会、触摸的现实生活，可以展示社会主义核心价值观的时代魅力。当前，发展仍是新时代我们党执政兴国的第一要务，是解决问题的基础和关键。发展生产力是第一要务，成为先进生产力的代表，推动先进生产力的发展，应该是新时代劳模素质的基本内核，这也是劳模文化发展的基本价值趋向。因此，必须弘扬劳模精神，脚踏实地、艰苦奋斗，更好地推动社会全面进步。

二、劳模精神的“变”与“不变”

“变与不变”，从来都是辩证统一的。劳模精神随着时代的发展承载了越来越多的内涵因子，无论时代环境发生什么样的改变，无论是革命战争年代还是和平建设时期，无论是在计划经济体制下还是社会主义市场经济体制下，无论技术进步和知识更新达到什么样的程度，无论经济社会发展达到什么样的水平，无论是颂扬苦干实干还是讴歌创新创造，无论是侧重经济效益还是注重社会贡献，劳模精神所恪守的行动指南，所体现的核心价值，“人世间的美好梦想，只有通过诚实劳动才能实现”不会变，劳动是一切成功的“地基”不会变，所根植于人民的属性，所被赋予的定位都是始终不变的。“劳动最光荣、劳动最崇高、劳动最伟大、劳动最美丽”不会变，“爱岗敬业、争创一流，艰苦奋斗、勇于创新，淡泊名利、甘于奉献”的劳模精神，穿透岁月历久弥新，是广大劳动者的永恒价值坐标，变化的只是随着时代主题而发展的外在表征。把握“变与不变”，最为关键的是“以不变应万变”。变的是面孔不变的是精神，劳动者的形象，随着国家发展阶段的不同而变迁。一部劳模史，从一个侧面记录着新中国的成长史。时代条件正在发生深刻变化，今天的劳动者，“工农商学兵”已无法全部涵盖，大量前所未有的新职业正在涌现，新的劳动者在为社会带来创新潜能和发展活力的同时，也一次次突破和刷新着旧有认识。科技革命和产业变革集聚迸发，人们对“劳动”有了新认知。

（一）劳模精神“固化论”与“异化论”

劳模是劳动者的杰出代表，劳模精神更是时代的宝贵财富。习近平总书记曾用“干劲、闯劲、钻劲”为劳模精神赋予新的时代内涵，这充分体现党中央对广大劳动者的亲切关怀，把我们党对劳模精神的认识上升到新高度。但是，社会上有些人仍认为劳模精神的时代内涵、表现特征、适用范围以及现实价值始终是中华人民共和国成立之初的旧模样，对劳模精神抱有“固化论”的思想，提起劳模，就会想起那如火如荼的劳动竞赛场景，想起那充满激情的自力更生、艰苦奋斗、增产节约的创业岁月，他们主观地将劳模的形象定格在出力、流汗、埋头苦干的特有年代劳模形象中，完全将劳模精神、劳模形象的变与不变割裂开来。榜样，作为一种精神价值的载体，是理想人性模式的个性张扬。劳模的激励作用，是榜样理性的功能样态，也是劳模价值实现的直接路径。持“异化论”观点的人们，把劳模始终定格为生产战线、服务行业爱岗敬业的普通劳动者中的佼佼者，比如上世纪五、六十年代的孟泰、王崇伦、时传祥、张秉贵、郝建秀……那一代人的劳模形象在人们心中根深蒂固。认为劳动模范顾名思义，他们首先应是劳动者（不论是以体力劳动为主还是以脑力劳动为主），不应当是企业家、影视演员、外企经理、富商能人、政治明星、科技尖兵、体育健儿等，尽管这些人也值得人们尊崇或羡慕，但其业绩与“劳模”事迹不是一回事，他们作为劳模，不具备被绝大多数的普通劳动者们学习的条件，他们身上也体现不出劳模精神的社会价值。所以他们认为劳模和劳模精神也被异化了，他们认为异化的劳动、劳动者、劳模、劳模精神不利于实现劳模精神的社会价值与影响。

进入21世纪，随着经济的迅速发展、社会结构的日益复杂，劳模评选的对象也发生了显著变化。“固化论”者和“异化论”者虽然角度不同，但是关注点却十分的相近：“私营企业主他们是劳动者吗？他们明明是资本的拥有者。”对于入选的劳动模范中，官员和管理者过多，“这是评选劳动模范，还是评选优秀领导干部?”认为他们与社会主义制度培养人的规范和目的不相符，劳模评选变了味儿。考察“评选劳模”的制度背景，我们会发现，这其实是我国传统企业管理体制下的产物，这种传统的企业管理体制脱胎于革命战争对军队的组织生产与军事动员。如果继续按照这种“政治”眼光去打量“姚明当劳模”，在现在这个全球化的语境中已经失去意义，是我们这个社会的重要特征之一。因此，我们的劳模也应该是多样化的，劳模的标准也是多维的。“劳模评选”是个概称，里面分为“劳动模范”和“先进工作者”两种称号，前者颁发给企业人员和农业劳动者，后者颁发给机关、事业单位的人员。要尊重和保护一切有益于人民和社会的劳动，不论是体力劳动还是脑力劳动，不论是简单劳动还是复杂劳动，一切为我国社会主义现代化建设作出贡献的劳动，都是光荣的，都应该得到承认和尊重。我们可以认为劳模是社会对劳动者的要求，希望通过劳模对全体劳动者起引导作用。每个时代有每个时代的要求，每个时代有其强调的重点，如果说劳模的评价标准、劳模精神在产生变化，那只是它的表现形式，而不是本质。

（二）劳模精神“吃亏论”与“物化论”

近些年来，在不少人的思维模式里，劳动模范的奉献就意味着付出，然后在他们眼里付出就等同于吃亏，进而吃亏就会与清贫相伴，所以当劳模就是吃亏与付出，“吃亏论”使劳模的甘于奉献、爱岗敬业、乐于服务的精神遭到了无情的曲解和冷落。而当下的劳模精神“吃亏论”其实质是社会上一些人进取心不强、奉献意识淡泊，又看不得别人当劳模、评先进，劳模意味着一种“取向”，是一种人生道德观念和价值取向，而社会上这种：没有占便宜就是“吃亏”的弘扬劳模精神“吃亏论”观点，实质上是一种见利忘义、以利为上的消极的、扭曲的人生价值观。我们学习劳模精神不是光喊口号，不是做表面文章，而是学习劳模所表现出来的所有品质和精神状态。在国家劳模评选制度的奖励机制中，为了更好肯定劳模行为与贡献，激励和带动其他劳动者向劳动模范学习，除了授予荣誉称号作为奖励外，还会给予劳模一定的物质奖励和福利待遇。而恰恰是这些物质奖励和待遇遭到了劳模精神“物化论”者的曲解，他们认为，劳模就应该默默奉献、清心寡欲，不该享有更多的社会福利，一旦享有这些物质利益，大家争当劳模的目的就不再单纯，而是功利性和物质性的了。这是一种病态心理在作祟，劳动模范们常年工作在科研和生产第一线，经常牺牲休假时间，由于过度劳累，很多人身体处于亚健康状态。我们不能光想着让他们发挥引领、带头作用，更应该关心爱护他们的身心健康。劳模奉献得多，获得回报却少，也有违“多劳多得”的公平分配原则。

在各条战线和各个阶层中涌现出的无数劳模，是我国广大劳动群众的优秀代表，他们常年以“奉献”为己任，视“奉献”为幸福，默默地、执著地向社会奉献着自己的才能和智慧。从他们身上体现出的无私“奉献”精神，理应受到全社会的普遍尊重和敬佩。“劳动模范是工人阶级的杰出代表，是时代的旗帜，是宝贵的社会财富。在全社会大力弘扬劳模精神，就要营造有利于弘扬劳模精神的体制机制，形成良好的环境氛围。”[①]这充分说明关心劳模、爱护劳模、帮助劳模是党和政府的一贯政策，也是全社会的共同责任。劳动模范是生产建设中成绩卓著或有重大贡献的先进人物，是劳动人民的中坚。我们应该让广大劳模在实现体面劳动的同时，享受到美好的生活，从而活得更有尊严，更有质量；也才能让劳模精神在奉献中得到升华，使“奉献”真正成为“两头甜”的事业。

三、劳模精神的“困境”与“超越”

马克思说过，“精神总是要受到物质的纠缠”，“物质的力量只能用物质的力量来摧毁”，同时也指出精神力量的使命在于改变世界，“哲学家们只是用不同的方式解释世界，问题在于改变世界。”[②]因此，要把握物质与意识之间的唯物辩证法，弄清劳模精神的本质内容，理清劳模精神的实质内涵，促进劳模精神落地现实。

（一）当代劳模精神认同“边缘化”

“最新调查显示，95.2%网友认为，劳模没有以前那么有号召力了。曾经为中国人创造了无数时代和精神偶像的劳模，大家随口能说出来的，多数是上个世纪的英雄。”[③]当代中国劳模精神认同感与影响力弱化，本应全社会都来尊重的劳模精神，似乎已渐行渐远，离我们很远。新时代，在弘扬劳模精神的过程中，人们对劳动、劳动者、劳模、劳模精神等概念没有正确认识，对其内涵与外延理解不深，加之多元化价值取向的影响，削弱了劳模精神的生命力和影

① 《习近平在庆祝“五一”国际劳动节暨表彰全国劳动模范和先进工作者大会上的讲话》，《人民日报》2015年4月29日。

② 马克思、恩格斯：《马克思恩格斯文集》第1卷，人民出版社，2009，第502页。

③ 《不应失落的劳模精神》，《南方日报》2011年5月20日。

响力，弱化了人们对劳模精神的认同感。劳模不仅是一种精神称号，更是对健康、理性、公正的劳动观念的积极引领，带动更多人爱岗敬业，无私奉献。市场经济下的社会分工细化和生产复杂化，使许多劳动职能从直接劳动过程中分离出来，成为专门职业，这些分离出来的作为复杂的劳动在创造经济和社会价值中发挥的作用越来越大，要求也越来越高。在信息社会的劳动过程中，劳动由同志式互助合作的集体性活动向利益互利互惠型的个体行为转化。人们对传统美德的坚守，对劳动美德的敬仰就会发生质的动摇，“无私劳动就是傻子”、“不劳而获就是光荣”等扭曲价值观大行其道，劳模精神“边缘化”深层次地反映出社会上有些人在精神上的迷茫、信仰上的缺失、话语上的失准。

（二）当代劳模精神宣传“模式化”

《南方日报》记者在随机采访中，多名受访大学生均表示对劳模“没什么概念，没思考过”“提起劳模只能想到上世纪的时传祥、李素丽，现在劳模往往跟领导们挂钩，平时很少关注。”[①]当前媒体对劳模拔高式的宣传，产生了一定的不良影响，对不了解劳模本人及其真实事迹的群众来讲，会使他们觉得无法学习和效仿；由于自媒体的蓬勃发展，众多阶层都加入到这个行业，自媒体所带来的最大的负面影响，是我们对传统的劳动创造价值的思想产生了极大的怀疑，使原本浮躁的社会风气愈发走向浮躁。现在的自媒体作者，本身良莠不齐，又在急功近利、唯利是图的价值观中，完全迷失在金钱的诱惑中不能自拔，他们带给社会的只是个人享受主义，营造出不用通过辛苦付出就能获得最大化利益收获的社会假象；劳模精神宣传脱离实际、脱离群众，塑造劳模典型理想化、英雄化、模式化。对劳模自身来讲，经过“艺术加工”的媒体过度宣传会让他们背负沉重的“刻板印象”和心理负担，劳模形象过于模式化，只强调劳模忠于职守、忘我工作、不求回报的一面，对劳模精神的宣传缺乏全面性、持久性，且力度不够，报道劳模的新闻形式化、任务化、工具化，宣传方式简单化、单一化、空泛化。在经济社会发展的各个时期，每个行业的劳模都是一个群体的缩影，对劳模形象和劳模精神与时俱进的发展变化缺少接地气的

① 《不应失落的劳模精神》，《南方日报》2011年5月20日。

宣传；对于雷锋精神的宣传，社会上有一种说法："学习雷锋好榜样，三月里来，四月走"。每年"五一"劳模表彰大会前后，各大媒体对劳动模范、劳模精神的宣传也是铺天盖地，然而，"五一"劳动节过后，其他时间大部分媒体对劳模榜样宣传报道的少之又少，劳模精神没有因为媒体的宣传而在当今社会产生广泛而深远的社会影响。

（三）劳模精神的现实转化与时代超越

将劳模精神转化为持久的文化价值。劳模精神厚植于中国优秀传统文化，汇聚了先进文化的精髓，与社会主义核心价值观有着一致的价值追求，有着与实现中国梦一致的价值目标导向，是推动中国社会稳步向前发展的精神动力。切实发挥劳模精神在消解现代性悖论以及资本逻辑和资本增值所带来的种种"副作用"的精神生产转化能力，使其成为广大群众一种自在自为、自觉自动的认知取向，在表达方式上，运用新时代的内涵话语去诠释自身的精神内核，用时代语言"述说"劳模精神的精髓。让学劳模、当劳模融入人们的生活、学习之中，使之成为一种行为习惯和生活常态；让劳模精神被群众所认可、中华儿女所推崇、普通百姓所弘扬；让中华民族优秀传统文化涵养劳模精神，用劳模精神提升民族文化；让劳模精神转化成为中国特色社会主义新时代最为持久的文化自觉。

将劳模精神转化为现实的存在方式。劳模精神是立体的、丰富的，既有政治层面的要求，又有伦理道德层面的追求和人格品行方面的渴求。学习劳模精神要彻底改变"标签化""口号化""形式化"的学习及宣传状态，不能把学习劳模精神机械化、形式化、片面化。必须将劳模精神沁润于各行各业，深入到家家户户，融入在人人心中，使之成为中国特色社会主义新时代人们工作和生活的基本话语体系，只有把劳模精神还原到现实生活中，将"人人可学、处处可为"作为新时代学习劳模活动的准则，扩大学习劳模活动的覆盖面，推动学习劳模活动日常化，才能使劳模精神在实践中实现永恒，才能使劳模精神魅力永恒，才能彻底告别"说"与"做"两张皮。

将劳模精神转化为扎实的工作能力。将"解释世界"转化成"改变世界"的行动自觉，将日常工作中的"说法"转化成"做法"的实践自觉，从整体上把握学习劳模精神的方法论，在党的正确领导下，发扬劳模精神的精神内涵，坚持服务人民的无私奉献精神，坚持爱岗敬业的“螺丝钉”精神，坚持艰苦奋斗的创业精神，将劳模精神转化为彰显中国共产党全心全意执政为民的行动自觉，转化为有效发挥党的先进性的实践自觉，转化为诠释党员模范行动的精神自觉。

将劳模精神转化为制度的设计元素。人的本质是一切社会关系的总和，资本活力的迸发具有鲜明的“双刃剑”性质，要真正实现对资本现代性的超越，避免资本现代性后果带来的种种矛盾与危机，规避资本逻辑的种种负面效应，不仅要从理想信念、价值理念、道德观念三个价值层面准确理解和深刻把握劳模精神，更要在实践层面实现国家和社会、个人良性互动和发展，既需要人人崇尚劳模、人人学习劳模精神，人人践行劳模精神，更需要在国家和社会层面的制度设计、政策安排、措施制定等各个环节融入“信念的力量、大爱的胸怀、忘我的精神、进取的锐气”，让劳模精神既净化社会、温暖人间，又在具体制度和政策层面体现劳模精神，从根本上消解劳模精神弘扬中道德视野的一般号召和国家、社会治理的现实落差，将学习劳模精神推向新的制高点。

第六章 06

劳模精神，绽放新时代奋斗色彩

“如果我们选择了最能为人类福利而劳动的职业，那么，重担就不能把我们压倒，因为这是为大家而献身：那时我们所感到的就不是可怜的、有限的、自私的乐趣，我们的幸福将属于千百万人，我们的事业将默默地、但是永恒发挥作用地存在下去，而面对我们的骨灰，高尚的人们将洒下热泪。”[①]劳动是社会发展之根本，是个人生活的必需，有益的劳动对于个人和社会不可缺少。劳模精神是工人阶级伟大品格的具体体现，生动诠释了社会主义核心价值观，丰富了民族精神、时代精神的内涵，是我们时代极为宝贵的精神财富。

① 马克思、恩格斯：《马克思恩格斯全集》第40卷，人民出版社，1982，第7页。

一、意识形态领域永不褪色的旗帜

习近平总书记指出：“经济总量无论是世界第二还是世界第一，未必就能够巩固住我们的政权。经济发展了，但精神失落了，那国家能够称为强大吗?”[①]意识形态是系统地反映社会经济形态、政治制度和文化模式的思想体系。党的意识形态工作，即党的思想政治工作，是一种有目的的思想工作，主要通过引导思想观念、凝聚政治认同、推动文化传承等，以建构具有思想吸引力和政治凝聚力的、系统的社会主义意识形态。党的十八大以来，习近平总书记对意识形态工作高度重视，强调意识形态工作是党的一项极端重要的工作。“一个政权的瓦解往往是从思想领域开始的。思想防线破了，其他防线就难守住。”新形势下调动人民群众的积极性，应注意思想文化和精神的力量，以正确的舆论引导人，以崇高的精神塑造人，充分发挥意识形态工作引领人、教育人、激励人、鼓舞人的特殊功能，调动每一个社会成员的工作热情。劳模精神的内在价值体现出一个国家和民族的价值观念与道德水准，体现综合国力的本质与核心。劳模精神的文化内涵能够随着时代的发展和社会的进步满足时代的需求，彰显时代的价值、提升人们的精神领域需求，滋养人们的精神家园。宣扬劳模精神是做好意识形态工作、动员和调动群众的重要武器，在新形势下应当坚持好、运用好，高度重视劳模精神在动员调动群众中的重要价值。

（一）劳动教育的美学意蕴

审美是劳动的理想形态。马克思主义美学认为“劳动创造美”，但是这一观点长期以来受到各方面的质疑，这是由于劳动本身是物质性的活动，而美则属于精神领域，两者相提并论从表面上来看有些不合乎逻辑。审美本质是外在物象在个体思想意识内形成的愉悦感受，这种愉悦感受可以通过劳动来实现。

---

① 习近平：《习近平关于社会主义文化建设论述摘编》，中央文献出版社，2017，第21页。

劳动教育的美学内涵是其外在美感生成的基础，也是学生愉悦感受形成的前提，关于其中的美学意蕴追寻先要夯实其美学内核。劳动教育的美学内涵主要是指劳动教育本身蕴含的美的要素和追求，关于美学内涵的充实主要包括形成美的追求、和谐关系建构、体现人文关怀以及饱含美好情感等。从形成美的追求来说，劳动教育有一定价值追求，如培养劳动者的劳动热情及培养劳动情感等，实际上，劳动教育既要实现规定的价值目标，也要形成审美方面的追求，形成教育实践的审美导向。从和谐关系建构来说，劳动教育包括社会公益劳动、自我服务、生产劳动等方面的教育，其中对应着人与自然的关系、人与社会的关系以及人与自我的关系，各种关系的和谐与否，也会影响到其中的审美意味。从人文关怀体现来说，人是劳动主体，劳动的最终目的要服务于人并促进人的发展。学生是劳动教育的中心，劳动教育所有的要素环节都要围绕学生来运作，体现对学生的人文关怀不仅能够对应劳动的本质，同时也能够表现劳动教育对真善美的追求，能够增强劳动教育的美学意义。从饱含美好情感来说，劳动教育是教育者促进学生进步成长的实践活动，学生成长进步蕴含着希望，教师对学生的帮助促进反映了社会发展进程中生生不息的传承，其中的情感是朴素的也是美好的，饱含相应的情感也能够丰富劳动教育美的内涵。

劳动是审美的基础和来源，审美是劳动不可或缺的运行协调机制，审美感受的产生能使劳动主体身心方面得到调节，因此两者互为因果。只有达到审美状态，才能使劳动本身从单纯的身体动作转向心灵方面的互悦，因此在一定程度上，审美是劳动的理想价值形态。审美有利于劳动教育顺利推进。当下的学生由于各种因素影响，少有参与劳动的习惯，大多数学生未能体验到劳动过程中身心释放的愉悦，因此其在思想上往往比较排斥劳动。另外各种劳动都需要个体付出体力或脑力，学生很容易形成关于劳动的不愉快体验。加上当下教育评价对劳动教育的忽视，使得劳动在教育实践中处于可有可无的地位，这也在一定程度上造成了学生对劳动的轻视。多种因素作用下，学生往往缺乏参与劳动教育的积极性，对劳动教育抱持敷衍态度。学生是劳动教育的主体参与者，其消极参与行为在很大程度上影响了劳动教育的推进。而劳动教育的审美意味增强，能够使学生获得更多美的享受，能够增强其劳动参与的积极性，有助于劳动教育的顺利推进。审美能增加劳动教育的成效。劳动教育对学生的发展极为重要，关系着学生劳动意识的培育和劳动兴趣、劳动精神的培养。但是劳动教育要取得一定成效，和劳动教育的审美情况有密切关系。劳动教育的审美发展能够吸引学生的劳动参与，能够使学生在劳动中感受到乐趣，能够淡化学生对劳动的排斥心理，并增强学生关于劳动的愉快体验。反之，单调的劳动参与很难使学生关于劳动的思想意识、精神等方面有所发展。审美是劳动教育魅力彰显的需要。

相对于其他学科，知识教学促进学生知识积累和能力提高的成效显著，劳动教育虽然能够对学生思想意识、精神状态等方面形成重大影响，但是其外在表现大多为同一劳动内容的不断重复和简单的身体动作，以及由此而形成的身体疲累，因此包括学生在内的大多数人关于劳动的直观感觉都指向枯燥乏味、劳累等。而在实际上，劳动本身是身体的和谐动作，劳动过程能够让个体精神处于完全放松的状态，劳动行为和劳动目的的有机统一能够表现出和谐美感等，合适的劳动教育同样能够让人感受到艺术美感。劳动教育必须要追寻其中的美学意蕴，才能更多地彰显教育魅力，提升学生的课程参与意识，促进其对劳动的认同和接受。劳动教育以劳动为教育方式和手段，劳动的审美性追求也是劳动教育的内在发展方向。美具有强大的穿透力和感染力，审美对教育有塑造作用，真正的劳动是美丽的，劳动教育必须要走向审美，展现劳动魅力。美的体验包括外在感知和内心感受，劳动教育的美学意蕴不仅包括劳动带给个体思想情感的愉悦，也包括外在形式美的发掘。劳动动作的整齐划一和节奏感以及劳动者的专注和坚持等，都有一定美感。劳动创造美，基于一定目的的劳动和一定规律有机统一时，不仅会形成和谐之美，也会形成良好的劳动创造成果，从而使个体感受到劳动创造的美妙。劳动教育必须深化发展，才能取得更好的教育成效。审美是教育的基本要求，也是教育的更高境界，劳动教育的深化必须追寻其中的美学意蕴。从根本上来说，审美的本质是个体思想感受的愉悦，因此劳动教育的美学意蕴发掘实质上就是通过合适的劳动，使劳动实践带给学生一定审美感受。因此学校在实践过程中，必须抓住这一关键点，合理开展劳动教育，促成学生更多的审美感受。

（二）工匠精神的永恒呼唤

2016年3月5日，李克强总理在《政府工作报告》中首提“工匠精神”，国务院常务会新闻通稿中首次使用“品质革命”这一提法。鼓励企业开展个性化定制、柔性化生产，培育精益求精的“工匠精神”。“工匠精神”一词迅速流行开来，成为制造行业的热词。随后，不仅制造行业，各行各业都提倡“工匠精神”。一生只守一架琴，甘守清贫的巫漪丽；潜心21年苦心钻研成“土专家”的铁轨工匠信恒均；在故宫里思考十年，修复两年，让古钟出尘现光华的王津……他们在传承着工匠精神，我们向他们致敬和学习，学习他们“追求卓越”的精神，学习他们“执念细节”的态度，学习他们“坚持不懈”的毅力，工匠精神内涵就是精益求精、严谨、一丝不苟、耐心、专注、专业和敬业。习近平总书记在党的十九大报告中提出，“建设知识型、技能型、创新型劳动者大军，弘扬劳模精神和工匠精神，营造劳动光荣的社会风尚和精益求精的敬业风气。”①

> 其他行业首先考虑的因素可能是成本，而我们首先要考虑的是万无一失。同样一项新技术的运用，其他行业可能拿来就可以直接用，但是我们需要经过反复的验证，证明确实有效可行我们才敢用，从而确保万无一失。
>
> ——王曙群

王曙群——宇航员的“保镖”

王曙群，男，汉族，1970年6月生，中共党员，上海航天设备制造总厂有限公司班组长，曾被授予全国五一劳动奖章、国家科技进步二等奖、中华技能大奖等荣誉称号，曾作为技术工人代表，被授予“中国载人航天工程突出贡献者”的崇高荣誉，并受到党和国家领导人的亲切接见。30年来，王曙群甘于寂寞、爱岗奉献，默默坚守在航天装配一线，传承航天精神，从150万个数据中寻找线索，打造12把柔性锁，精准完成太空中“神舟”飞船航天器的对接，脚踏实地开拓创新，攻克多项技术难题，以匠人之心铸航天重器，先后参与“神八”至“神十一”“天宫”“天舟”“嫦娥”等8次发射任务，圆满完成了13次交会对接任务，为我国从航天大国走向航天强国作出了重大贡献。王曙群告诉采访的记者，“曾经面对

---

① 习近平：《决胜全面建成小康社会 夺取新时代中国特色社会主义伟大胜利——在中国共产党第十九次全国代表大会上的报告》，《人民日报》2017年10月19日。

图6-1 宇航员的“保镖”王曙群
（图片来源：中新网）

一度出现的辞职下海潮，也曾迷茫彷徨。但是他的师父经常拿工人楷模和劳动模范的故事鼓励他：“在工人岗位上同样可以有作为，关键要做一行爱一行、要耐得住寂寞，很多工作都是从拧好一颗螺丝开始的。”厂里接到了航天器对接机构的研制重任，王曙群主动报名参加到了研制任务中。众所周知，在太空中，将两个航天器对接起来形成一个“组合航天器”，是人类载人航天活动的一项关键技术，飞船好比两个同心圆，“对接”就是两个圆的边准确无误地贴合在一起。科研人员要靠对接机构把两个飞船连接起来，把航天员和物资输送到空间站里。瞄准世界先进水平，我国研制团队决定采用“导向板内翻式的异体同构周边式构型对接机构”——对接机构所有的仪器设备都安装在周边，中间留一个直径800毫米的人孔通道，宇航员和货物通过通道运送。这项全新技术，激发了王曙群的钻研激情，他如饥似渴地学习，走在路上都在琢磨着如何创新。“脚踏实地、仰望星空”，是王曙群的座右铭，“太空之吻”的5分钟，是王曙群和同事们厉兵秣马的16年，在这漫长的16年，他和团队成员从对接机构装调技术的零基础，几乎整天整夜泡在车间里，正是因为王曙群和团队成员那些曾经在漫漫长夜里隐姓埋名、不问前程的青春岁月，因为坚守和执着，才使我国成为继俄罗斯之后第二个掌握对接机构装调技术的国家。从“神舟八号”至“神舟十一号”“天宫”“天舟”，对接机构经历了7次飞行试验考核，圆满完成了13次交会对接试验任务。对于王曙群总装的对接机构，中国首位航天员杨利伟给出了“能够让航天员放心地去执行任务”的高度评价。正是由于王曙群这种精益求精的工匠精神，不达目的誓不罢休的干劲，才会有“神舟八号”与“天宫一号”在茫茫太空中圆满完成对接，才会有让世界瞩目的成就。

（三）劳动精神的职业信仰

劳动模范是亿万劳动者的杰出代表，集中体现了工人阶级和广大劳动群众的优良品质。他们身上展现了爱岗敬业、争创一流，艰苦奋斗、勇于创新，淡泊名利、甘于奉献的劳模精神，生动诠释了社会主义核心价值观。精神的力量是无穷的。劳动精神，是每一位劳动者为创造美好生活而在劳动过程秉持的劳动态度、劳动理念及其展现出的劳动风貌。党的十八大以来，习近平总书记在多个场合向全国人民发出劳动集结号和奋斗动员令，习近平总书记强调，劳动是财富的源泉，也是幸福的源泉。人世间的美好梦想，只有通过诚实劳动才能实现；发展中的各种难题，只有通过诚实劳动才能破解；生命里的一切辉煌，只有通过诚实劳动才能铸就。总书记礼赞劳动创造、讴歌劳动精神的名言金句，点燃了亿万人民在新时代劳动创造、拼搏奋斗的满怀豪情，汇聚起各行各业劳动者向着实现中国梦的美好前景进发的时代洪流。劳模精神、劳动精神和工匠精神是我们这个时代工人阶级伟大品格的集中体现，是激励我们攻坚克难的不竭动力，是引导我们干事创业的光辉旗帜，是推进转型发展振兴崛起的强大正能量。2018年9月，习近平总书记在全国教育大会上强调：“要在学生中弘扬劳动精神，教育引导学生崇尚劳动、尊重劳动，懂得劳动最光荣、劳动最崇高、劳动最伟大、劳动最美丽的道理，长大后能够辛勤劳动、诚实劳动、创造性劳动。”[①]这一重要论述明确提出了用劳动精神来培育新时代青年的时代要求。2020年的开局不同寻常，无数劳动者携手同心、抗击疫情，顽强拼搏、无私奉献，战“疫”一线，医护人员脸上的勒痕是最美“勋章”；疫情期间的高速路口执勤，一线人员那碗总也吃不完的方便面令人心疼；快递小哥的穿梭奔波，解决了无数普通民众的生活难题……因为他们，在中国的各个角落用双手诠释职责，用肩膀撑起责任；用良心书写奉献、用汗水描绘人生，用平凡劳

① 《习近平在全国教育大会上强调：坚持中国特色社会主义教育发展道路 培养德智体美劳全面发展的社会主义建设者和接班人》，《人民日报》2018年9月11日。

动照亮了每一个角落，为战“疫”汇聚起了磅礴的群众力量。不同的岗位，同样的精神，劳模们以创造、创新、创业的激情，在劳动中成就了自己的价值，更托举起一个国家、一个民族的梦想。风雨兼程的岁月，无一不是一代代劳动者胼手胝足、筚路蓝缕，用勤劳的双手创造出来的。我们要在全社会大力弘扬劳模精神、劳动精神、工匠精神，宣传劳动模范和其他典型的先进事迹，树立辛勤劳动、诚实劳动、创造性劳动的理念，涵养全社会的劳动信仰、劳动情怀和劳动品格，鼓励劳动者恪尽职业操守、崇尚精益求精、奋力追求卓越。发挥劳动的独特育人价值，把劳动教育纳入人才培养全过程，凝聚劳动精神、激发劳动力量，让劳动最光荣、劳动最崇高、劳动最伟大、劳动最美丽蔚然成风。

没有人生来就是英雄，总有人用平凡成就伟大，抗击疫情期间，无数平凡人“变身”志愿者奔赴不同岗位，无私奉献、竭尽所能。默默无闻，但英勇非凡；微光点点，却聚成明炬照亮风雨征程。习近平总书记在全国抗击新冠肺炎疫情表彰大会的讲话中强调：“人无精神则不立，国无精神则不强。唯有精神上站得住、站得稳，一个民族才能在历史洪流中屹立不倒、挺立潮头。同困难作斗争，是物质的角力，也是精神的对垒。伟大抗疫精神，同中华民族长期形成的特质禀赋和文化基因一脉相承，是爱国主义、集体主义、社会主义精神的传承和发展，是中国精神的生动诠释，丰富了民族精神和时代精神的内涵。我们要在全社会大力弘扬伟大抗疫精神，使之转化为全面建设社会主义现代化国家、实现中华民族伟大复兴的强大力量。”[①]在表彰大会上，钟南山被授予“共和国勋章”，张伯礼、张定宇、陈薇被授予“人民英雄”国家荣誉称号。在这场没有硝烟的战争中，抗疫勇士临危不惧、视死如归。在表彰大会上，习近平总书记说，中华民族能够经历无数灾厄仍不断发展壮大，从来都不是因为有救世主，而是因为在大灾大难前有千千万万个普通人挺身而出、慷慨前行。张定宇，他是院长，也是病患。作为收治患者最多的武汉金银潭医院被称为此次疫情的“风暴之眼”的一院之长，他另外的身份是一名渐冻症患者。行动不便的他，在抗疫一线每天接上千个电话，处理无数突发事件的他，无暇顾及感染新型冠状病毒的妻子，始终坚守在抗击疫情最前沿。在这里，身患渐冻症的他带

① 《习近平在全国抗击新冠肺炎疫情表彰大会上的讲话》，《人民日报》2020年9月9日。

领团队以近乎极限状态的工作挽救病人生命的同时，也诠释了自身生命的无限可能。在金银潭医院全体病区主任见面会上，张定宇向大家公开了自己的病情。“现在，我的时间不多了。在这最后的日子里，我必须跑得更快，才能跑赢时间，抢回更多患者。现在，形势万分危急。我们要用生命保卫武汉！”说完，他用尽全力起身，一跛一拐走向前台，双手抱拳，深鞠一躬：“拜托大家了！”那一刻，台下很多人泪湿了眼眶。“以后我会被固定在轮椅上，我现在为什么不多做一点？”鲁迅先生说过，“我们自古以来，就有埋头苦干的人，有拼命硬干的人，有为民请命的人，有舍身求法的人，他们是民族的脊梁”。没有从天而降的英雄，只有挺身而出的凡人！

二、青少年身心健康发展的育人指南

（一）劳动赋能青少年“五育并举”托起中国梦

教育引导青少年培养劳动精神，习近平总书记曾指出，“以劳动托起中国梦”。青少年是人生成长的“育苗期”“拔节孕穗期”，是世界观、人生观、价值观形成的关键期，劳动观与“三观”紧密相连，广大青少年对劳动的认知，对待劳动的态度以及对劳动习惯、劳动技能的培养，将决定着国家和民族的未来。加强对劳动教育地位和作用的认识，全面推进劳动教育实施，具有重要的现实意义和历史意义。

《中共中央 国务院关于全面加强新时代大中小学劳动教育的意见》提出：“培养勤俭、奋斗、创新、奉献的劳动精神”。党和国家高度重视青少年劳动教育，强调教育的根本任务就是培养德智体美劳全面发展的社会主义建设者和接班人，劳动教育是我国育人体系的重要组成部分，百年梦圆，千年寄望，把德智体美劳“五育并举”融入中小学的思想道德育人、科学文化知识育人和社团社会实践育人等各环节，共同推动促进义务教育的优质均衡发展，实现教育公平。突出中小学德育实效，人无德不立，育人根本在立德，德育涉及思想、道德、心理以及情感等多层次，是系统而全面的育人工程。要充分认识到德育在育人体系中的基础性作用，摆脱“重智育、轻德育”的教育理念和评价体系，树立大德育观。全面提升中小学智育水平，不光注重知识的宽度，还要重视知识的深度，在智育的同时避免过度功利化的“唯成绩、唯升学”论，深化教学改革和考试招生制度改革，在学习中增长见识和学识，通晓天下道理。增强中小学体育锻炼，文明其精神，野蛮其体魄，体育锻炼不仅关系学生个人身体发展，还关涉国民整体健康素质，应予以高度重视，通过完善学校体育育人工作，开足开齐体育课，认真落实“每天校园体育活动1小时”，培养体育兴趣和运动习惯，补齐青少年因体质健康水平影响整体素质发展的短板，增强体质，健全人格，锤炼意志。切实提高中小学美育化人，美是纯洁的道德，美育是对人类创造出的璀璨文明的继承与发扬，以美育人、以文化人，提高青少年的审美水平和人文素养，丰富精神世界对美的追求和向往。着力增强中小学劳动教育，全国教育大会丰富了党的教育方针内涵，将劳动教育与德智体美并列，提出“五育并举”的总体育人要求。以劳立德、以劳健智、以劳强体、以劳育美，不仅让学生实际参加劳动，学会劳动，还要在劳动中深刻体会其意义和价值，懂得劳动最崇高、劳动最光荣的道理。

习近平总书记在全国教育大会上强调，“要在学生中弘扬劳动精神，教育引导学生崇尚劳动、尊重劳动，懂得劳动最光荣、劳动最崇高、劳动最伟大、劳动最美丽的道理，长大后能够辛勤劳动、诚实劳动、创造性劳动。”[①]把教育目标的“四育”提升到“五育”，把“劳育”作为五大目标之一，让学生参加适当劳动，有助于改变“饭来张口，衣来伸手”的坐享其成、不劳而获的恶习，使他们认识到劳动创造人类、劳动创造世界、劳动创造美好生活的意义，树立劳动光荣、劳动致富的观点，培养热爱劳动的良好习惯，锻炼吃苦耐劳的精神，为人生发展奠定坚实的基础。从“育分”回归“育人”开启育人方式改革新征程，深化育人关键环节和重点领域改革，从传统的应试模式转向全面育人的素质模式，在健全人格、滋养性格、完善品格上下功夫，在普通高中构建德智体美劳新时代全面发展的育人体系，协同发力促进学生的人格完整和个人整体发展。五育之间融会贯通形成普通高中素质教育合力，尤其要在健全体

① 《习近平在全国教育大会上强调：坚持中国特色社会主义教育发展道路 培养德智体美劳全面发展的社会主义建设者和接班人》，《人民日报》2018年9月11日。

育、美育和劳动育人三部分的具体教育实施上花心思、下力气，开齐开好与之相关的文化课程和实践活动。“五育并举”全面育人，各个育人环节不是“相加”而是“相乘”关系，补齐抓实五育之间的育人短板。广大青少年在劳动过程中磨炼意志品质，锻炼和强健体魄，形成敢于吃苦，能够吃苦，乐于吃苦的精神，有助于铸就强大的受挫能力和百折不挠的坚韧品质，在困难面前打不垮、压不弯、折不断。当今时代，劳动形态发生巨大变化。这就要求劳动教育与新技术、新产业、新业态相呼应，挖掘劳动教育新内涵，创新劳动教育形式，鼓励学生运用多学科知识，开展创造性劳动，使新时代劳动教育适应科技发展和产业变革要求。深化产教融合，改进劳动教育方式。

（二）劳模精神滋养新时代接班人

劳模精神是民族精神与时代精神的集中体现。习近平总书记在接见劳动模范与先进工作者代表会上就指出：“长期以来，广大劳模以平凡劳动创造了不平凡的业绩，铸就了爱岗敬业、争创一流，艰苦奋斗、勇于创新，淡泊名利、甘于奉献的劳模精神，丰富了民族精神与时代精神的内涵，是极为宝贵的精神财富。”①并提出，必须大力弘扬劳模精神、发挥劳模作用和广泛宣传劳模先进事迹，使劳模精神不断发扬光大的号召。向劳动模范学习，弘扬劳模精神，充分发挥劳动模范的榜样育人、劳模精神育人教育作用，是党和国家的政策。一部劳模史就是一部中华民族崛起的振兴史、发展史，劳模们生动的故事、感人的业绩，持久地激发着一代代人秉承虔诚的敬业精神，勤勤恳恳地从事着自己的事业。劳模精神的价值具体化、形象化，充满了感染力、吸引力和鼓动力。劳模精神成为一种全社会的“真善美”学习标准，营造了“比、学、赶、帮、超”的社会氛围和劳动光荣的生活环境，形成人人热爱劳动、尊重劳动、尊重他人劳动成果的社会风尚。

青年，作为社会新生代主力军，背负着推动社会发展的重任。习近平总书记强调，“必须把培养社会主义建设者和接班人作为根本任务，把巩固和扩大党执政的青年群众基础作为政治责任，把围绕中心、服务大局作为工作主

---

① 《习近平在同全国劳动模范代表座谈时的讲话》，《人民日报》2013年4月29日。

线。"[①]青年正处于身心发展、"三观"形成、素养提升的关键期，处于创造社会价值和实现自我价值的重要期，是新时代劳模精神的继承者和践行者。民族正复兴，青年该如何做好建设者和接班人，去舒展凌云之志、去闪耀青春之光？这一代的中国新青年，人生黄金时期同"两个一百年"奋斗目标的轨迹完全吻合，这既是人生最大的幸运，也意味着必然会受到前所未有的考验。作为最能反映时代风貌的群体，劳模——时代领跑者需要被这个时代铭记，榜样或许不能复制，但却可以模仿。历史证明，无论是战争年代，还是建设时期，劳模作为榜样的力量是巨大的。每一个时代都有一种先进的精神，这种精神源于我们身边每一个身份普通、岗位平凡、业绩突出的劳动者，这种精神成为了推动社会前进的源动力，引领着无数人战胜苦难、不懈创新、勤勉开拓。这种精神称为劳模精神。新时期，依靠劳模榜样引领，充分发挥青年的创造激情和才能，有助于青年的精神提升与完善，有助于个人理想和国家发展目标的顺利实现。随着时代的发展，劳模被赋予越来越多的时代内涵和元素，但无论是生产者还是创业者，无论是比表现还是比贡献，无论是讲精神作用还是讲经济效益，劳模的核心价值都是始终不变的，是一种爱岗敬业，勇于创新，甘于奉献的精神，是一种对职业、对社会、对国家的道德感、责任感和使命感。

（三）传承劳模精神，时代劳模成为青少年的"偶像"

青年的偶像很多，但是鲜有听到孟泰、时传祥、王进喜、袁隆平等全国著名劳动模范的名字。何谓"榜样"？在古汉语中，"榜"是一种矫正弓弩的工具，榜样，意为一种矫枉正曲的范式。《现代汉语大辞典》解释："榜样是指值得学习的好人或好事。"今天，榜样对青年的激励作用消退了吗？我们需要什么样的榜样？人在青少年时期，都有一个偶像崇拜的阶段，那么劳动模范为何不能成为他们的"精神偶像"？习近平总书记在全国总工会与劳模代表座谈时，称赞劳动模范是"我国工人阶级中一个闪光的群体"要让"闪光的群体"进一步深入人心，进而影响一代年轻人，应当让劳模成为他们的偶像，潜移默

---

① 《习近平在全国教育大会上强调：坚持中国特色社会主义教育发展道路 培养德智体美劳全面发展的社会主义建设者和接班人》，《人民日报》2018年9月11日。

化的劳模精神和劳模文化，无形中成为育人的养料。如今，新一代劳模早已不是传统的吃苦耐劳、爱岗敬业“老黄牛”形象了，他们是信念坚定、勇于担当的科技创新“领跑者”。他们身上也闪耀着青春奋斗、智慧创新的魅力，他们中的许多人，通过劳动改变了自己的命运，那些洒满汗水和泪水的成长故事，也不失为一部部精彩的励志偶像剧！社会上有些人总是这样感叹：我没赶上英雄时代，否则我也能扬名立万，成为个时代英雄；也有人经常感慨，我就是命运不济，要是在一个重要的工作岗位，也能露露脸、出出名……伟大孕育于平凡之中，平凡的岗位彰显着伟大的情怀和信仰。

新时期的劳模精神有着更加丰富的内涵，和我们的工作、生活贴得很近，劳模精神的前提是爱岗敬业，爱岗是本分、爱国是义务，爱岗与爱国相统一，“宁可少活20年，拼命也要拿下大油田”的铁人精神，之所以能够创造世界石油开发史上的奇迹，根源就在于爱岗与爱国在他们身上得到了完美的统一，因此在青年学子中倡扬劳模精神正当其时。劳动模范是高素质劳动者和技术技能人才的典范，在现代教育的理念下，学校除了传授知识文化，如何培养学生的职业精神与职业操守？劳模精神恰恰可以延伸为劳模育人文化，在校园内生长，在青年学子中扎根，见贤思齐，勇敢追逐理想，用劳模精神引领青年创新。“榜样的力量是无穷的”，“社会主义是干出来的，新时代也是干出来的”。劳动推动社会进步，实干才能成就梦想。劳动模范是民族的精英、国家的栋梁、社会的中坚，他们身上涌动着创造、创新、创业激情，并以炽热的报国情怀、精湛的专业技能在各自岗位上建功立业，已经托举起了一个国家、一个民族的梦想。劳模精神则是一个民族的精神象征，社会发展的精神力量。通过劳动创造更加美好生活，梦想大厦才会一砖一瓦地坚实筑牢。长期以来，无数劳动模范以执着的热血奋斗，书写了劳动的光荣。弘扬劳模精神，每一位劳动者都应勤奋做事、勤勉为人，通过劳动书写无悔的奋斗人生、幸福人生。劳模精神是劳模的实干精神，劳模通过实干改变了自己的命运，实现了人生的价值。而今新时代的美好画卷正在神州大地徐徐铺展，追梦人的舞台变得更加宽广。作为社会主义的接班人，青年更应该迎头赶上，发扬劳模精神，把国家理想与个人理想紧密联系，争取为社会发展作出贡献。青年在提升自己时，也要学习劳模的优秀品质，见贤思齐，用劳模精神陶冶情操，勇敢追逐理想，通过建设社会主义现代化强国，实现中华民族伟大复兴的中国梦。

结语

（一）发挥劳模精神引领作用，助力新征程砥砺前行

马克思主义劳动价值论揭示了劳动的本质属性和劳动推动人类发展的重要作用，劳模精神是创造民族辉煌的根本力量和推动民族继续向前发展的精神支柱，是催人奋进的精神和时代符号。今天，我们比历史上任何时期都更接近、更有信心和能力实现中华民族伟大复兴的目标。伟大的事业需要伟大的精神，伟大的精神来自伟大的人民。新的伟大征程离不开劳动人民的辛勤劳动，离不开社会对劳动精神、劳模精神、先进事迹的弘扬。劳模精神是全社会的“真善美”学习标准，营造了“比、学、赶、帮、超”的社会氛围和体面劳动光荣的生活环境，形成人人热爱劳动、尊重劳动、尊重他人劳动成果的社会风尚。全社会都要贯彻尊重劳动、尊重知识、尊重人才、尊重创造的重大方针。劳模精神的价值具体化、形象化，充满了感染力、吸引力和鼓动力。

（二）大力弘扬劳模精神，共筑中国复兴梦

一个国家的繁荣，离不开人民的奋斗；一个民族的强盛，离不开精神的支撑。长期以来，在党的领导下，我国工人阶级和广大劳动群众奏响了“咱们工人有力量”的主旋律，特别是在新时代的伟大征程上为决胜全面建成小康社会、决战脱贫攻坚发挥了主力军作用。中华人民共和国成立后尤其是改革开放以来，一个个“中国奇迹”“中国震撼”的出现，与广大劳动者劳动立足本职、勤勉敬业、追求卓越是分不开的，中国的每一次成长和进步都是靠着勤劳的中国人民一砖一瓦砌成的。科技革命和产业变革集聚迸发，人们对“劳动”有了新认知。新形势下，我国工人阶级和广大劳动群众要继续学先进赶先进，自觉践行社会主义核心价值观，用劳动模范和先进工作者的崇高精神和高尚品格鞭策自己，焕发劳动热情，厚植工匠文化，恪守职业道德，将辛勤劳动、诚

实劳动、创造性劳动作为自觉行为。站在“一个梦想，两个百年”奋斗目标的历史交汇点上，要想实现这一宏伟蓝图，实现中国梦，创造全体人民更加美好的生活，任重而道远，需要我们付出更加艰辛的努力。大力弘扬劳模精神，以劳模精神鼓足干劲谋发展，激励广大劳动者在追梦圆梦的征途上努力奔跑，以辛勤劳动、诚实劳动、创造性劳动托举梦想、成就梦想。我们要继续大力弘扬劳模精神、劳动精神、工匠精神，提振精气神、奋进新征程，续写“中国梦 · 劳动美”的壮丽篇章。